북한이주민과 정체성 내러티브

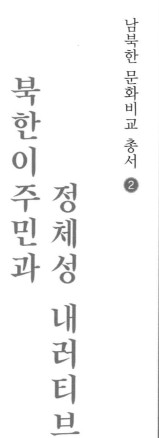

남북한 문화비교 총서 ❷

북한이주민과 정체성 내러티브

전주람ㅣ곽상인

○ 들어가는 글

    남북한 문화비교 연구총서는 학계에만 국한되어 출간되는 연구물을 대중화할 필요가 있겠다는 기대로부터 기획되었습니다. 2020년 여름, 전주람은 학회지에 북한이주민의 생생한 증언을 담는 작업을 하고 있었습니다. 그때 한국학술정보출판사에서 연구자들이 그간 학술지면에 발표한 논문을 단행본으로 엮는 작업을 한다는 광고를 보게 되었습니다. 그래서 한국학술정보 이강임 팀장님과 만나, 딱딱한 북한 관련 총서에서 벗어나 북한이주민의 생생한 증언을 담아내는 방식의 남북한 문화비교 연구총서를 엮자는 데 의견을 모았습니다. 그간 북한이주민들의 심리사회적 자원을 시작으로 가족관계와 문화, 복지, 직장 생활 및 연애와 성과 사랑 등에 이르기까지 다양한 연구를 현장 인터뷰 방식으로 진행해 왔었는데, 그 내용을 남북한 비교문화 총서로 엮는다면 보다 많은 독자가 쉽게 내용을 접할 수 있지 않을까 판단했습니다.

    남북한 비교문화 총서는 '일상생활(daily life)'을 주된 연구 영역으로 삼았습니다. 북한이주민의 일상생활이 어떠한지 자세히 살피고자 했습니다. 이를 통해 북한이주민에 관하여 고정되어 온 부정적 편견과 고정관념을 걷어내고, 그들을 새로운 관점으로 바라보는 태도를 갖게 하고자 했습니다. 이 총서는 북한이주민이 누구인지에 관한 인식 제고의 전환점과 담론을 제공해 줄 것이라 기대합니다.

대한민국 국민이 북한이주민에게 쉽게 다가가고 그들을 이해할 수 있는 좋은 자료가 될 것입니다. 궁극적으로는 향후 남북한의 사회 문화적 통합에 중요한 기초자료로 활용될 수 있을 것이라고 기대합니다.

프랑스 철학자 앙리 르페브르(Henri Lefebvre)는 일상생활을 인간의 전체성 관점에서 설명하였습니다. 자세히 보면 인간은 욕구의 차원, 노동의 차원, 놀이와 즐거움의 차원으로 존재가 파악되며 이 세 가지 요소가 유기적인 관계로 통합될 때에만 비로소 인간의 참된 모습이 현실화된다고 하였습니다. 즉 인간이 생존하기 위해서는 모든 물질적 · 신체적 욕구가 충족되어야 하고, 동시에 그의 욕구를 충족시키기 위하여 일하지 않으면 안 된다고 언급한 것입니다. 일상을 다루는 것은 결국 일상성을 생산하는 사회, 우리가 살고 있는 그 사회의 성격을 규정짓는 것이므로, 진지한 연구대상이 되어야 마땅합니다. 일상이 매일 되풀이되고, 보잘것없어 보이고, 지루한 업무의 연속처럼 느껴지고, 익숙한 사람과 사물의 잦은 마주침으로 가득 차 보일지 몰라도, 중요한 사실은 일상이 바탕에 있어야만 사건이 일어난다는 것입니다. 이처럼 일상생활 연구는 사회 전체에 대한 평가와 개념화를 함축하므로, 일상성을 하나의 개념으로만이 아닌 '사회'를 알기 위한 바로미터가 되기에 중요합니다.

따라서 남북한 비교문화 총서에서 북한이주민의 일상생활 모습을 전방위적으로 깊이 탐색하는 것은 사회문화적 통합 영역뿐만 아니라 실천적으로도 긴요한 일이라 할 수 있겠습니다.

총서 시리즈의 두 번째인 '정체성' 편은 가족학이라는 학문적 토대에 '북한'이라는 영역을 끌어들인 것입니다. (인)문학과 문화현상, 통일과 북한이주민에 대해 연구하고 있는 서울시립대학교 교양교육부 곽상인 교수님과 함께 북한이주민의 정체성이 어떠한지 주목하였습니다. '일상생활'이라는 개념을 북한이주민에게 적용하면 어떤 내용이 담길지 고민과 숙의의 과정을 거쳤습니다. 결국 그들의 생생한 언어를 채록하는 일이 급선무라 판단했습니다. 그리하면 독자들이 이 책의 내용을 쉽게 이해할 수 있으리라 판단했습니다. 그 숙고의 여정 안에서, 전주람과 곽상인은 '정체성'이라는 키워드를 중심으로 지식과 현장 활동 내용을 이 책에 담았습니다.

1편에서는 자아정체성이란 개념을 필두로, 북한이주민의 정체성이 왜 중요한지를 살폈습니다. 북한이주민이 한국사회에서 리더자로 살아가기 위해서는 그들에게 자아정체감과 회복탄력성이 필요합니다. 어떠한 이유로 이러한 것이 필요한지에 관해 간략히 고찰하였습니다. 이는 북한이주민이 일상생활을 보다 안정적으로 영위하기를 바라는 마음에서였습니다. 이를 통해 북한이주민을

바라보는 우리 사회의 차별과 한계는 무엇인지 사회적 이슈를 던지고자 하였습니다

2편에서는 〈KBS 통일열차〉에 출연한 북한이주민 사례를 들어 북한이주민과 정체성이라는 키워드를 살펴보았습니다. 입남 후, 북한이주민이라는 소수자가 되어 어떻게 일상생활을 영위하고 일(직업) 세계를 경험하고 있는지에 대한 내용을 담았습니다. 이 이야기는 북한이주민이 〈KBS 통일열차〉에 출연하여 자신이 어떠한 일을 하며 한국사회에서 살아가고 있는지를 증언한 기록이기도 합니다. 그들의 증언을 통해 사회적 낙인의 대상이었던 북한이주민이 정체성과 개인적 욕구에 어떤 변화가 생겼는지, 다음 세대들에게 전하고픈 말은 뭐가 있는지를 정리할 수 있었습니다. 다음으로 탈북청년들의 인터뷰 자료를 통해 그들이 어떠한 일상을 살고 있으며, 정체성은 어떻게 형성해가는지를 살폈습니다.

마지막 3편에서는 연구와 교육활동에서 드러난 북한이주민의 정체성을 논의하고자 했습니다. 두 연구자는 그간 연구한 사례를 바탕으로 북한 배경 청소년 및 청년들의 일상 현실이 어떠한지, 어떠한 경로로 정체성의 과정을 경험해 나가는지에 관해 기술함으로써, 그들이 지닌 개인 내외적 강점과 자원들을 살펴볼 수 있었습니다. 아울러 남북 청년들의 상호 문화이해를 위한 소모임 활동의 사

례와, 탈북가정에 방문하여 멘토링하는 사례를 소개함으로써 문화적 시너지를 낼 수 있는 사회통합의 길이 무엇인지에 관해서도 논의하였습니다. 이는 남한의 일상을 경험하는 그들을 이해하는 것이자, 그들이 속한 사회를 이해하는 것이기도 합니다. 요컨대 〈남북한 문화비교 총서〉는 남북인이 조화롭게 어울릴 수 있는 일상문화를 찾아나가는 데 중요한 기초자료가 될 것입니다.

2024년 2월
서울시립대학교 창공관에서
전주람, 곽상인

○ 목차

들어가는 글 | 5

제1부 북한이주민은 누구인가?

제1장 북한이주민에서 남한사회의 리더로 / 16

제2장 자아정체성이란 무엇인가 / 18

제3장 회복탄력성이란 무엇인가 / 25

제4장 탈북이주민의 회복탄력성과 자아정체성 / 31

제2부 (KBS 통일열차에 출연한)
       탈북자들의 평범한 일상

제1장 사례로 살펴보는 먼저 온 세대들의 일상 / 40

1. 사례 소개 / 40

  1) 사례 1: 바리스타의 꿈을 이루고, 다시 모델의 꿈을
     꾸는 여성(60세, 여성) (60대 초반, 여성) / 41

  2) 사례 2: 보험의 끝판왕, 이제는 요양시설에서
     최고의 손맛을 자랑하는 그녀(60대 초반, 여성) / 47

  3) 사례 3: 사회복지를 꿈꾸는 여군 출신
     보험설계사(40대 후반, 여성) / 53

　　4) 사례 4: 6년 차 노인 사회복지사(50대 초반, 여성) / 60

　　5) 사례 5: 고향 땅에서, 봉사회조직을 꿈꾸는
　　　　봉사왕 사나이(50대 초반, 남성) / 65

　　6) 사례 6: 탁구장 운영의 소소한 일상을 꿈꾸는
　　　　1세대(60대 후반, 남성) / 71

　　7) 사례 7: 아파트 기전실에 스카우트된
　　　　러시아에서 온 남성(50대 중반, 남성) / 76

　　8) 사례 8: 신장 투석 환자여도 정리 정돈은
　　　　할 만합니다(57세, 남성) / 82

　2. 먼저 온 세대들의 내러티브가 주는 시사점 / 88

제2장 2030 다음 세대들의 일상 / 91

1. 사례 소개 / 91

　　1) 사례 1: 15세에 탈북하여 사회학과에 재학 중인
　　　　김당당(20대 초반, 여성) / 91

　　2) 사례 2: 한국 애들보다 잘 살기로 마음먹은
　　　　당찬 채민아(20대 초반, 여성) / 97

　　3) 사례 3: 사회복지를 공부하는 새내기 여대생,
　　　　곽소연(20대 중반, 여성) / 103

　　4) 사례 4: 심리학 공부에 푹 빠진
　　　　이가연(20대 후반, 여성) / 108

5) 사례 5: 2년 전 남한 땅을 밟아 힘든 시기를
   극복 중인 여가을(20대 초반, 여성) / 115
6) 사례 6: 7급 공무원을 목표로 매진하는
   김다영(30대 초반, 여성) / 121
7) 사례 7: 메타버스 통일교육 사업을 운영하는
   연구진 강힘찬(30대 중반, 남성) / 127
2. 2030청년들의 내러티브가 주는 시사점 / 133

제3부 (연구 및 교육활동 사례로 살펴보는) 북한이주민들의 정체성 내러티브

제1장 연구 사례 / 138
1. 20–30대 탈북청년들은 어떻게 살아가는가?:
   생활양식과 자아정체성 / 138
   1) 누구를 만나 무엇을 질문하였는가 / 139
   2) 어떻게 자료 분석하였는가 / 141
   3) 무엇을 발견하였나 / 142
2. 10–20대 탈북청소년들의
   또래관계 경험은 어떠한가? / 145
   1) 친구관계는 왜 중요한가 / 146
   2) 탈북청소년들의 친구관계는 어떠한가 / 147
   3) 누구를 어떻게 만났는가 / 148

4) 자료는 어떻게 분석하였나 / 151

제2장 교육관련 활동 사례 / 160

1. 남북 청년들의 상호 문화이해를 위한 소모임 활동 / 160

2. 탈북아동 및 청소년 대상 찾아가는 대학생 멘토링:
   서비스러닝 / 195

   1) 탈북가정 방문 시도:
      대학생 멘토링, 서비스러닝(service-learning) / 195

   2) 교수자의 멘토 훈련 / 203

   3) 서비스러닝 효과 및 경험 / 205

제1부

북한이주민은
누구인가

○

제1장 북한이주민에서 남한사회의 리더로

탈북을 스스로 선택하거나 경험한 북한이주민은 입남 후 한국에서 정착하는 데 많은 애로사항을 겪고 있다. 이들에게는 남북한의 사회문화적 차이를 이해하는 것보다 자아정체성 확립과 자아발견, 그리고 네트워크를 통해 정서적 공감능력을 확보하는 것이 더 중요하다. 한국사회에서 주체적인 모습으로 살아가기 위해서는 리더로서의 기본적인 자질을 갖추는 것이라 하겠다. 그리고 이들이 겪는 소외감, 우울, 불안 등을 회복탄력성으로 극복해 나가는 것도 필요하다. 곧 탈북한 이주민이 아니라, 남한사회에서 살아가는 리더자로서의 기본적인 자질을 함양하여 자신에 대한 인식과 성찰을 확장하면 자아 성장에 큰 도움이 되리라 판단된다.

아울러 한국의 다양한 문화적 경험을 통해 자신이 지닌 강점과 자원 등 문화자본의 확장으로 리더자의 자질을 갖추는 것이 중요하겠다. 북한이주민은 남한 사람과의 접촉을 통해 여러 의견 충돌을 겪을 수 있으나 이를 민주적 토론의 방식으로 해결해나가는 경험을 할 것이다. 이 과정에서 북한과 남한의 다양한 의견 차이를 확인하게 될 것이고, 견해를 좁힘으로써 남한 시민으로서의 자질도 갖추게 되리라 기대한다. 이들이 한국사회에서 상처받지 않고 환경에 잘 적응하여 건강한 이주민의 자기정체성을 확립했으면 한다.

북한이주민은 남북한의 여러 문화를 습득하고 공감하면서 자기정체성을 새롭게 구축할 수 있을 것이다. 한국의 문화자본은 북한이주민에게는 공감대를 형성하는 데 매우 중요한 요인이 되겠다. 따라서 정치적 혹은 이데올로기적인 접근을 통해서 남북한의 문화를 이해하는 것이 아니라, 공감할 만한 문화적 코드로 남한 사회를 이해하는 것이 수월하리라 판단된다. 북한이주민이 시민의식과 리더십을 함양하여 한국사회에서도 미래를 선도할 수 있는 주력자가 되기를 원한다. 한국사회에서 글로벌 리더자로 성장하기 위한 자기만의 정체성을 확립하고 문화자본을 습득하는 것은 값진 일이다.

제2장 자아정체성이란 무엇인가

북한이주민이 자아정체성을 확립하거나 확보하는 것은 매우 중요한 일이다. 이를 갖추어야 남한에서 온전하게 자기 주도적으로 생활할 수가 있을 것이기 때문이다. 이런 점에서 자아정체성에 대한 개념을 알아둘 필요가 있겠다.

우선 널리 알려진 바대로, 에릭슨(Erik H. Erikson, 1968)은 자아정체성을 부모의 양육방식에 의해 결정된다는 프로이트와는 달리 가족과 사회 및 문화적 유산 등의 상호작용에 의해 형성된다고 보았다(장휘숙, 2009). 에릭슨(Erik H. Erikson, 1968)에 따르면 자아정체성이란 성취와 같이 완성되는 것이 아니며, 고정적이거나 불변하는 것도 아니다. 즉 자아정체성은 유아기부터 노년기까지 전 생애적으로 사회적 현실 속에서 끊임없이 변화하는 발달적 속성을 갖는 것이다.

좀 더 구체적으로 자아정체성에 대한 개념을 살펴보도록 한다(호정화, 2023).[1] 에릭슨은 아동들이 존재의 안전, 성별, 자율, 수치심, 죄악감 등과 같은 깊은 인간문제의 넓은 범위에서 자신과 부모를 동일시한다고 생각했다. 또한 청년들의 계속적인 신체적 변화가 그들을 생산적이고 안전한 어른으로 인도하는 성장이며, 그것이 통합된 자아감으로 가기 위해 겪는 투쟁이 될 수 있다는 점에 흥미

---

1 이하 자아정체성에 대한 개념은 호정화의 논문을 참고하여 정리했음을 밝힌다. 호정화, 「북한이탈여성들의 인문치료 독서활동 경험과 자아정체성 변화-내러티브 탐구를 중심으로」, 강원대학교 교육인문협력학과, 2023년 2월.

를 가졌다. 한편 마샤(Marcia)는 자아정체성을 정적인 것이 아니라 역동적인 것으로 보고 '충동, 능력, 신념 및 개인 생활사 등의 자체 발생적인 내적 체계인 자기구조'로 정의하고 있다. 이런 구조가 잘 발달된 사람은 자신의 장단점, 다른 사람과의 유사성 및 독특성을 잘 깨닫는 반면, 그렇지 못한 사람은 다른 사람으로부터 자신을 찾으려 하고 외적 자원에 의존하여 자기 자신을 평가하는 혼미한 사람이 된다고 보았다.[2]

정체성(identity)이라는 용어는 라틴어의 identitas에서 유래한 것으로, 역사를 보면 에릭슨이 임상체험, 즉 전장에서의 퇴역병 속에 '결여되어 있는 것'으로서 느낀 '무엇인가'에 붙인 용어이다.[3] 에릭슨이 말한 아이덴티티(identity)는 '심리사회적 아이덴티티' 영역에 초점을 맞춘 것이다. 이 용어는 자아 내지 자아 시스템의 표현, 즉 마음 내면에 대한 말이라고 할 수 있지만 다른 한편에서는 국가나 민족에 대해서도 사용할 수 있는 용어이다.[4] 즉 에릭슨의 아이덴티티는 개인 속에 있는 아이덴티티와 공동체에 속하는 자로서의 아이덴티티로 구성된다고 할 수 있다. 에릭슨의 자아정체성 개념은 사춘기와 청년기에서의 심리사회적 위기를 다룰 때 사용된다. 이는 타인 속에서 자신이 독자적 존재라는 것을 인정함과 동시에 자기의 생육사와 자기다움의 일관된 감각을 유지할 수 있는 상태를

---

2 송현욱, 「청소년기의 자아정체감에 영향을 미치는 관련변인 간의 구조분석」, 계명대학교 박사학위논문, 2008년.
3 박아청, 『에릭슨의 인간 이해』, 교육과학사, 2014, 93쪽.
4 위의 책, 98쪽.

말한다. 사춘기 및 청년기에 속한 늘 혼란을 겪으면서 이에 대해 역동적인 대처를 하고 있다.

이러한 정체성이 달성되는 과정을 에릭슨은 세 가지로 보았다. 신체과정과 사회과정, 역사과정이 그것이다. 이들 세 가지 과정은 동시에 전개되는데, 신체과정이란 평생 주기의 시공간 범위 내에서 겪게 되는 신체의 유기적인 체제화 과정이다. 두 번째 사회과정은 자아의 통합력에 의해 경험을 체제화해가는 과정으로 자아 방위의 형성, 정체성 형성 등이 이에 속한다. 세 번째의 역사과정은 인간존재로서의 지리적 · 역사적 단위 속에서 개인적인 자아의 여러 체제가 사회적 수준에서 동시에 체제화하는 과정으로 시공간의 형성, 집단적인 인생 계획, 생산성이 여기에 속한다.[5]

에릭슨은 개인의 자아정체성을 만들어가는 경험과정에서 부모 양육의 일관성이 중요함을 강조한다. 어린 시절 부모의 선택적 강요는 정체성의 감각이 절정에 달하는 자기 이미지의 점진적인 자아 통합을 완성할 수 없게 한다고 보았다. 또한 정체성을 "자아정체성"이라고 불렀으며 '자아 이상'과 유사한 자아정체성의 관계에 대해 밝혔다.[6] 에릭슨이 설명하는 자아정체성은 개인의 자아가 내적 충동 및 요구들과 외적 압력 및 유혹이나 도덕적인 구속들을 자기만의 독특한 방식으로 조정 및 통합함으로써 고유한 자기동일성을 견지해 나가려고 하는 자각과 의식, 무의식적 노력이라고 할 수

---

5 위의 책, 102-131쪽.

6 Erikson, E., *Identity: Youth and crisis*, New York: W. W. Norton & Company, 1968, p.209.

있다.[7] 에릭슨은 또한 정체성을 객관적 측면과 주관적 측면으로 나누고 있는데 전자를 집단에 대한 귀속감 또는 일치성을 의미하는 심리사회적 정체성(psychosocial identity), 후자를 개인이 집단 내에서 타인과 다른 독립된 존재로 느끼는 개별적 정체성(individual identity)이라 하였다.

정체성의 존재 양식에 대해서 에릭슨은 관계론적으로 이해된 정체성의 발달과정에 의미를 두었다. 에릭슨이 반복해서 말하고 있는 것은 인간은 외계 없이 살 수가 없으며 '개인'의 내측과 외측과의 구별은 상대적·관계적이라는 것이다. 덧붙여 자신의 정체성 개념은 성격심리학이나 사회심리학에서 사용하는 정체성, 또는 정체성 형성 개념과 동일한 것으로 볼 수 있다고 했다. 그러나 성격심리학이나 사회심리학의 자아의식, 자아상, 자아평가, 사회심리학의 역할 갈등, 역할 상실에는 사람이 어떻게, 또 어디로 발달하는가를 규명하려는 인간발달론이 결여되어 있다고 평가한다.[8] 즉 아이덴티티는 발달심리학에서 말하는 '구조'와 '발달'을 파악하고 이해하는 개념이라 할 수 있다. 그래서 그 양자를 함께 포함하기에 '관계의 발달'이라는 용어로도 쓰인다.

에릭슨이 말하는 '나'는 의식하는 '자기'를 말한다. 자아정체성(ego identity)은 개인적 정체성(personal identity)보다는 포괄적인 개념으로, 자신 내에 존재하는 영속적인 동일성과, 타인과 어떤 종류의 본질적인 특성을 영속적으로 공유하는 것이다. 다시 말해 자아정

---

7   서봉연, 「자아정체감 형성에 관한 일 연구」, 경북대학교 박사학위논문, 1975, 35쪽.

8   Erikson, E. op.cit., p.110.

체성은 개인의 자아가 내적 충동 및 요구들과 외적 압력 및 유혹이나 도덕적인 구속들을 자기만의 독특한 방식으로 조정하고 통합함으로써 고유한 자기동일성을 견지해 나가려고 하는 자각과 의식, 무의식적 노력이라고 할 수 있다.[9]

자아정체성 발달에서 에릭슨은 모든 발달 단계에는 어느 정도의 위기들이 있는데, 그 발달 단계마다 특정한 위기가 나타난다고 하였다. 각 단계에 있는 심리사회적 위기의 산물은 긍정적-부정적인 두 갈래에 의해 확정된다고 보았다. 그는 건강한 성격 발달은 긍정적인 해결로부터 나오며, 반면에 부정적인 결과는 혼란스럽고 소외되며, 비정상적인 성격으로부터 초래하게 된다고 하였다.[10] 에릭슨은 인간의 정체감은 발달주기에 따라 성장한다고 보았다. 개인의 자아 발달은 생물학적 성숙 요인과 심리 내적인 과정, 사회문화적 요인이 동시에 상호 의존적으로 영향을 주고받는 것으로 이루어진다고 하였다.[11]

자아정체감은 유아기 신뢰감에서 생기며 청소년기의 매 단계에서 자아 강도감에 대한 성취로 완성된다고 하였다. 따라서 에릭슨은 인간의 인생 주기에서 정체의 위치를 확인해야 한다고 하였다. 자아정체감은 남을 신뢰할 수 있는 것뿐만 아니라, 자기 자신과 충동에 대처하는 자신의 인체 기관의 능력을 신뢰할 수 있다는 것을 의미한다. 유아기에 어머니의 보살핌 속에서 부모에 대한 '신뢰'로

---

9 서봉연, 앞의 글.
10 송현욱, 앞의 글, 13쪽.
11 위의 글, 12쪽.

부터 출발하여 아동기와 청소년기, 성인기, 노년기를 거쳐 자아 통합과 재통합이 연속적으로 이루어지면서 자아정체감은 형성된다. 그가 속한 문화 속에서 의미 있는 성취를 했을 때 자아정체감이 형성된다.

자아정체성이 발달되는 과정은 출생에서부터 시작되며 일생을 통해 계속된다. 청소년기와 청년기 발달이 더욱 중요한 이유는 인생을 사는 동안에 자신의 힘으로 설 수 있는 자립 인간이 되어야 하는 시기이기 때문이다. 따라서 청년기의 자아정체성 형성은 다음 시기인 성인기의 생활에서 친밀감과 생산성, 자아 통합 등의 자원을 제공하는 데 중요한 가교 역할을 한다. 이 시기에 어느 한 문화의 기술적 기풍에 대한 감각이 발달하고 학교 다니는 아이들은 자신의 피부색과 부모들의 배경, 또는 옷차림새에 따라 스스로의 가치를 결정하게 되고, 자아정체성을 결정하게 된다.[12]

에릭슨은 학교는 아동이 사회와 더불어 성장하는 곳이며 학교 생활을 통해 자신의 자아정체성을 형성하고 만들어가기 때문에 이곳에서의 생활이 중요한 역할을 한다고 보았다. '정체감 대 역할 혼란' 단계에서는 사춘기와 청소년기에 있어 이전 시기의 신체 성장과 생식기관의 성숙 때문에 동일성과 연속성에 의문을 갖게 된다. 따라서 청소년들은 생리적인 변화에 직면하여 일차적으로 자신들이 타인의 눈에 어떻게 보이는지를 자신이 느끼는 점들과 비교해서 생각하게 된다. 자아정체성이란 축적된 확신인데 '과거에

---

12 에릭 에릭슨,『아동기와 사회』, 윤진 외 1인 공역, 중앙서적출판사, 1990, 286-302쪽.

준비했던 내적 동일성과 연속성'이 타인과의 관계에 있어서 개인의 의미에 대한 동일성과 연속성에 들어맞게 되는 것이다. 이 단계에서 위험이란 '역할 혼란'인데 이것은 '자기의 성에 대한 정체'와 관련된 이전의 강력한 의심에 근거를 두고 있으며 이때의 행동은 비행적인 것이라고 할 수 있다.[13]

이렇게 에릭슨은 청소년기의 정체성과 위기에 대해 설명하면서 청소년의 마음은 필연적으로 아동기와 성인기 사이의 심리사회적 단계이며 결정 유예기간이라고 말한다. 이것은 또한 '이념적 마음'이라고도 하였다. 왜냐하면 청소년들은 사회적 가치를 추구함에 있어서, 이념과 특권계급에 대한 문제를 직면하기 때문이다. '친밀감 대 고립감' 단계에서는 청년들이 자신의 정체와 타인의 정체를 기꺼이 융화시키려 한다고 하였다. 비록 큰 희생이나 위험이 요구되어도 자신을 구체적 유친과 동반 관계 속에 몰입시키면서 윤리적 감정을 발달시킨다고 하였다.

친밀감의 반대는 소원함인데 이는 스스로 고립될 준비가 되어 있는 상태를 말한다. 이는 개인적 친밀 관계의 경계선 속으로 침범해 오는 사람이나 어떤 힘을 격퇴할 태세가 되어 있는 것을 말한다.[14]

---

13 위의 책, 303-305쪽.
14 위의 책, 306-317쪽.

제3장 회복탄력성이란 무엇인가

회복탄력성은 영어 resilience가 번역된 말로, '다시 튀어 오름, 구부러진 후에 원래의 모양이나 위치로 되돌아옴'(방소현, 2020)의 뜻을 지닌다. 선행연구에서 회복력, 사회탄력성, 자아탄력성 등으로 혼용되지만 공통적으로 고난이나 역경을 극복하고 본래의 상태나 수준으로 회복할 수 있는 내적인 힘과 능력을 의미한다. 몇몇 학자의 정의는 다음과 같다. Block과 Kremen(1996)은 회복탄력성을 고통스럽고 긴장되는 인내의 강도를 상황에 따라 강화시키거나 약화시키는 조절능력이라고 정의하였고, Connor와 Davidson(2003)은 회복탄력성을 역경 속에서도 극복하고 나아갈 수 있는 개인의 자질이라고 정의하며 스트레스 대처 능력의 척도이자 불안, 우울증, 스트레스 반응에서 중요한 치료 목표가 될 수 있다고 하였다.

최근에는 하버드대학교 의대 교수인 게일 가젤이 쓴 책인『하버드 회복탄력성 수업』[15](손현선 옮김, 현대지성, 2021)이 번역되어서 회복탄력성에 관련한 내용을 잘 정리해 놓았다. 주요 내용을 참고하여 정리하면 아래와 같다.

회복탄력성이 필요한 이유

회복탄력성이 필요한 이유는 자기 삶을 돌아보게 하는 계기를

---

15 게일 가젤,『하버드 회복탄력성 수업』, 손현선 옮김, 현대지성, 2021. 3장의 내용은 게일 가젤의 논의를 주로 빌려와 정리하였다.

제공하기 때문이다. 각자의 삶을 한번 돌아보자. 최고 또는 최악의 순간들이 있을 것이다. 그중에서도 역경과 맞서 싸울 때 이끌어냈던 마음의 원천 또는 심리적 자원을 발견할 수 있다.

회복탄력성 개념

회복탄력성은 인생의 역경과 도전에 맞설 때 마음의 원천에서 필요한 자원을 끌어올 수 있는 내적인 능력을 말하며, 내면의 힘과 자원, 지혜, 선함을 포괄한다. 이것이 있어야 마음과 정신을 강하게 만들어 역경을 뚫고 나갈 수가 있고, 우리를 억누르는 상황을 감당할 수 있게 된다. 생물학적·환경적 요인과는 무관하게 회복탄력성은 모든 사람의 내면에 본성적인 자질로 존재한다. 경험에서 얻은 지혜를 존중하는 것이 회복탄력성을 키우는 데 유익하다. 회복탄력성의 핵심은 뇌가 효과적으로 스트레스를 관리하고 위협에 반응하는 방식을 강화하는 데 있다.

회복탄력성과 연결된 신경계

인간의 뇌와 몸은 위협과 위험을 만났을 때 복합적이고도 기발하게 반응한다. 심한 스트레스 자극이 들어오면 감각계가 뇌의 편도체라는 부위에 신호를 보낸다. 그러면 편도체는 교감신경계를 활성화시킨다. 위험 반응에 초점이 맞춰진 교감신경계의 신경들은 몸 이곳저곳으로 생리적 반응을 촉발시켜 위험이 지나갈 때까지 투쟁하거나 도망치거나 움직이지 못하게 만든다. 위협을 감지하면

투쟁, 도망, 얼음 반응을 일으키고 전두엽이라는 뇌 영역도 활성화된다. 말 그대로 뇌 앞부분에 있는 전두엽은 복합적 사고, 성격 발현, 의사결정, 사회적 행동 조절 등 모든 행동의 감독관 역할을 한다. 또한 전두엽은 단기적 목표보다 장기적 목표에 입각해 행동하게 만든다. 투쟁, 도망, 얼음 반응이 일어나면 코르티솔이라는 스트레스 호르몬이 분출된다. 코르티솔은 위험에 대처할 때 자원을 끌어온다. 자주 스트레스를 받아 코르티솔이 누적되면 심신의 건강을 망가뜨릴 수 있다. 코르티솔에 오래 노출되면 불안, 우울, 불면증, 무기력, 집중력 저하 등 여러 부작용이 나타난다.

생각, 행동, 경험의 변화에 적응해 뇌는 계속 변한다. 반복된 활동으로 강하게 연결된 특정 신경망은 생각과 행동의 동선이 된다. 새로운 것을 학습하고 실행하고 반복하면 또 다른 뇌의 사고 프로세스가 생겨난다. 놀랍게도 긍정적 경험이나 강점, 성공을 반복적으로 떠올리고 생각하면 관련된 신경 연결 회로가 자라나고 뇌는 긍정성에 집중한다. 반면 원망과 불만이 가득해 계속해서 스스로를 비난하면 부정성을 키우는 셈이 된다. 뇌에서 동일한 신경 경로를 따라 반복적으로 활성화가 일어날수록 뉴런의 연결과 조직화는 더 강해진다. 다시 말해, 한 묶음으로 활성화되는 신경세포는 한 묶음으로 회로화된다는 것이다. 긍정적인 것을 거듭 생각하면 신경회로가 더 긍정적인 변화를 향해 확장된다. 염려, 두려움, 불안과 관련된 신경회로는 덜 사용할수록 위축된다. 뇌의 강력한 재생 능력을 활용하면 현실을 새롭게 바꿀 수 있다.

누구에게나 회복탄력성은 있다

회복탄력성이라고 하면 평범한 사람은 따라 할 수 없는 비범한 사람의 전유물이라고 생각하기 쉽지만 이것은 오해다. 회복탄력은 누구나 내면에 지니고 있는 타고난 힘이다. 회복탄력성을 한 번도 계발해 본 적이 없는 사람들이 많다. 내면의 원천에서 물을 긷는 법을 배우지 않아 그 능력이 잠재된 상태로 머물러 있는 것이다. 물론 배움에는 늦은 때가 없다. 각자 나름의 방식으로 얼마든지 회복탄력성을 키울 수 있다.

회복탄력성은 어려움과 역경을 이겨내는 내면의 자원이다. 우리에게는 누구나 끌어다 쓰고 재충전할 수 있는 회복탄력성이 있다. 뇌의 경보시스템이 과잉 반응을 일으키기에 우리는 사소한 사건에도 투쟁/도망/얼음 반응을 보인다. 이 반응은 스트레스를 야기하고 불안감과 온갖 신체 증상을 유발한다. 뇌는 말랑말랑해서 끊임없이 변화하는데, 훈련을 통해 부정적 성향을 건강하고 긍정적 성향으로 바꿀 수 있다.

회복탄력성 계발은 사람마다 다른 양상으로 나타나는 개인적인 여정이라 할 수 있다. 이는 환경적 요인에 기인하는 경우가 많다. 가족, 공동체 지원, 자아성찰, 소속 단체, 상담, 마음 챙김, 신앙 등 여러 요소가 회복탄력성의 핵심 요소가 된다.

대인관계와 유연성

대인관계는 회복탄력성의 핵심 요소 중 하나다. 타인과의 교류가 없다면 회복탄력성은 말라버리고 우리의 안녕은 심각한 위험에 처한다. 실제로 심리적 외로움은 신체 활동의 부족만큼이나 심혈관계 질환과 뇌졸중에 영향을 끼친다. 사람은 태어나서 최초로 가족과 관계를 맺는다. 처음에 부모의 사랑이 부족했더라도 평생 여러 방식으로 타인과 중요한 인간관계를 맺을 수 있다. 낯선 이와 나눈 작은 교감, 친구나 배우자와의 관계, 자원봉사를 통한 지역사회와의 연결, 무작위로 베푸는 선행 등 다양한 교류를 통해 회복탄력성은 높아진다. 인간은 서로 대인관계를 맺고 교류하도록 내면에 회로화되어 있다.

아울러 힘과 유연성은 상호 보완적이다. 운동선수나 요가 수련자는 강하면서도 유연한 몸을 만든다. 회복탄력성에 수반되는 유연성은 역경을 견디고 정상 궤도로 복귀하는 능력 그 이상이다. 회복탄력성이 높을 때 정신적으로나 정서적으로도 유연해진다. 상황과 사물을 새로운 시각으로 바라보고 자신이 처한 상황을 제대로 평가한다. 이러한 유연성을 계발하는 핵심 도구는 '마음 챙김'이다. 마음 챙김은 우리의 생각을 스쳐 지나가게 하는 것이다. 우리의 마음이 지어낸 이야기가 늘 진실한 것은 아니다. 명상을 하면 자신의 생각에 매몰되지 않고 적당히 거리를 두는 능력을 키울 수 있다.

자기조절과 자기돌봄

주어지는 상황을 통제할 수는 없지만 어떻게 반응할지는 선택할 수 있다. 영화나 뉴스의 노골적인 폭력 묘사, 수면 부족이나 욕구 불만이 분노의 원인이 될 수 있다. 비난과 수치심에 대한 두려움 때문에 훗날 후회할 언행을 하는 경우가 많다. 두려움에 사로잡히면 귀신이 무서워 방구석에 웅크리고 있는 무기력한 아이처럼 된다. 두려움에 대한 해독제는 인간관계와 위안과 공감이다. '잠시 멈춤'은 스트레스가 심한 날에 평온함을 주고 정신을 명료하게 한다. 따라서 천천히 심호흡하기, 동네 한 바퀴 산책하기, 짧은 명상, 운동, 취미, 티타임 등으로도 '잠시 멈춤'을 수행할 수 있다.

아울러 자기돌봄은 무엇인가. 스스로 정신적·육체적·감정적·영적 안녕을 챙기지 않으면 누가 그 일을 할까? 놀랍게도 대다수의 사람이 자기돌봄을 우선순위로 삼지 않는다. 실제로 삶이 분주하면 가장 먼저 우선순위에서 탈락하는 것이 자기돌봄이다. 자신을 돌보지 않으면 연료 없이 달리게 되고 급기야는 회복탄력성이 고갈된다. 자기돌봄은 최적의 심신 상태를 유지해 회복탄력성을 높인다. 나를 위한 시간을 외면할 때 치러야 할 비용은 크다. 타인에 대한 공감 상실, 우울증에 따른 침체, 생산성 저하를 초래할 수 있다. 자기돌봄을 수행하려면 미리 일정을 잡고 시간을 확보해야 한다. 운동, 좋은 영양 섭취, 충분한 잠, 명상 등은 신체, 정신, 뇌의 건강 면에서 상당히 유익하고 회복탄력성을 높이는 데 도움이 된다.

제4장 탈북이주민의 회복탄력성과 자아정체성

　탈북이주민은 대부분 탈북과정에서 가족과 분리되거나 심신의 상해를 입는 경험을 하게 된다. 이들은 북한 내, 탈북과정, 한국에 입국하기 전까지 체류 과정뿐만 아니라 한국 입국 후 지역사회에 편입되어서도 여러 외상 경험을 하며 외상후스트레스장애를 겪는다(김현아, 2016; 김희숙, 김현경, 2017). 북한 내에서 공개처형이나 아사자를 목격하거나 탈북 과정에서 겪는 기아, 가족과의 이별, 죽음의 위기, 심리 · 신체적 고문, 성폭행, 강제 송환, 남한 정착 후 자립의 문제, 문화 적응 스트레스 등 북한이주민은 다양한 외상 사건을 겪는다고 보고된다(한나영 외, 2015).

　Reavell, & Fazil(2017)은 이주 경험을 가지고 새로운 국가에서 불확실한 삶을 살아가며 다양한 스트레스 요인에 노출된 이민자 중에서도 전쟁과 학살 같은 과거 경험에 대한 기억에 대처해야 하는 난민에게 외상후스트레스장애는 흔한 건강문제라고 하였다. 브라질에 거주하는 난민의 외상후스트레스장애 유병률은 47%로, 노동이민자의 유병률보다 2배가 높았고(Bustamante, Cerqueira, Leclerc, & Brietzke, 2017), 중국에 거주하는 북한이주민 170명을 대상으로 설문조사 한 연구에서 외상후스트레스장애 유병률은 56%로 나타났다.

　이러한 어려움에도 불구하고 탈북이주민은 자신의 주변 환경 자원을 발굴하면서 역경을 극복해 나간다. 회복탄력성을 중심으로 북한이탈여성의 탈북 경험에 대한 사례 연구를 한 박다정(2016)은 북한이탈여성이 갖는 회복탄력성의 개인 내적인 요인으로 결단력, 추진력, 용기, 삶에 대한 성찰적 태도, 저항력, 강인성, 낙관성 등을, 환경적 요인으로 사회적 지지, 초월적 존재에 의지, 가정환경을 제시했다. 그리고 전주람(2014)은 탈북여성들의 심리사회적 자원이 어떻게 활용되는지 잘 살폈다.

정리하면, 북한이주민의 회복탄력성은 북한이주민들이 개인의 내·외적으로 발생하는 긴장 상태를 융통성 있고 효과적으로 대처하여 회복할 수 있는 능력(김재엽 외, 2012)으로 정의를 내릴 수 있다. 그리고 자아정체성은 이주민이 심리적 적응을 이루기 위해 필요한 과정의 하나로(Berry, 1997) 사회문화적, 역사 및 심리적 맥락에서 개인이 내면에서 경험하고 느끼는 감각의 존재에 이름을 부여해 낸 표현이다(Erikson, 1968).

덧붙여 탈북청소년의 자아정체성과 관련해서는 신혜선·윤현경(2019)의 논문[16]이 주목할 만하다. 신혜선·윤현경은 탈북청소년의 인구통계학적 특성에 따라 사용하는 언어, 문화적 배경 등의 다양성을 인지할 필요가 증가되었다고 말한다. 더불어 탈북청소년의 경우 함께 입국한 부모의 재혼으로 가족이 재구성되는 경험을 하는 경우가 많아졌고, 이때, 서로 다른 국적 간 재혼이 이루어지는 경우가 발생한다고 하였다. 탈북청소년이 성장하며 경험하게 되는 문화적 환경의 내·외부적 변화와 혼합은 실로 복잡할 수 있다. 특히 청소년기 자아정체성 형성과정에서 주요하게 영향을 끼치는 요

---

16   신혜선·윤현경, 「탈북청소년의 자아정체성 탐색을 위한 문화예술교육 프로그램 개발에 대한 시론적 연구」, 『한국문화교육학회 학술대회지』, 한국문화교육학회, 2009, 17-30쪽.

인으로 부모와의 관계, 또래집단, 학교생활이 지목[17]되었다.

조정아 외[18]는 기존 연구에서 탈북청소년을 어떻게 공통적으로 대상화하고 있는가를 살폈다. 첫째로 탈북청소년은 탈북과정을 거치면서 받은 상처가 있고, 남한 입국 후 차별과 부적응으로 인해 복지의 대상으로 그려진다. 둘째로 이들은 남한사회의 가치와 문화 등 삶의 방식에 적응 및 동화되어야 하는 존재로 그려진다. 셋째로 이들은 탈북과정의 상처를 극복하고 남한사회에 성공적으로 적응하여 온전한 남한 사람의 정체성을 성취해야 하는 대상으로 그려진다. 이러한 내용은 기존 연구에서 도출된 내용이기는 하나, 일면 탈북청소년을 향해 사회가 부여하는 '정체성 메시지'로 이해할 수 있다.

이부미[19]는 탈북청소년이 복잡하고 다층적인 정체성을 나타내고 있다고 밝혔다. 이 연구자는 국민의식에 대한 균열과 민족 정체성의 견고성이 상충되어 나타나는 부분을 관찰하였다. 이러한 '다중의 정체성'을 탈북청소년이 남한사회에서 갖기 힘들다는 해석에 문제가 있음을 지적하였다. 이러한 시각은 한국사회가 지나치게 강조하는 동질성의 역기능으로, 보다 다원주의적 시각에서 탈북청소년의 다중 정체성을 이해할 필요가 있다고 역설하였다.

---

17 정득, 강민정, 이종석, 「종교 활동·문화 활동과 청소년 자아정체성 형성」, 『종교문화연구』, 제30호, 2018, 63-95.

18 조정아, 홍민, 이향규, 이희명, 조영주, 『탈북청소년의 경계 경험과 정체성 재구성』, 통일연구원, 2014.

19 이부미, 「북한이탈 청소년들의 학습경험 및 정체성 재구성에 대한 내러티브 탐구」, 『교육인류학연구』, 15(2), 2012.

정성미의 연구[20]에서는 에릭슨의 심리사회적 발달 단계를 설명하면서 이것이 성인의 자아정체성을 설명하는 데 유용하다고 하였다. 북한이주민의 자아정체성 문제도 크게는 성인의 자아정체성 발달의 범위에 있다. 북한이주민의 특수성은 탈북으로 인한 물리적 · 문화적 환경의 단절로 인해 에릭슨의 6단계, 7단계에서처럼 정상적인 성장이 어렵다는 것이다. 그래서 8단계의 절망감처럼 문화적 · 사회적 차이로 인한 '죽음' 같은 절망감이 북한이주민을 괴롭히게 된다. 이럴 때 새로운 정체성을 발견하는 것은 삶의 방향을 제시해 줄 수 있으므로 역할 혼미, 고립감, 침체성, 절망적인 부정적 측면을 극복하고, 자신에 대한 긍정적 평가, 친밀감, 생산성, 통합성을 찾는 힘을 갖게 되는 것과 같다. 특히 남한사회에서 소외계층에 해당하는 북한이주민은 부정적 자아정체성을 형성할 가능성이 크기에, 이를 스스로 어떻게 극복할 것인가가 매우 중요한 문제라 할 수 있다.

20　정성미, 「자기 삶 이야기와 자아정체성-〈북한이탈주민을 위한 인문학교실〉의 언어 표현 자료를 중심으로」, 『어문논집』, 69, 중앙어문학회, 2017년 3월, 355-387쪽.

▮ 참고문헌

게일 가젤, 『하버드 회복탄력성 수업』, 손현선 옮김, 현대지성, 2021.

김재엽 · 최지현 · 유원정, 「PTSD가 북한이탈주민의 남한사회적응에 미치는 영향 - 자아탄력성, 사회적 교류의 조절효과를 중심으로」, 『사회복지연구』, 43(4), 2012.

김현아, 「북한이탈주민의 우울과 PTSD에 관한 메타분석」, 『한국위기관리논집』, 12(1), 2016.

김희숙 · 김현경, 「북한이탈 여성의 외상 후 스트레스 장애에 따른 월경 문제의 비교」, 『스트레스연구』, 25(4), 2017.

박다정, 「여성 북한 이탈 주민의 탈북 경험에 관한 사례연구: 회복탄력 성을 중심으로」, 성균관대학교 석사학위논문, 2016.

박아청, 『에릭슨의 인간 이해』, 교육과학사, 2014.

방소현, 「북한이탈주민의 문화성향, 외상후스트레스장애, 회복탄력성이 남한사회적응에 미치는 영향」, 이화여자대학교 석사학위논문, 2020.

서봉연, 「자아정체감 형성에 관한 일 연구」, 경북대학교 박사학위논문, 1975.

송현욱, 「청소년기의 자아정체감에 영향을 미치는 관련변인 간의 구조분석」, 계명대학교 박사학위논문, 2008.

신혜선 · 윤현경, 「탈북청소년의 자아정체성 탐색을 위한 문화예술교육 프로그램 개발에 대한 시론적 연구」, 『한국문화교육학회 학술대회지』, 한국문화교육학회, 2009.

에릭 에릭슨, 『아동기와 사회』, 윤진 외 1인 공역, 중앙서적출판사, 1990.

이부미, 「북한이탈 청소년들의 학습경험 및 정체성 재구성에 대한 내러티브 탐구」, 『교육인류학연구』, 15(2), 2012.

장휘숙, 「성인초기의 발달과업과 행복의 관계」, 『한국심리학회지: 발달』, 22(1), 2009.

전주람, 「북한이탈여성들의 심리사회적자원에 관한 질적사례연구」, 『한국가족관계학회지』, 20(4), 2014.

정득 · 강민정 · 이종석, 「종교 활동 · 문화 활동과 청소년 자아정체성 형성」, 『종교문화연구』, 제30호, 2018.

정성미, 「자기 삶 이야기와 자아정체성—〈북한이탈주민을 위한 인문학교실〉의 언어 표현 자료를 중심으로」, 『어문논집』, 69, 중앙어문학회, 2017년 3월.

조정아 외 4인, 『탈북청소년의 경계경험과 정체성 재구성』, 통일연구원, 2014.

한나영 외 6명, 「북한이탈주민진료센터 정신건강의학과를 내원한 북한이탈주민에서 외상 후 스트레스장애와 사회 적응 및 삶의 질 관계」, 『신경정신의학』, 54(1), 2015.

호정화, 「북한이탈여성들의 인문치료 독서활동 경험과 자아정체성 변화-내러티브 탐구를 중심으로」, 강원대학교 교육인문협력학과, 2023년 2월.

Berry, J. W., Immigration, acculturation and adaptation, *Applied Psychology: An International Review*, 46, 1997.

Block, J., & Kremen, A. M., IQ and Ego-Resiliency Conceptual and Empirical Connections and Separateness, *Journal of Personality and Social Psychology*, 70, 1996.

Bustamante, L. H. U., Cerqueira, R. O., Leclerc, E., & Brietzke, E., Stress, trauma, and posttraumatic stress disorder in migrants: A comprehensive review, *Revista Brasileira de Psiquiatria*, 40(2),

2017, 220-225.

Connor-Davidson Resilience Scale (CD-RISC), *Depression and Anxiety*, 18, 2003.

Erikson, E., Identity: *Youth and crisis*, New York: W. W. Norton & Company, 1968.

제2부

(KBS 통일열차에 출연한)
탈북자들의 평범한 일상

○

제1장 사례로 살펴보는 먼저 온 세대들의 일상

1. 사례 소개

본 장에서는 〈KBS 통일열차〉에 출연한 북한이주민 8명을 소개하고자 한다. 전주람은 KBS 통일열차 정수진 리포터의 요청에 따라 〈일요초대석〉에 〈절박한 삶〉이라는 북한이주여성을 다룬 책에 관해 인터뷰를 요청받고 출연한 바 있다. 이후 통일열차 프로에서는 북한이주민들을 만날 기회가 지속적으로 필요했으므로 연구에서 만난 연구참여자들의 동의를 얻어 북한이주민들을 꾸준히 연결해 드려 왔다.

이 장에서는 2021년 3월부터 현재까지 〈통일열차〉를 통해 소개된 그들의 진솔한 이야기를 통일열차 담당 PD와 작가의 동의를 얻어 소개하고자 한다. 그들이 한국사회에서 어떻게 살아가고 있으며, 무엇을 꿈꾸는지, 그들의 관심사와 목표는 무엇인지에 관한 이야기는 그들과 종종 경계 짓는 우리의 편견과 고정관념에 관해 사회적 담론을 형성해 줄 것이라고 믿는다.

1) 사례 1: 바리스타의 꿈을 이루고, 다시 모델의 꿈을 꾸는 여성(60세, 여성)[1] (60대 초반, 여성)

서기철: 만나고 왔습니다로 이어가겠습니다. 정수인 리포터 나오셨습니다. 어서 오십시오. 네, 안녕하세요. 오늘은 어떤 분을 소개해 주십니까?

정수진: 오늘은 2004년도에 한국에 온 이후로 한국에 감사하면서 살고 있는 탈북인 백종원 씨의 이야기를 함께 하려고 합니다. 탈북을 하고 나서 중국에 있다가 한국에 들어왔는데요. 이분의 아버지가 국군 포로였기 때문에 한국을 특히 고향을 너무나 그리워하셨다고 합니다. 그래서 '통일이 되면 한번 찾아가 봐라'라는 말씀을 자주 하시곤 했는데 아버지는 돌아가셨고요. 딸이 아버지 고향을 오겠다는 목적으로 한국에 온 거죠.

서기철: 네. 아버님은 이미 돌아가셨고, 통일되기 전에 이제 딸이 한국에 온 건데요. 고향이 어디셨는데요?

정수진: 경상북도 청도입니다. 네. 한국에 오는 목적이 아버지의 고향 때문이었잖아요. 그래서 중국에 있을 때부터 아버지 고향에 관심을 가졌고요. 드디어 한국에 와서는 그 고향 땅을 직접 밟아봤습니다. 풍경도 보고 공기도 맡아보고 실제로 느낄 수가 있었던 건데요. 그 내용 들어보시죠.

주인공: 중국에 있을 때 우리 아버지 고향을 들었어요. 그 뭐인가. 〈6시 내고향〉이 있잖아요. 그거 계속 하루도 빠지지 않고 봤어요. 내가 중국에 있는 동안은 그거 봤어요. 청도가 혹시나 나오나 하고 계속 봤거든요. 그리고 또 여수시 내 고향은 주로 농촌 쪽에 가서 많이 하더라고요. 그게 너무너무 멋있는 거예요. 시골이라는 데가 말입니다. 그게 너무 신기했죠. 그래, 와서 보니까 내가 중국에서 TV로 보던 거 하고 정말 같은 겁

---

1 2021년 3월 5일 KBS 통일열차에 방영된 라디오 프로입니다. KBS 통일열차 담당 PD와 작가의 동의를 얻어 이 책에 수록하였음을 밝히며, 모든 사례의 이름은 가명 처리하였음을 밝힙니다.

니다. '내가 생각했던 것과 같구나' 하고 그렇게 생각을 했죠. 너무 멋
있고 아름답고 시골도 도로가 아스팔트 도로가 다 돼 있잖아요. 그게
너무 생각 외로 충격이 됐죠. 너무 잘 돼 있으니까요.

정수진: 사실 중국에서 〈6시 내고향〉을 볼 때는 청도가 나오진 않았지만 한국
에 와서 청도에 갔을 때 아버지 고향이라는 그 느낌이 있어서 그런지
마음속에 더 와 닿았다고 합니다.

서기철: 제가 〈6시 내고향〉을 몇 년 동안 진행을 했었거든요. 청도 하니까 청도
반시 생각이 나요. 그래서 청도에서 몇 번 방송을 했던 그런 기억도 있
는데 그때는 못 보셨던 거죠? 하하. 그런 그 인연이 있군요. 또 고향도
있고 하시니 그런 것들을 바탕으로 해서 재밌게 열심히 사셨을 것 같
아요.

정수진: 학원도 다니고요. 공부도 하고 이제 일을 하면서 월급을 받으니까 월
급이 많든 적든 내가 벌어서 사고 싶은 거 사고 누리고 싶은 거 누리니
까 너무 좋았다고 합니다. 이렇게 한국에 적응하는 과정에 관심이 가
고 배워보고 싶은 분야가 생겼는데 바로 커피였어요.

서기철: 그럼 바리스타 공부 하신 거예요.

주인공: 그렇습니다. 한국에 오니까 사람들이 밥 먹고 나서 마시는 것이 커피
요. 또 한 집 건너 한 집마다 카페더라고요. 그런데 북한에 있을 때는
이 커피를 보지도 못하고 마신 적도 없어서 처음에는 이런 커피 문화
가 낯설었습니다. 그리고 커피도 조금 알아야 이제 메뉴를 고를 수 있
고 마실 수가 있잖아요.

정수진: 그래서 호기심이 생겼고 관련 학원을 다니면서 바리스타 자격증까지
취득을 하신 거죠.

서기철: 그러니까 커피를 드셔보시지도 않았었는데 바리스타 자격증까지 취득
하려면 이게 보통 일이 아니었을 텐데….

주인공: 그렇죠. 다행히 실기를 연습해 볼 수 있는 환경이었어요. 구청에서 운
영하는 그런 카페에서 일을 했었기 때문에 필기 공부를 하면서 현장

경험도 쌓고 필요한 연습도 할 수가 있었던 거죠. 사실 근데 커피를 제대로 알기 위해서는 배워야 할 내용이 많거든요. 원두 종류도 많고 로스팅하는 방법도 여러 가지고 커피 종류도 많고, 그리고 실습을 할 때는 정확하게 계량을 하면서 신맛 쓴맛 등등 여러 가지 맛을 내야 하는 여러모로 참 섬세한 작업이었지만 필기 공부를 하면서 현장에서 실습을 또 해 볼 수가 있었기 때문에 조금은 수월하게 취득할 수가 있었습니다.

서기철: 아무튼 그렇게 어렵게 이제 자격증도 취득했으니까 바리스타로서 멋지게 지금 활동하고 계신 거죠?

주인공: 네. 지금은 처음에 일했던 카페가 아니라 다른 곳에서 활동을 하고 있는데요. 주로 커피를 만들기는 하지만 또 서비스직이기 때문에 항상 웃는 낯으로 사람들을 대하면서 즐겁게 일을 하고 있습니다.

정수진: 본인이 관심이 있고 좋아하는 일이어서 그런지 적성에도 잘 맞고요. 정말 재미있게 보람을 느끼면서 생활을 하고 있는데요. 특히 커피 마시면서 사람들과 이야기하는 그 시간이 너무나 여유롭고 또 행복하다고 합니다. 그 부분에서 바리스타의 매력을 느끼고 있는데요. 자격증 취득한 내용과 함께 들어보시죠.

주인공: 처음에 아무것도 모르고 갔어요. 제가 커피점에서 일하면서 그거 바리스타를 따려고 하니까 할 게 많아요. 영어도 있지 그다음에 또 이 커피에 대해서 또 모르지 하니까 따기 좀 힘들겠다 싶었어요. 근데 커피점에서 일을 하면서 하다 보니까 조금씩 설명이 들어와요. 학원 강사가 알려 주면 그것이 머리에 좀 많이 들어올 때도 있었고요. 그리고 내가 자격을 따면서 연습하는 과정 이런 게 좀 빨리 될 수 있었죠. 그저 공부만 책 가지고 공부만 해 가지고 따라 하면 못 하죠. 뭐 알아야 따지 말도 모르겠고 커피도 하도 종류가 많고 그리고 무슨 수동을 돌려야 한다고 어쩌고. 아이고. 그거 어디서 집에서 연습할 수도 없고 그때 당시에 딸 때도 나는 항상 대한민국에 고마운 거는 그래도 그거 따겠다고 열심히 하니까 우리 사람들은 돈을 지원해 줬어요. 그게 너무 고맙죠.

바리스타라는 책으로는 제가 이렇게 보니까는 내 마음이 그 여유를 그리고 사람들하고 이렇게 도란도란 이야기하면서 내가 좀 행복하다는 느낌이랄까요. 그다음에 내가 좀 말하자면, 나 자신에 대한 그 보답이라 할까요. 그런 느낌인 것 같아요. 창문 바라보면서 향긋하게 싹 내려 가지고 혼자서 마신다든가. 사람들하고 한 모금 하고 대화를 나누면서 마신다든가 좋더라고요.

정수진: 이런 과정을 겪으면서 느낀 점이 내가 큰 욕심을 안 부리고 문을 두드려서 열심히 일하면 얻는 것이 많다는 거였습니다. 처음에 커피를 잘 몰랐을 때는 일하는 것도 좀 힘들었지만 관심을 갖고 공부를 하면서 결국에는 바리스타가 됐잖아요. 요행을 바라지 않고 착실하게 생활을 했더니 그 결과물을 얻은 겁니다. 그리고 얼마 전에는 책에 이분의 이야기가 실리기도 했어요.

서기철: 음, 어떤 이야기인가요?

정수진: 탈북 여성들의 삶이 담긴 책에 백종원 씨의 이야기가 실린 건데요. 이분이 이제 복지관에서 꽃꽂이 배우고 도자기 만드는 것도 해 보고 여러 가지 프로그램에 참여하다 보니까 연이 닿아서 본인의 삶을 편안하게 이야기할 수 있는 시간이 있었고요. 그 내용이 책에 담겼습니다. 네. 본인이 살아왔던 내용을 있는 그대로 알려주고 싶은 마음으로 참여를 하신 거고요. 심지어 책 표지가 이분의 얼굴 옆모습이거든요. 그러니까 표지 모델이 되신 건데 사진이 잘 나와서 나름 만족했다고 합니다. 책에서 주로 언급하신 내용은 집 근처에 있는 공원들이 그야말로 별장 같다는 그런 내용인데요. 자세하게 들어보시죠.

주인공: 항상 대한민국에 감사하다는 말을 많이 했죠. 〈절박한 삶〉이란 책에서 주제는 주로 '돈 안 주고 산 별장이 별장'이라는 이런 주제로 해 가지고 말했어요. 그러니까 대한민국에는 어디를 가도 이런 공원들이 많잖아요. 그래 우리 이 동네에도 공원도 있고 산도 있고 이랬는데 다니면서 보면은 내가 이랬지, 항상 동네 아줌마도 보고 여기 동네에서 사는 것만 해도 행복하게 생각해야 된다고 이게 돈 안 주고 산 별장이라고 그

랬습니다. 비싸 이게 다 뭐 별장이라는 게 별이 있는 가고 아름다운 산이고 거기 가서 있는 게 별장이 아닌 가고 그러면 집 옆이니까 새벽에 가고 싶은 거 하고 밤에 가고 싶은 거 하고 낮에 가고 싶은 거 하고 내 마음대로 하지 않아요. 그러면서 그 말을 이렇게 했죠. 그래서 진짜 우리가 여기서 사는 게 너무 행복하다고 돈 안 주고 산 별장 옆에서 사니까 어쨌든 일상에 감사하는 그런 내용을 주로 많이 쓰고 여러 가지 있어요.

정수진: 참 대한민국에 감사하다는 말을 많이 하셨는데요. 이렇게 말을 한 이유는 북한에서의 삶에 비하면 너무나 좋은 시간들을 보내고 있고 내가 하는 거에 따라서 내 삶이 달라지니까 더 의지를 갖고 생활을 할 수 있기 때문입니다. 그만큼 더 열심히 살게 되는 건데요. 이런 탈북인들의 각오를 많은 분들에게 알려주고 싶고 그러면서 모든 것을 편견 없이 봐주면 참 좋겠다 하는 바람도 있습니다. 함께하는 사회를 꿈꾸고 있는 거죠.

주인공: 북한에서 온 사람들은 또 처음에 올 때 고충이라는 게 다 있잖아요. 개개인이 다 그리고 여기 와서도 아무것도 모르는 데 와 가지고 서로 이렇게 살아가자면 정말 고충도 있죠. 그런 고충을 북한에 대비하면 아무것도 아니죠. 그러니까 사람이 첫째고 둘째가 내마음 먹기 탓이잖아요. 그래 나는 항상 딸을 지금도 못 찾고 있어요. 잃어버렸어요. 지금 그래 그 딸도 못 찾고 있지만은 그래도 언젠가는 만나게 되겠지 이런 생각을 하고 있고요. 그 딸을 만나야 하잖아. 내가 건강해야 된다, 이렇게 생각하고 항상 이렇게….

정수진: 열심히 운동 크게는 안 해도 어쨌든 운동을 하려고 노력하고 음식도 조절해 먹으려고 하신답니다. 또 맘가짐도 모든 걸 다 내려놨어요. 그러니까 마음을 많이 내려놓는다는 것도 사실 쉽진 않은데 어쨌든 내려놓으려고 많이 노력하고 있죠.

주인공: 그래 그 사람은 또 그 사람 나름대로 그만의 노력을 했기 때문에 그만이 잘 된 것이고 어쨌든 생각을 많이 바꾸자….

정수진: 사실 백종원 씨에게는 한 가지 아픔이 있는데요. 딸을 잃어버리신 거

예요. 그래도 언젠가는 만나겠지 하는 긍정적인 마음을 갖고 딸을 만나기 위해서 본인이 더 당당하고 건강하게 지내려고 합니다. 지금 생활을 보면 그 의지를 충분히 느낄 수가 있는데요. 딸도 꼭 찾으시면 좋겠고요. 많은 분들이 탈북인들이 노력하는 모습을 알게 돼서 편견 없는 그야말로 함께하는 사회가 되면 좋겠습니다.

서기철: 알겠습니다. 고맙습니다. 네, 정수진 리포터와 함께했습니다.

그녀의 삶을 지탱하는 원동력은 무엇일까. 그녀는 연구에서도, 이 프로에서도 감사하다고 자주 언급했다. 중국에서의 삶과 북송의 기억들, 그 기억들은 그녀에게 뼈아픈 기억들이다. 붙잡힌 딸, 그래서 만날 수 없는 딸, 그래도 중국 어딘가에 있을 거라 믿고 싶다.

딸을 잃어버리고도 살아갈 수 있었던 이유는 무엇일까. 그녀는 '예쁜 새'가 되고 싶다고 했다. 어디든지 마음대로 날아다닐 수 있는 그런 새로 존재하고 싶다고 했다. 결국 내 인생은 내가 사는 것이기 때문이라고 했다. 새가 되어 딸을 만나고 싶은 걸까.

그녀의 목소리 톤에서 긍정의 힘이 느껴진다. 그녀는 60세가 다 되어서야 카페에 취업을 하고 바리스타 자격을 취득하였다. 자격과정에서 그녀는 특히 외래어가 어려웠다고 했다. 도징(포터필터 바스켓에 분쇄된 원두를 담는 작업), 레벨링(포터필터 바스켓에 담긴 분쇄 원두를 좀 더 뚜껑을 이용하여 평평하게 만드는 작업), 탬핑(분쇄 원두의 공기층을 줄이기 위해 탬퍼를 이용하여 분쇄 원두를 눌러주어 커피 입자가 골고루 물에 닿을 수 있도록 밀도를 높이는 작업) 등 어려운 용어가 많았다고 했다. 그래도 그녀는 포기하지 않았다.

그녀는 이 모든 과정을 마치고 바리스타가 되는 데 성공하고야 만다. 다시 말하지만 60의 나이에 말이다. 혼자 또는 여럿이 바람이 살랑이는 테라스에 앉아 하늘을 쳐다보며 커피를 내린다고 했다. 정말, 딸이 어딘가에 살아있을까. 어디선가 엄마가 내린 커피 향을 따라 상봉의 기적이 올까.

2) 사례 2: 보험의 끝판왕, 이제는 요양시설에서 최고의 손맛을 자랑하는 그녀(60대 초반, 여성)

서기철: '만나고 왔습니다'로 이어가겠습니다. 정수진 리포터와 함께합니다. 어서 오십시오. 네, 안녕하세요. 오늘 어떤 분을 만나 볼까요?

정수진: 오늘은 2006년도에 한국에 온 탈북인 이성옥 씨의 이야기를 함께 해 보려고 합니다. 이분의 남편이 먼저 탈북을 해서 한국에 왔고요. 그 이후에 이성옥 씨가 오게 된 건데 사실 한국에 오기 전에는 중국에 있었거든요. 그런데 중국에 있을 때는 한국에 간다는 생각은 못 했을뿐더러 지인들이 한국에 가라는 조언을 했을 때도 한국과 북한은 체제가 너무 다르니까 겁이 나서 못 갔다고 합니다. 그런데 중국에서는 또 숨어 살아야 하는 거니까 마음 편히 살 수가 없잖아요. 그러다 시간이 흐르면서 지인들이 다 한국행을 택하는 걸 보고 한국으로 오게 되신 거예요.

서기철: 고민과 갈등이 있었지만 뭐 끝내는 이제 한국행을 결정하신 거군요.

정수진: 한국에 온 지가 벌써 15년 차가 됐는데요. 정착을 하고 보니까 한국의 자유 그리고 민주주의가 너무 좋다고 합니다. 물론 처음에는 이 탈북인을 바라보는 그 시선 그 편견 어린 시선이 너무 힘들었고 사람들을 어떻게 대해야 할지를 잘 몰랐는데 내가 마음을 열고 더 다가가니까 훨씬 더 이해할 수가 있었습니다. 그렇게 하면서 힘든 시간들도 이겨내고 마음도 치유가 됐는데요. 그렇게 결심을 하기까지는 또 많은 노력이 있었죠. 그 분의 이야기 들어볼까요?

주인공: 사람들이 보는 시선이 북한에서 왔다 하니까 좀 이미지가 안 좋잖아요. 솔직히 말해 못 사는 나라에서 왔다고 보죠. 그치만 사람마다 좀 다 다르긴 달랐어요.
어쨌든 대부분 사람들은 북한을 안 좋게 보고 그랬죠. 오랜 시간 걸치다 오니까. 그래도 '내가 한 발자국 더 물러서고 이해를 하자' 그랬죠. 그래야 많이 마음이 치유가 되더라고요. 저 사람의 입장에서 내가 바꿔

놓고 생각해 보자. 그러니까 조금 이해가 되기도 하고 그랬어요. 이렇게 한 발자국씩 물러서니까는 그 서운한 마음이 다 가라앉더라고요.

서기철: 예. 한 발짝 떨어져서 보고 내가 이해하자는 생각을 하니까 그동안 느꼈던 서운한 마음이 다 가라앉은 거네요.

주인공: 그래도 마음먹기까지는 좀 시간이 걸렸네요.

서기철: 그렇죠. 네. 지금은 어떤 일 하고 계시는 겁니까?

정수진: 지금 어르신들이 있는 요양시설에서 어르신들의 식사를 책임지는 일을 하고 있습니다. 어르신들이 드실 음식을 직접 만들고 있는데요. '요리는 쉽다, 할 수 있다'라고 하면서 자신 있게 이야기를 하더라고요. 제가 '한국 음식이 낯설지 않냐 만드는 거 어렵지 않냐'고 여쭤봤는데요, 한국에 온 지 오래됐기 때문에 충분히 만들 수 있다고 답을 하셨습니다.

서기철: 오래되지 않았을 때 처음 왔을 때는 좀 어려우셨던 모양이죠?

정수진: 처음에는 한국 음식 자체가 입에 맞지 않았고요. 특히 중국에서 한 7-8년을 살다 보니까 중국의 향신료맛에 또 길들여졌다고 해요. 또 북한의 음식은 담백하잖아요. 그래서 한국 음식이 잘 맞지 않았지만 지금은 몇 가지 빼고는 적응이 됐다고 합니다. 그렇다면 요리에 자신이 있는 이분이 어르신들에게 어떤 마음으로 음식을 해 주시는지 들어보시죠.

주인공: 평상시 여기서 드시는 거 하고는 다 똑같죠. 그런데 다 어르신들이니까 다 이렇게 잘게 잘게 다 이렇게, 이렇게 작게 잘라서 해요. 칼로요. 관심을 더 줘야 돼요. 이게 일반인들이 드시는 거 하고는 틀리거든요. 어르신들 위주로 하다 하니까는 음식을 되게 좀 싱겁게 하고 덜 맵게 하고 이런 방식으로 하는 편이에요. 제가 하는 음식을 감탄하시면서 요걸 맛있게 해서 어르신들이 맛있게 드시면 그 이상 더 행복한 게 없고 그렇습니다.

정수진: 지금 일을 한 지가 이제 한 6개월 정도가 됐는데요. 어르신들이 드실 음식이니까 재료도 잘게 썰고 간도 맵거나 짜지 않게 싱겁게 만들려고 노력을 하고 있고요. 또 이 음식을 드시고 건강하시면 좋겠다 하는 마

음을 듬뿍 담아서 요리한다고 합니다. 물론 모든 어르신들의 입맛을 다 맞추기 힘들지만 그래도 맛있게 드실 때 너무나 뿌듯하신 거죠.

서기철: 그런데 한국에 온 지는 이제 한 십오 년 되신 거구요. 이렇게 음식을 요양시설에서 한 거는 한 6개월 정도. 네, 그전엔 뭘 하신 거예요.

정수진: 소소한 아르바이트는 기본이고요. 백화점 안에 있는 태국 음식점 주방에서 일을 했었고요. 보험설계사로도 활동했었고, 그 이후에 양파 공장에서 한 3년 정도 일을 하고 이제 요양 시설로 직장을 옮겼습니다. 그리고 그 태국 음식점에서 일을 했던 건 요리를 했던 거거든요. 그때 '아, 요리가 참 재미있는 일이구나'라는 걸 알게 됐고 이후에도 보험 일을 할 때는 적성에 맞아서 즐겁기는 했지만 탈북인들을 대상으로 한다는 게 또 쉽지는 않아 직업을 바꾸었다고 합니다. 정말 다양한 직종에서 일을 하고 경험을 쌓았는데요. 이렇게 열심히 도전하고 활동한 이유가 있어요. 한국인들은 주로 적성에 맞게 내가 좋아하는 분야를 직업으로 삼으려고 하지만 이성옥 씨는 탈북인이잖아요. 그러니까 환경이 전혀 다른 데서 왔기 때문에 일에 대한 두려움 없이 뭐든지 할 수 있다는 자신감을 가져야 한다는 그런 각오가 있었던 겁니다.

주인공: 나는 일에 대한 두려움이라고 할까요. 이 사람들은 내가 뭘 좋아하고 내가 뭘 자신 있고 이렇게 생각을 하잖아요. 한국 사람들은 대체로 다 그렇게 하더라고요. 자기가 할 수 있는 거 중심으로요. 그런데 우리는 환경이 틀린 데서 오다 나니까 뭐든지 나는 할 수 있다는 그런 자신감에 의해서 해야 돼죠. 그래야 그 일에 대한 두려움이 없고. 닥치는 일은 무조건 해 봐야 되겠다는 게 제 신조였습니다. 근데 문제는 양파 공장에서 정말 힘들게 일했어요. 그때 일할 때는 진짜 내가 입이 안 다물어질 때까지. 그렇게 어려운데 20년 넘게 일한 사람이 있더라고요. 한 사람이. 그래서 '저 사람도 저렇게 있기 힘든 데서 저만큼 시간을 오랜 시간을 걸쳐서 일을 했는데 내가 왜 못 하겠는가' 하는 그런 자신감을 가지고 했어요. 진짜 '나는 살아남겠다'는 그 정신이 날 버티게 했죠. 정말 대한민국 사람들이 너무 강하더라고요. 그걸 많이 배웠어요.

서기철: 네.

정수진: '나는 무엇이든지 할 수 있다. 두렵지 않다. 내가 왜 못 하겠냐' 하는 그
런 마음이 가득한 분입니다. 이런 경험과 깨달음을 토대로 탈북인 후
배들에게도 좋은 이야기를 해 주시는데요. 첫 번째로 하는 조언이 한
국의 언어를 배우라는 겁니다. 한국도 지역마다 사투리가 달라서 가
끔 대화가 안 될 때가 있는데 남과 북의 언어 차이는 더 심하잖아요. 탈
북인들이 한국에 온 만큼 한국의 언어를 배워야 소통이 되는 거고 그
래야 마음의 문을 열게 된다고 조언을 하고 있습니다. 두 번째는 무엇
이든지 배우라인데요. 이렇게 이야기를 하는 건 본인이 배운 게 많다
는 뜻인 거겠죠. 이성옥 씨가 무엇이든지 도전해 보는 그런 성격이어
서 그런지 자격증이 많더라고요. 처음에 취직을 한 것이 간병인 자격
증이었고요, 또 운전은 필수이기 때문에 운전면허증도 있고 그리고 도
배 자격증도 있습니다. 그리고 세상 물정을 또 알려면 컴퓨터를 알아
야 한다고 생각해서 컴퓨터 자격증도 취득을 하셨어요.

서기철: 대단하시네요. 요리 좋아하시니까 요리 관련 자격증도 있겠는데요.

정수진: 근데 처음에는 돈을 빨리 벌어야겠다는 생각으로 아르바이트에 열중
을 하다 보니까요, 요리 자격증은 관심이 없다고 해요. 그런데 원체 음
식 솜씨가 있고 또 사업 수완도 좋다는 것을 확인할 수 있는 그런 또 일
이 있었는데요. 예전에 찜질방에 있는 매점에서 일을 했는데 찜질방
하면 또 식혜잖아요. 그래서 한 식혜를 서너 통씩 직접 만들었는데요.
만드는 데 시간이 걸리긴 했지만 사람들이 맛있다는 그런 반응이 있었
고 이후에 그 찜질방 안에 있는 식당을 맡게 됐습니다. 처음에는 할 자
신이 있으면 한번 해 보라고 해서 그냥 일단 하게 된 거라고 해요. 맡아
서 하다 보니까 쏠쏠한 재미가 있었던 거죠.

주인공: 사우나에서 식당도 내가 운영을 해 봤댔어요. 그거는 도배 자격증을
따면서 돈 벌려고 한 거죠. 저는 우선 인심이 좀 후했어요. 제육볶음 주
고 그다음에는 집밥처럼 시장에 가서 호박 사가지고 무쳐 주고 그랬어
요. 북한에서 우리는 아무리 배고파도 거기서 호박잎 먹는 줄 몰랐어

요. 근데 여기서는 잘 먹데요. 호박잎 싸서 쌈도 해 주고 그다음에 양 배추 쌈 이런 거 해 주니까 집밥같이 너무 맛있다고 그래요. 중국에서 조금 요리를 해댔으니까 중국에서 했던 방식대로 내 나름대로 쌈장 만 들었거든요. 그다음에 북한식 옥수수 국수를 했거든요. 강냉이 국수를 그런 방식으로 하다 하니까 직원들이 거의 다 와서 국수 먹고 그다음 에 택시 기사들도 또 와서 식사하시고 그러데요. 그때는 보증금을 할 돈이 없으니까 공짜로 와서 하라 그랬어요. 한국에서 금방 왔을 때요. 가스비하고 물세만 내고. 사장이 해 볼 자신이 있으면 해 봐라 이래서 했었는데 그다음에 손님이 오기 시작하니까 보증금을 4천만 원을 달래 요. 그래서 저는 못 합니다, 그랬죠. 나는 그만한 돈을 낼 형편이 안 되 니까 그만뒀죠.

정수진: 이분이 중국에서 배웠던 경험을 살려서 쌈장도 개발을 했고요. 한국 음식도 잘 배워서 했고. 거기다가 탈북인이니까 북한 음식까지 하면서 다른 곳과는 차별되는 점이 있었던 겁니다. 심지어 인심까지 후해서 그 집밥 같은 따뜻함과 푸짐함이 또 주변에 입소문이 났는데요. 찜질 방 고객뿐만이 아니라 건물 앞에 있는 은행 직원들, 택시 기사들까지 올 정도였어요.

서기철: 북한에서는 호박잎을 안 먹는군요.

정수진: 그런가 봐요. 저희는 참 맛있게 먹는데. (하하)

서기철: 데쳐 가지고 그 쌈 싸 먹으면 정말 맛있는데요. 갑자기 입맛이 당기는 데요. 네. 이렇게 장사를 성공시킨 거잖아요. 그렇죠. 근데 장사가 잘 되니까 주인이 보증금 달라고 그래서 못 하셨네요. 그만큼 이분의 솜 씨가 좋다는 것을 증명한 그런 일이었죠.

서기철: 앞으로는 어떤 일을 하고 싶으시다고 해요.

정수진: 이성옥 씨가 여러 분야를 경험을 했잖아요. 물론 본인이 두려워하지 않고 다 경험을 하는 그런 성격이기도 하지만 뭐든지 할 수 있다는 자 신감도 있고 또 하고 싶은 게 많은 분이기도 합니다. 그런데 지금 나이

들어서 뒤를 돌아봤을 때 이 요리 자격증에 대한 미련과 또 식당 운영에 대한 미련이 남아 있긴 하세요. 그런데 이제는 돈을 많이 벌고 싶다는 욕심보다는 건강하게 살고자 하는 마음이 더 큽니다. 그래서 서울에서 살다가 경북 예천으로 삶의 터전을 옮겼는데요. 관련 내용 들어보시죠.

주인공: 요리에 대한 그런 자격증은 글쎄 공부는 하고 싶죠. 내가 안 배운 게 후회되더라고요. 친구들이 같이 가자 할 때 내가 안 간 게. 나는 그 시간에 돈 벌러 갔지. 요리 자격증 따서 뭐 하나 하고. 그래 그런데 그게 조금 후회되고…. 나는 뭔가 내 사업을 하고 싶어 가지고… 근데 그거는 또 혼자는 안 되거든요. 누가 뒤에서 도와줘야죠. 내가 무슨 돈을 벌겠다는 그런 욕심이 없어졌어요. 이제는 지금 있는 대로 쭉 그래서 몸만 건강하게 되면 이대로 쭉 일하고 싶어요. 그래 가지고 집에서 소도 키우고 또 농사도 조금 하고 있거든요. 거기서 하는 일이 또 솔솔 재미가 나오니까. 돈에 대한 큰 욕심은 없습니다. 솔직히 말해서 그 꿈이 있다면 정말 식당 같은 거 하나 해 가지고 고루 이웃들끼리 만나고 어려운 사람들을 돕고 싶어요.

정수진: 네, 이제 귀촌해서 여유로운 삶을 살고 계시면서도 또 이제 하나의 꿈은 어려운 이웃들을 돕고 싶다는 그런 마음이신데 꼭 그 꿈을 이루셨으면 좋겠어요.

서기철: 쉬시면 몸에 병나실 것 같은데요. (하하) 고맙습니다. 정수진 리포터와 함께했습니다.

〈'없는 것'보다 '있는 것'에 감사하기로〉

그녀는 활기찬 편이다. 사람에 대한 관심사 커보인다. 탈북한 후배들이 이웃으로 이사올 때면 자신의 일같이 보살핀다. 남편과 트럭을 힘껏 몰고 주변에 안 쓰는 가구부터 그릇까지 끌어모아 살림을 만들어주곤 한다. 오지랖 넓은 성격 탓일까. 고향 사람들에 대한 애착 때문일까. 어쨌든 그녀는 양파공장부터 찜질방 식당 운영, 보험설계사까지 다양한 일을 하였다.

2014년 어느 날, 그녀와의 인터뷰를 마치고 임대아파트에 들렀던 적이 있다. 그때 그녀는 보험왕이 되었다고 어찌나 좋아하시던지 나도 덩달아 기분이 들떴던 기억이 있다. 그녀의 남편은 묵묵부답. 소설가라고 했었는데, 아내가 기뻐 날뛰는 모습에 아무런 호응을 하지 않았다. 그 모습 역시 오랫동안 인상깊다.

이렇게 세월이 흘러 그녀를 만난 지도 10년이 다 되어간다. 그녀는 이제 돈보다는 건강을 챙기고 싶다고 했다. 이후 그녀는 지방에 내려가 살고 있다. 직장도 있으니 생계는 어느 정도 안정돼보인다. 보험을 그만두고 요리를 하니 그때처럼 영업을 위해 동분서주 뛰어다니지 않아 좋다고 했다.

노인분들 입맛에 맞게 반찬을 만들어내고 그들이 맛있게 드셔줄 때면 그만한 행복이 없다고 한다. 이제는, 여유돈이 생기는 대로 식당문을 열어 이웃과 무엇이든 나누기를 원하는 꿈을 꾼다. 그리고 누군든 어려운 사람을 도울 수 있다면 노년이 행복할 것이라고 했다. 요리사 자격증을 따지 못해 약간의 후회감이 밀려올 때도 있지만, 그녀는 자신에게 '없는 것'보다 '있는 것'에 집중하고 감사의 일들을 찾아나간다고 했다.

3) 사례 3: 사회복지를 꿈꾸는 여군 출신 보험설계사 (40대 후반, 여성)

서기철: 만나고 왔습니다로 이어갑니다. 정수진 리포터 나오셨습니다. 어서 오십시오.

정수진: 네, 안녕하세요.

서기철: 오늘은 어떤 분을 만나고 오셨습니까?

정수진: 오늘은 98년도에 탈북을 하고 중국에 있다가 2010년도에 한국에 온 탈북인 정미현 씨의 이야기 함께해 보겠습니다. 이분이 북한에서 여군으로 활동했던 분이어서 그런지 정말 당차게 생활을 하고 있는데요. 사실 북한에 있을 때부터 한국 문화를 접했고 중국에 있을 때도 한국 드라마를 많이 봤기 때문에 한국이 낯설지는 않았습니다.

서기철: 98년에 탈북을 하셨고 2010년에 한국에 오셨으니까 네, 10년 정도를 10년 이상을 중국에 계셨던 거군요.

정수진: 그렇죠. 그러니까 중국에 있으면서 결혼도 했는데요. 시댁이 조선족이었기 때문에 시댁에 위성 안테나를 설치해서 한국 드라마를 많이 봤습니다. 드라마를 통해서 한국의 문화며 언어도 알게 됐는데요. 그러다 보니까 이 KBS에 편지도 썼다고 해요. 타국에 있는 탈북인들의 상황을 전하면서 국가적인 입장에서 도와줄 수 없냐는 그런 내용의 편지였다고 해요. 물론 도움을 받지는 못했지만요. 이렇게 몸은 타국에 있지만 한국과도 소통을 한 거잖아요. 그렇기 때문에 한국에 와서도 잘 적응을 했던 게 아닌가 싶습니다.

주인공: 중국에 있을 때부터도 계속 한국 드라마나 TV 시청을 많이 했었어요. 그래서 한국이라는 사회에 대해서 눈이 틔였죠. 북한에 있을 때 한국 노래 같은 것을 들었는데 그때 당시에는 중국 노래로 알고 있었어요. 중독적인 노래구나. 좋다는 뜻이에요. 그런데 왜 정부에서 계속 중국 노래를 못 부르게 하지? 이렇게 생각을 했죠. 주현미의 짝사랑이라든가, 토요일 밤에 뭐 이런 노래 같은 것도 다 북한에서 저희가 불렀거든요. 몰래몰래 막 부르고 친구들끼리요. 그때 당시에는 남한 노래라고는 아예 꿈도 못 꿨죠. 생각도 못 하다 중국에 와 보니까 한국 테이프를 많이 팔더라고요. 그래서 딱 보고서 이게 남한 노래여서 못 부르게 단속을 하고 그랬다는 걸 알았고, 그걸 보면서 남한에 대한 어떤 동경심이랄까요? 여기 어떤가 좀 가보고 싶다, 가서 살아보고 싶다, 그런 생각이 들었던 거예요. 일단 말은 통하니까요.

서기철: 말씀 참 빠르시네요. (하하)

주인공: 정말 한국 문화를 알았던 것이 정착하는 데 큰 도움이 됐는데요. 그래도 더 적응을 하기 위해서는 배워야겠다는 생각에 제일 먼저 컴퓨터 학원부터 다녔습니다. 파워포인트, 엑셀, 한글, 워드는 기본이고요. 포토샵도 배우는 등 자격증을 많이 취득을 했고요. 그리고 교육이 끝나고 나서는 A대학 평생교육원에서 사회복지를 배워서 사회복지사 자격증도 취득을 했습니다. 평일에는 일을 했기 때문에 이 공부는 주말에 했습니다. 일하는 분들은 아시겠지만 평일에 바쁘게 일을 하고 나면 주말에는 쉬고 싶거든요.

정수진: 이분은 공부 욕심이 있어서 그런지 시간적인 여유가 있는 주말에 본인이 하고 싶었던 공부 사회복지를 배우고 자격증까지 취득을 한 거였습니다.

주인공: 앞으로 이 사회라는 게 솔직히 지금도 고령사회라고 하지만 앞으로는 노인들이 너무 많아진다잖아요. 그래 가지고 초고령화로 들어가게 될 거니까. 앞으로 내가 나이가 많아서 어떤 일을 잡을 수가 있을까 생각하게 되었어요. 솔직히 우리 같은 사람들은 뭐 아는 것도 없잖아요. 아는 것도 없고 그렇다고 지인들이 인맥이 있는 것도 아니고… 이 나이가 들어서 내가 할 수 있는 게 뭘까, 그래서 그거를 사회복지 공부를 하고 온라인으로 공부해서 다문화 청소년 자격증, 상담사 자격증 같은 것도 따 놓고 가정폭력 상담사 자격증 이런 것도 따 놓고 그랬죠.

서기철: 예, 부지런하시네요.

정수진: 그러니까요. 지금 사회가 초고령 사회라는 것. 그리고 본인이 나중에 나이가 들었을 때 어떤 일을 할 수 있을까에 대한 고민이 더해지면서 사회복지를 배운 거고 그 이후에 다문화 관련 상담사 자격증까지 취득을 했습니다. 사실 지금 돌이켜보면 그때는 지금보다 젊었기도 했고 또 하고 싶은 거를 조금은 자유롭게 할 수 있는 여건이었으니까. 지금 같으면 못 한다고 하시더라고요.

서기철: 지금 같으면 못 한다는 말씀이 지금은 상황이 좀 바뀌었다는 얘기인가요?

정수진: 네. 그때는 자녀들 그러니까 남매들이 중국에 있었기 때문에 혼자서 활동할 수 있었던 그런 여건이 됐던 겁니다. 물론 대학 다니는 중간에 딸을 데리고 오긴 했지만 그래도 수업 중에 다른 곳에 맡겼다가 밤 10시에 수업이 끝나면 데리러 가고 그렇게 해서 집에 오면 11시가 넘었다고 해요. 엄마의 꿈을 위해서 모녀가 같이 고생했던 그런 시절이었던 거죠. 그렇게 초등학교 2학년 때 데리고 왔던 딸이 지금은 중학교 3학년이 됐거든요. 칠 년의 시간이 흐른 건데요. 처음에 작은딸을 먼저 데리고 왔고 큰아들을 데리고 온 지는 4년째가 됐습니다. 지금 아들이

스물두 살이에요.

서기철: 그럼 이제 두 아이와 함께 생활을 하고 계신 건데, 그럼 아까 뭐 여러 가지 자격증도 많이 따고 그랬잖아요. 지금은 뭘 하고 계세요?

정수진: 지금 하고 있는 일은 보험설계사고요, 7년째 활약 중입니다. 사실 보험 일을 한다는 게 쉽지가 않은데요. 그래도 그전에 했던 일들이 안정된 일자리가 아니라 아르바이트였기 때문에 일을 꾸준히 하고 있다는 것에 대한 감사함을 느끼면서 활동을 하고 있습니다. 처음에는 내가 든 보험이 궁금해서 그걸 알아보고 공부를 하다가 시작을 한 거였고요, 일을 하다가 보니 나를 믿고 가입해 주는 분들이 생기면서 계속하게 됐습니다.

정수진: 초창기에는 제가 이 보험 일을 하고 싶어서 한 것은 아니었고요, 내가 가지고 있는 보험이 내가 그때 당시에 한국에 오자마자 보험을 여러 군데다 가입을 했었거든요. 솔직히 혼자 있으니까 내가 어디 아프고 하면은 누구한테 도움 받을 데가 없잖아요. 그래서 일단 보험을 가입을 해 놨는데 제대로 가입이 되어 있는지 없는지를 알 수가 없는 거잖아요. 보험에 대해서는 모르니까. 그래서 일단 내 보험이 제대로 되어 있는지 좀 알아보자 해 가지고… 그러다 시작했어요. 일단 공부를 했고 또 일을 시작하다 보니까 또 저를 믿고 가입해 준 분들도 있고 하니 그냥 버리고 나오기도 그래서 어떻게 하다 하다 하다 하다 된 게 이렇게 맨날 그만두고 싶다고 하면서도 그렇게도 그만 못 두고 있어요. 다른 분들은 어떻게 하는지 몰라도 저는 이렇게 멘탈 무너지는 거를 싫어하거든요. 그래 가지고 솔직히 대학 동기들이나 이렇게 가장 가까이 있는 친구들한테는 보험 가입 하라는 권유 자체를 안 해요. 왜냐하면 그런 사람들한테 하면 좋지만 안 하게 되면 괜히 서로 간에 의가 상할 수가 있거든요. 보험이라는 게 솔직히 자기 자신을 위해서 가입하는 건데 괜히 이게 또 취지가 잘못될 것 같기도 하고 그래서 아예 권하지를 않거든요. 그런데 어떻게 어떻게 하루하루 하다 보니까 주변에서 소개도 들어오고 그다음에 또 오래 하다 보니까 이제는 주변에 친구들

도 자기가 가지고 있는 보험이 제대로 돼 있는지 봐 달라고 얘기를 하면서 또 계약이 되고 이런 식으로 하게 되죠.

서기철: 예, 관록이 느껴지는데요.

정수진: 매번 그만두고 싶다라고 하면서도 계속하게 되니까 벌써 7년이라는 시간이 흐른 건데요. 누구나 다 그렇잖아요. 일하면서 많이 힘들긴 하지만 또 그 안에서 느끼는 보람도 있고. 그리고 정미현 씨는 초기 탈북인들뿐만이 아니라 오래되신 분들에게도 적절한 보험을 추천을 해 주면서 사명감을 느끼고 있습니다.

서기철: 사실 북한에는 보험이라는 개념이 없기 때문에 잘 모르세요. 탈북해서 이제 정착하고 계신 분들도 개념이 없죠. 그러니까 이렇게 알려주는 분들이 있으면 서로 도움이 될 것 같은데요.

정수진: 그리고 또 이분이 한 분야에서 오래 일을 하다 보니까 관련 노하우가 생기게 된 건데요. 주변에서 추천을 많이 해 주시는 거 보면 이분을 믿고 있다는 뜻도 되는 거고 또 일을 잘하고 있다는 그런 뜻도 되는 거겠죠. 그러면 보험설계사로서의 정미현 씨의 노하우는 어떤 건지 잠시 들어보시죠.

주인공: 그러니까 어떤 고객들 같은 경우에는 유병자이기 때문에 몸이 어디 안 좋아서 보험을 가입하지 못하는 그런 경우도 있어요. 근데 회사에서 어떤 순간에 1일간 3일간 이런 식으로 해서 이벤트 격으로 해 가지고 잠시 그런 걸 열어줄 때가 있단 말이에요. 그럴 때는 그런 고객들도 타깃으로 해 가지고 얘기를 해 주고 그러죠. 근데 솔직히 저는 그런 거 있거든요. 내가 한 일에 대해서 남한테 욕은 먹지 말아야 된다. 이런 게 있어서 항상 가입할 때는 딱 필요한 것만 하자고 하거든요. 돈이 없어서 가입을 못 하는 경우들도 많아요. 그 대신 실손하고 기본적으로 가지고 가야 될 이런 담보들만 일단 가지고 가자. 가다가 취직을 해 가지고 일을 한다든가 어떤 경제적인 여유가 생기면 그때 가서 조금씩 보충을 하면 된다. 뭐 이렇게 하는 거죠. 그리고 사회복지사 쪽으로도 제안이 많이 들어왔었단 말이에요. 그런데 안 간 이유가 기간이 정해져

있고 묶여져 있고 그러니까 애가 학교에 다니다가 무슨 일이 나면 나가기 어렵잖아요. 제가 바로바로 컨트롤이 안 되니까 안 좋죠. 이 보험이라는 이 일은 내가 영업직인데 개인사업자이기 때문에 내가 알아서 기간도 조율할 수 있고 그런 장점 때문에 어찌 보면은 이걸 선택했는지도 모르죠.

정수진: 특히 초기 탈북인들을 만나게 되면 본인이 한국에 왔을 때 처음 초창기가 생각이 나는 거예요. 나도 그때 무엇을 어떻게 해야 하는지 몰랐으니까 그 경험을 토대로 정보를 알려주고 또 교육도 이런 거 받으면 좋다라는 것도 알려주고 궁금한 거 있으면 언제든지 물어봐라라고 든든함을 보여주고 있습니다. 실제로 어디가 아프거나 그 자동차 사고가 나면 새벽에도 전화가 올 정도라고 해요. 그러니까 보험회사에 전화하면 되는데 큰일이 생겼을 때 딱 생각이 나는 분이 바로 정미현 씨인 거죠.

서기철: 네. 이분들 직업이 보험 판매사가 아니라 보험설계사잖아요. 그러니까 설계를 해 주는데 믿음 있게 해 주니까 이렇게 전화도 할 수 있고 하는 거죠.

정수진: 언제든지 전화를 하시는 거죠. 그리고 이분의 생활을 보면 다른 탈북인들에게 모범이 될 정도로 열심히 살고 있거든요. 보험설계사로 활동을 하시면서 사회복지 일을 하고 싶은 그 마음에 지금 보험 일을 하면서 사회복지 일도 아르바이트 식으로 틈틈이 하고 있습니다. 자격증까지 있는데 그걸 그냥 두기에는 너무 아깝잖아요.

서기철: 이제 그러면 지금 보험 일을 하고 있지만 나중에 이제 사회복지 분야에서 일할 수도 있으시겠네요. 자격증도 있으시니까요. 네, 전문 분야에서 또 활약하는 모습을 볼 수 있겠네요.

정수진: 특히 사회복지 분야에서 활동을 하고 싶은 그런 꿈을 갖고 활동하고 있고요. 지금 또 두 자녀의 엄마이기 때문에 이 아이들이 한국에 잘 적응을 하는 것도 바라고 있습니다. 특히 큰아이가 중국에서 교육을 받았고 한국에 온 지 4년밖에 안 됐잖아요. 그래서 한국어가 서툴렀고 중국의 교육 과정이 한국에서는 인정이 안 돼서 검정고시로 교육과정을

마쳤어요. 그렇게 노력한 결과 올해 한 대학교에 항공기계과에 입학을 한 거예요. 그래서 정미현 씨가 큰아이 입학하는 날 출근을 안 하고 교수님과 조교를 만나서 아들의 상황을 또 이야기를 하고 잘 부탁한다는 그런 이야기를 전했다고 해요. 엄마의 마음인 거죠. 그렇죠. 엄마이기도 하고 이제 한국에 먼저 온 선배이기도 하고요. 아이들에게 강조하는 부분이 있는데 공부를 잘하는 것도 물론 중요하지만 인성이 중요하다는 것 그리고 다른 사람들에게 민폐 끼치지 말라는 거를 늘 강조하고 있고요. 그리고 건강하게 잘 자라주면 좋겠다 하는 것도 바라고 있습니다. 그러면 정미현 씨의 앞으로의 꿈을 직접 들어보시죠.

주인공: 지금은 생계 때문에 애들 둘을 일단 키워야 되고 성인으로 자기네 혼자서 설 때까지는 내가 해야 되는 입장이니까 애들 다 크고 나면 내가 그쪽으로 지금처럼 알바가 아니고 아주 편입이 돼서 어르신들하고 같이 얘기도 하고 노인복지 쪽으로 했으면 좋을 것 같다는 생각을 하죠. 나도 늙어 가니까 같이 노래도 부르고 박수도 치고 하면서 놀면 좋죠.

정수진: 사회복지사로서의 꿈을 품고 있기 때문에 이제 그 꿈을 위해서 열심히 노력을 또 하실 건데요. 초창기에 복지관에서 어르신들을 도와준 적이 있었고 또 식당에서 자원봉사 한 경험이 있기 때문에 잘하실 수 있을 겁니다.

서기철: 뭐든 잘하실 것 같아요. 고맙습니다.

〈돌격정신으로〉

군인 출신이라 그럴까. 성격 탓일까. 말도 행동도 빠른 그녀. 거침없는 모습이다. 말과 행동이 명쾌하다. 친구 관계와 미래 목표도 뚜렷해 보인다. 그녀는 딸과 아들에게 먼저 온 탈북자 선배로서 조언자이자 열정적인 엄마이다. 그녀가 말했듯이 남한에 와서 별로 아는 것이 없었던 혹독한 시간을 거쳐 사회복지학과에 입학하여 대학을 다니고 졸업하였다. 그리고 보험설계사로 발로 뛰며 사회복지사 자격취득에도 성공하였다. 그리고 딸을 먼저 탈북시키는 일을 시작으로 이후 아들을 한국에 들어오게 하는 데 성공하였다. 슈퍼우먼과 같은 모습인데, 마음은 여린 구석이 있다.

그녀의 남편은 중국에서 가정폭력을 휘둘렀던 난폭한 사람이자 공포스러운 존재였고, 이후 병들어 사망했다. 어려운 시절이 폭풍같이 지나니 이제 오십을 바라보게 됐다. 그래도 다행스러운 점은 아들과 딸이 한국 땅에 함께 존재하고 있다는 사실. 그래서 그녀는 날마다 각오를 다진다. 북한에서 무장했던 돌격 정신으로 말이다.

4) 사례 4: 6년 차 노인 사회복지사(50대 초반, 여성)

사회자: 통일열차 서울통신, 열심히 살고 있는 탈북인들, 그리고 더 나아가서는 남북관계 발전을 위해서 애쓰고 있는 분들을 만나봅니다. 정수진 리포터 나오셨습니다. 안녕하십니까?

정수진: 네. 안녕하세요.

사회자: 어떤 분이 주인공입니까?

정수진: 네. 오늘은 올해로 한국에 온 지 10년 차가 된 탈북인 김순이 씨의 이야기를 함께 할 건데요. 현재 6년 차 사회복지사입니다. 자격증을 취득한 후에 다문화 가족지원센터를 거쳐서 지금은 노인 복지를 하고 있는데요. 주로 하는 일은 어르신들과 재가 요양보호사라고 하죠, 어르신들 집에 가서 활동하는 분들을 연결하고 그분들에게 급여를 지급하는 일입니다.

사회자: 네, 사회복지사는 어떻게 선택하게 되셨나요?

정수진: 네. 처음에는 사회복지라는 개념을 모르는 상태에서 접했습니다. 원래 북한에서 대학에 가고 싶었지만 가지 못했고, 그렇게 공부에 한이 맺히면서 한국에 왔을 때 대학에 가려고 했으나, 엄두가 안 났고요. 그래서 직업전문학교에 다니면서 사회복지를 접했다고 합니다. 그런데 처음에는 이 사회복지라는 게 이해가 안 됐다 해요.
왜냐하면 자본주의 사회는 나만 잘 살면 되는 줄 알았는데, 이 '복지'라는 개념이 있다는 거에 많이 놀랐고 잘 이해가 안 된 거죠. 그래도 조금

씩 배우면서 흥미가 생겼고, 심지어 집 근처에 노인복지관이 새로 들어서면서 '나도 저기서 일하고 싶다. 어르신들과 함께하고 싶다'는 그런 마음이 들었고, 이후에 사이버 대학에서 또 사회복지를 공부하게 됐습니다. 그러면서 자연스럽게 사회복지사가 됐고, 가슴에 품었던 꿈을 이루게 된 거죠.

사회자: 꿈을 이루는 과정이니까 참 얼마나 감사한 일입니까? 공부 열심히 하셨겠어요.

정수진: 김순이 씨가 늘 배움에 목말랐던 분, 배움을 갈구했던 분이잖아요. 그래서 더 열심히 공부했는데요, 그 내용 들어보시죠.

김순이: 북한에서 내가 대학에 못 간다 이걸로 해서 공부를 안 했어요. 제가 인민학교 때인데 여기 말로 초등학교 때 표창장을 딱 한 번 타봤거든요. 졸업하면서 저보다 공부 못하는 아이들이 다 표창장 타고 소년단 간부 되는데, 저는 기껏해야 소년단 중간에도 조금 올라갔다가 그 정도 되고, 처음에 와서는 이제는 늦었구나 하는 느낌이 들었어요. 그래서 제가 나이가 있어서 주간 대학은 못 가고 사이버 대학 졸업하고, 다시 사이버 대학 사회복지학과를 졸업했어요. 저는 배우지 못했던 열등감이 너무 셌거든요. 그 자존감이 낮았죠. 누가 "공부를 어디까지 했는가? 대학 졸업했는가?" 물어볼 때는 그때는 제가 막 부끄럽고 그랬거든요. 근데 지금은 당당하거든요. 비록 제가 주간 학교는 못 가고 사이버를 갔지만 당당하거든요.

정수진: 공부를 원래 좋아하고 뭔가를 배우는 데 거침이 없는 분이에요. 영어도 독학으로 배웠고, 사이버 대학에 다니면서도 통일부에서 주관하는 회계 교육도 받았고요. 그래서 전산회계 1급, 2급 자격증을 취득했고, 전산 세무 2급도 취득을 했습니다. 배울 때는 힘들었지만 그게 또 일하는 데 도움이 되면서 역시 사람은 배워야 한다는 걸 다시 한번 깨닫게 된 거죠.

사회자: 보통 이런 분들은 이제 학사로 안 끝나고 곧 석사 박사로 가잖아요?

정수진: 지금 일을 하면서도 또 다른 직업 전문학교에서 자동화 제어라는 걸 거의 1년 동안 배웠고요. 이후에 캐드도 배우고, 또 3D 프린팅도 배우고 본인이 배우고 싶은 건 하나씩 하나씩 배워 나갔습니다. 물론 나이가 있어서 공부하는 게 어려웠지만 이 배움의 즐거움이 너무 좋고 또 그렇게 배운 내용들이 지금 일을 하는 데도 도움이 되니까 그 배움을 끊을 수가 없는 것 같아요.

사회자: 네. 배움에 대한 열망은 가득하신데, 원래 그거 있잖아요? 내 적성이라는 거. 사회복지사는 잘 맞으신대요?

정수진: 네. 이렇게 잘 맞을 줄 몰랐다면서 너무 잘 맞고 재미있다면서 함박웃음을 지으셨는데요. 어르신들 마음을 헤아려 주고 또 그 어르신들과 함께하는 요양보호사들의 마음도 어루만져 주는 이 모든 일이 너무 좋다고 합니다.

김순이: 어르신들 마음을 알아주고, 힘들어하는 걸 들어주고요. 또 선생님들이 어르신들과 하는 데서 조금 스트레스 받잖아요? 그러면 그거를 제가 상담에서 배운 대로 해결까지는 못 해도, 그 힘든 마음을 알아주고, 전문적이지는 못해도 제가 지식으로 조금씩 해 주고 있어요. 그러니까 어르신들이 좀 몸이 아프잖아요? 그러면 다는 아닌데 일부 어르신이 예민해서 선생님한테 짜증도 내시고, 또 선생님 입장에서는 정말 봉사의 정신으로 해도 되는데 힘든 거죠. 어르신들이 알아주는 것 같기도 하고, 하소연할 때도 있고…. 그러면 "선생님은 마음을 정성으로 해서 해 드렸는데, 어르신이 선생님 마음을 너무 모르는 것 같아서 마음이 안 좋으시겠어요. 선생님 정말 일하는 게 힘드시겠어요." 그러면 선생님도 저한테 "말하고 나니까, 그래도 화가 내려가네." 그렇게 말씀하시거든요.

정수진: 사실 어르신들이 몸이 좀 안 좋잖아요. 근데 몸이 아프면 예민해지면서 요양보호사와 안 좋은 일이 생기기도 하는데 그럴 때 어르신들의 이야기도 잘 들어 주시고, 또 요양보호사의 하소연도 들어 주시고 중간에서 어떤 중재자 역할을 잘하고 있습니다. 그리고 가장 좋은 건 어

르신들과 잘 맞는다는 거예요. 그러니까 어르신들을 위한 마음이 진심이기 때문에, 일이 아니라 일상생활 속에서도 함께하고 있는데요. 그래서 어르신들에게 인기 많은 복지사라고 합니다.

김순이: 어르신들은 연로하다 보니까 주변에 친구도 없고, 자녀들도 바쁘다고 하니까 많이 적적하시고, 또 누군가와 말씀을 하시고 싶어 해요. 대화를 하고 싶어 하는데 제가 들어주고 "아~ 그러셨군요. 그때는 좋으셨겠어요? 젊었을 때는 어르신 너무 멋있었네요." 하고 들어주니까 저를 좋아하는 거예요. 그리고 어르신들하고 옳고 그름 그런 걸 안 따지고, 또 어르신한테 "뭐가 부족한가요? 뭐가 필요한가요?" 물어보고, 그리고 이따금 간혹 시간 내서 주말에도 어르신한테 전화 한 통 해 주면 어르신들이 너무 좋아하세요.

정수진: 주말이면 근무하는 날이 아니잖아요. 그런데 요양보호사가 안 나와서 혼자 있는 어르신들이 계시면 전화 한 통 드리면서 말벗이 되어 드립니다. 그러니까 일이면 이렇게까지 하기가 힘들 텐데, 김순이 씨는 일이 아니라 주변 어르신들 챙기듯이 그렇게 진심으로 함께하고 있는 거예요.

사회자: 이분이 천직을 만나셨네요. 일도 참 열심히 하시고, 공부에 대한 열정도 여전하시고요. 근데 탈북해서 한국에 올 때 가졌던 어떤 꿈이랄까? 기대 같은 것들도 있잖아요.

정수진: 사실 탈북해서 한국으로 올 때만 해도, 내가 잘 살 수 있을까 하는 걱정이 많았거든요. 그런데 한국에서 좋은 분들을 많이 만나면서 마음이 안정이 됐고요. 이제 그러면서 공부라든지 또 배움에 대한 열의를 더 가질 수가 있었습니다. 그러다 보니까 한국 문화가 잘 맞았다라고 하는데요. 관련 내용 들어보시죠.

김순이: 한국이라는 나라는 혈육이니까, 같은 나라라고 보잖아요. 한민족이고 그런 동질감은 있었지만, 사회주의에 있다가 자본주의에 와서 내가 어떻게 살까 걱정이 되고, 또 한국분들은 어떻게 날 대할까 두려웠어요. 근데 만나는 분들이 북한에서 왔다면 너무 반가워하고, 안아주고 눈

물이 글썽해지고, 북한에서 얼마나 힘들었나 하고 알아주고 그러니까 '아, 혈육이구나, 동포구나'라고 느꼈거든요. 그러면서 지금 저는 북한이탈주민들보다도 그분들하고 더 많이 대화하고 있어요. 대화하는게 저는 잘 맞아요. 마음이 맞거든요. 북한 문화와 남한 문화에서 저는 남한 문화가 저한테 더 적응이 되고 더 가깝게 되는 거예요.

정수진: 네. 북한에서부터 한국을 알고 있었고, 또 한민족이라는 동질감도 있었잖아요. 이제 그런 마음이 있었기 때문에 잘 적응할 수 있었습니다. 사실 김순이 씨가 좋은 분들을 많이 만났다라고 했는데 김순이 씨 스스로도 열린 마음으로 다가갔으니까 주변 분들도 다가왔던 게 아닌가 싶어요.

사회자: 네, 그렇죠. 한국에 처음 나와서 적응이 참 힘들었을 법도 한데 다들 말씀하실 적에 "저는 복이 많아서 또 좋은 사람들을 많이 만났어요" 이렇게 말씀하시거든요. 그런 말씀 하시는 분들이 참 훌륭한 분이에요.

정수진: 맞아요. 그러니까 이분도 지금은 탈북인보다 한국인이 더 가깝게 느껴질 정도고, 한국에 진작 올 걸 하는 그런 마음도 들고, 사실 원래 탈북해서 중국 있을 때 한국이 희망의 등대일 정도로 한국에 오고 싶은 마음이 강했거든요. 그런데 북송도 한 번 됐었기 때문에 중국에서만 10년을 있었습니다. 그 과정을 다 거쳐서 한국에 힘들게 오신 만큼 더 열심히 살고 싶은 그런 마음인데요. 힘이 닿는 한 일은 계속해서 하고 싶다고 하고요. 그런데 지금 또 상담 공부를 하고 있으세요. 퇴직 후에는 그렇게 배운 상담으로 또 좋은 일을 할 계획입니다.

김순이: 저는 일을 하고 싶어요. 할 수 있는 데까지 하고요. 그리고 제가 상담 공부도 하거든요. 그래서 퇴직하면 전화 상담 같은 거, 그것도 하고 싶어서 지금 준비하고 있어요. 제가 힘들었던 거, 그분들 힘든 마음을, 사람이 어려움을 겪어본 사람만이 그 어려운 사람의 마음을 더 잘 알 수 있잖아요. 북한하고 중국, 북송 됐다가 다시 중국 왔다 한국 와서 한국에서 살며, 한국에서 어려운 일 아니라도 북한에 있는 혈육의 어려운 일도 제가 또 견뎌봤지 않았어요. 그래서 제가 그들의 마음을 남들보

다 더 잘 알 것 같고, 그들에게 또 힘과 용기를 주고 싶고 그 아픈 마음을 이해해 주고 싶고, 인생은 희로애락이라고, 어려울 때도 있지만 또 좋은 일도 있고 아무리 어려워도 극복하면 이겨내 갈 수 있고 또 그걸 이겨내 가면 좋은 일들이 생길 거라고 믿어요.

정수진: 동병상련이라는 말이 있잖아요. 어려움을 겪은 사람이 다른 사람의 마음을 더 잘 알아주는 것처럼 북한에서의 어려움, 또 한국에 오기까지의 어려웠던 경험과 마음을 토대로 다른 사람들의 아픈 마음을 이해해 주고 싶고, 어려움을 극복하면 좋은 일이 있을 거라고 하면서 힘과 용기를 주고 싶다고 합니다. 계획하신 일들 다 이루시면서 행복하게 생활하시면 좋겠어요.

사회자: 고생도 참 많으셨을 텐데, 그러면 이제 사람들이 변한다고 하잖아요. 마음 심성이. 하지만 변치 않고 여전히 웃음도 많으시고 소녀 같으시고, 이분들 앞에 이렇게 마음처럼 촉촉하고 부드러운 그런 좋은 나날만 이어지기를 바랄게요. 오늘도 잘 들었습니다.

정수진: 네. 고맙습니다.

5) 사례 5: 고향 땅에서, 봉사회조직을 꿈꾸는 봉사왕 사나이(50대 초반, 남성)

서기철: 만나고 왔습니다로 이어갑니다. 정수진 리포터 나오셨습니다.

정수진: 어서 오십시오. 네, 안녕하세요. 오늘 어떤 분을 소개해 주십니까? 오늘은 자타 공인 봉사왕 탈북인 김만길 씨를 소개해 드리겠습니다. 대한적십자사 ○○1동 봉사회 회장으로 활동을 하고 있고요. 올해 2월에는 ○○구 자원봉사센터가 주는 이달의 우수자원봉사자에 선정이 되면서 명패를 받기도 했습니다. 이 상은 자원봉사 포털 사이트인 1365에 등록된 한 달간의 봉사 시간을 더하는 방식으로 주는 거기 때문에 객관적인 지표로 선정된 공정한 상이라고 할 수가 있는데요. 여기에

등록된 시간만 3개월간 250시간이고 적십자에 등록된 봉사 시간은 무려 3천 시간입니다.

서기철: 봉사왕 맞네요.

정수진: 그렇죠. 봉사하면서 너무나 행복하고 감사한 마음이라고 하시는데요. 그런데 처음부터 이 봉사의 뜻이 있었던 건 아니에요. 2004년도에 한국에 왔지만 부인과 또 두 살, 5살 이렇게 어린 자녀들을 북한에 두고 왔기 때문에 한국에 데리고 오기 위해서는 돈이 필요했고요. 그 돈을 버느라 일만 있다고 하면 가리지 않고 다 했을 정도로 정말 열심히 일만 했습니다. 그렇게 노력을 해서 다행히 1년 뒤에 데리고 올 수가 있었어요.

서기철: 고생 많이 하셨겠어요.

주인공: 그동안 일한 거를 보니까 만두소 만드는 데서도 일을 했었고 유통업 쪽에서도 있었고요. 그리고 벽지 회사에서 한 6년 정도 일을 했는데 이 벽지가 종이긴 하지만 생각보다 무겁거든요. 그 무거운 걸 직접 들고 일을 하다 보니까 허리가 많이 안 좋아져서 힘을 요하는 일은 못 하게 됐고요. 그 시점과 맞물리면서 봉사에 대한 마음을 실천에 옮겼습니다. 그 시작점 들어보시죠.

주인공: 벽지라는 게 종이지만 한 롤이 5kg씩 나가거든요. 그래서 양쪽에 하게 되면 4개씩 들어가서 그러니까 40kg 되죠. 40kg 되는 걸 지하에서 올리고 그다음에 또 그 거래처에 납품하고 그다음에 빌라 같은 데는 또 현장으로 가져다 달라거든요. 어떤 곳은 엘리베이터도 뭐 엘리베이터도 없잖아요. 그래 가지고 진짜 열심히 일하다가 거기서 허리 척추 다쳤어요. 디스크 협착이 생겼어요. 꼼짝 못 했죠. 그래 병원에 가서 다 시술받고 그다음부터는 이렇게 힘든 일을 못 하죠. 집사람도 건강이 안 좋았어요. 그러다가 14년에 여기 ○○으로 이사 왔어요. 그때부터 제가 적십자 봉사를 하고 싶어서 대한적십자사 인터넷에 들어가서 글을 남겼어요. 봉사하고 싶은데 글을 올렸더니 다음 날에 다이렉트로 ○○○동 회장님한테도 전화가 왔더라고요. 그분들이 찾아오고 해 가지고 봉사하겠

다고 한거죠. 그때부터 2014년부터 봉사를 해 가지고 지금 7년 됐죠.

서기철: 네.

정수진: 그러니까 처음 1년은 봉사단원으로 활동했다면 그다음 해에는 1년 만에 적십자 회장이 됐는데요. 그만큼 열심히 활동을 했고 그 모습을 좋게 봐 주셨기 때문에 다들 회장으로 선출을 하신 게 아닌가 싶어요. 사실 대부분은 한국 여성들 위주로 활동을 하는데 김만길 씨는 보기 드문 탈북인 회원이자 남성이었던 거죠. 게다가 이제 회의이시구요. 지금까지 3번의 연임을 해서 6년 동안 회장직을 맡고 있는데요. 그런데 연임이 3번만 가능해서요. 올해 연말까지만 회장인 거고 그다음에는 다른 분에게 이 회장직을 물려줘야 합니다. 뭐 연임을 세 번이나 했다는 건 그만큼 열심히 활동을 하셨다는 거고요. 또 그 모습을 다들 인정했다는 뜻인 건데 실제로 선거했었을 때 많은 득표수로 당선이 됐다고 합니다. 사실 김만길 씨가 한국에 왔을 때 적십자 봉사단원들의 따뜻함을 기억하고 있었기 때문에 봉사의 시작을 적십자로 택한 건데요. 그 내용도 들어보시죠.

주인공: 저 한국 처음왔을 때 적십자 봉사한 누님 되시는 분들이 집을 다 청소해 놓고 그다음에 일주일 동안 생활할 수 있는 생필품 그다음에 식량이라든가 이런 걸 다 해 줬거든요. 그래서 처음에는 제가 봉사를 하겠다, 이런 생각도 안 들었어요. 열심히 일할 때는 모르겠더라고요. 그런데 다치고 그다음에 일이 안 되고 하니까 거기서 생각나는 게 야, 내가 마음을 좀 내려놔야 되겠다. 이사를 했잖아요. 근데 두 차량이 되는 거예요.

나는 진짜 대한민국에 올 때 빈 주먹 가지고 왔는데 알게 모르게 이렇게 너무나도 받은 것에 감사할 줄 몰랐던 거죠. 그래서 그때 적십자 누님들이 생각나더라고요. 생일잔치도 해 주고요. 한강 유람선도 같이 태우고 다니고 이러면서 야, 내가 한번 봉사를 좀 해 보자. 금액적으로 지원하지는 못해도 예, 마음으로 그다음에 봉사한다 그런 생각으로 하고 있습니다. 열심히.

정수진: 탈북을 하고 나서 많은 도움을 받은 만큼 지역사회에 기여하고 싶은 마음에 열심히 봉사활동을 하고 있는 건데요. 지금 회장이시잖아요. 나이가 어린 편에 속해서 이 회장직을 맡는 게 살짝 부담이 되긴 했지만 그 부담감에 더 열심히 하게 되는 것 같다고 합니다.

서기철: 그러니까 맨손으로 어렵게 탈북했는데 이사를 하려고 보니까 트럭 두 트럭이 아, 저게 내려와서 내가 만들어낸 거구나.

서기철: 주로 어떤 활동을 하세요.

정수진: 매주 금요일에는 한 기업의 후원을 받아서 한부모 가정의 영양식과 과일을 전달하고 있고요. 희망풍차 결연을 통해서는 봉사원 한 명당 어르신들이나 한부모들이 결연을 맺어서 한 달에 한 번씩 물품을 제공하고 있습니다. 그리고 월요일과 목요일에는 혼자 사는 어르신들 네 가구에 밑반찬을 만들어서 드리는데요. 지난해부터는 이 코로나 때문에 이 봉사활동이 조금 위축되긴 했지만 그래도 꾸준히 하고 있습니다.

서기철: 봉사하면서 느끼는 보람도 크니까 네, 또 그것 때문에 또 열심히 하게 되고 그러는 거지 않습니까?

정수진: 그죠. 특히 혼자 사는 어르신들이나 한부모 가정같이 형편이 어려운 분들에게 도움을 드리면서 작은 거에 감사하면서 살자 하는 그런 결심을 다시 하게 됐다고 하세요.

주인공: 오자마자 그때 탈북해서 사회 나와서 그때는 이렇게 봉사라든가 이런 걸 생각할 수가 없었죠. 어려운 분들을 도와주는 거에 큰 보람을 느끼고 있는데 물론 경제적인 지원을 크게 드리는 건 아니지만 마음으로 함께하는 그런 마음으로 봉사를 하고 있습니다. 힘든 시간을 거치다 보니까 나도 뭔가 사회를 위해서 지역을 위해서 뭔가 해야 되겠다는 그런 의무감이랄까요. 책임감이랄까요. 그게 생기더라고요. 진짜 잘했구나 하는 생각이 들고 긍지감이 들어요. 아무튼 봉사 이걸로 해서 너무 행복하고 감사합니다.

정수진: 네, 한국에 처음 왔을 때는 어떻게든 일을 많이 해서 돈을 벌어야겠다는 생각이었지만 17년의 시간이 흐른 지금은 그때와는 다른 생활 다른 마음으로 생활을 하고 있잖아요. 그러니까 지금은 봉사를 하면서 다른 분들과 함께하는 그 행복함을 느끼면서 예전보다는 마음의 여유를 갖고 생활을 하고 있고요. 봉사하는 틈틈이 또 헌혈을 하고 있는데 네, 2014년부터 지금까지 무려 128회나 했습니다. 이렇게 헌혈에 관심을 갖게 된 건요, 김만규 씨의 아버지가 혈액이 부족해서 돌아가신 그런 개인적인 아픔이 있었기 때문인데요. 내가 갖고 있는 걸 나눌 수가 있고 그걸로 사람을 살릴 수도 있어서 열심히 헌혈을 했다고 합니다. 그런데 나이가 들면서 혈압이 올라가고 있기 때문에 예전만큼 많이 못하고 있어서 좀 안타깝다고 해요.

서기철: 건강을 지키면서 해야죠. 아니 봉사활동도 회장까지 하시면서 열심히 하고 헌혈도 많이 하시고 또 어떤 일들을 또 하세요?

정수진: 한 2년 전부터는 지구 봉사회 주로서 지봉회라는 봉사회 회장도 맡고 있어요. ○○구 배드민턴장에 있는 소녀상에 가서 한 달에 한 번씩 바람개비도 교환을 해 주고 주변 청소도 하고 있습니다. 물론 이 활동 또한 코로나 때문에 많은 분들이 모이지는 못하지만 그래도 꾸준히 하고 있는데요. 앞으로도 지금까지 해 온 것처럼 열심히 봉사를 할 거라고 합니다. 그리고 자녀들 또한 생활을 잘하면 좋겠고 더불어서 통일 이후의 모습에 대해서도 즐거운 바람을 갖고 있는데요. 김만길 씨가 꿈꾸는 모습 바라는 모습 함께 들어보시죠.

주인공: 앞으로도 봉사에 그냥 열심히 할 거고요. 그다음에 또 우리 탈북민들 후배들에게 멘토같은 그런 역할도 해 주고 싶고요. 아들 딸들이 지금 23살 20살이거든요. 자식들 잘되고 욕심 없이 그저 행복하다고 생각하고 통일이 언제 될지는 모르지만요. 만약 통일이 된다면 북한에는 적십자 조선민주주의인민공화국 적십자라고 명칭은 있어요. 명칭이 있는데 봉사원 이런 게 조직 체계가 없어요. 형식적으로만 있어 가지고 자원봉사자도 없고 적십자라는 걸 일반 시민들은 잘 몰라요. 그

래서 저는 만약에 통일이 된다 하면 북한에 가서 이렇게 적십자 봉사라는 걸 좀 활성화 조직화 이 그런 걸 좀 하고 싶어요.

정수진: 네, 북한에 가서 적십자 봉사회를 조직화하고 활성화시키고 싶다고 하잖아요. 탈북인으로서 이미 그 관련 활동을 다 경험을 했기 때문에 북한에서 활동할 적합한 분이 아닐까 싶은데요. 통일이 되면 그 일이 또 가능할 것 같습니다. 그래서 기대를 많이 하고 있긴 한데 건강을 잘 챙기셔야 하고 싶은 일도 할 수 있는 거니까 건강하셨으면 좋겠어요. 그리고 이렇게 봉사를 하면서도 바쁘게 살면서도 글 쓰는 거 특히 시 쓰는 거 좋아하시거든요. 그래서 박현미 시인이 낭독한 김만길 씨의 시인 고향의 진달래를 잠시 들려 드리겠습니다.

정수진: 저 멀리 이북땅 고향에도 분홍색 진달래가 피었겠지. 그리 멀지 않은 북녘에도 봄을 알리는 꽃 진달래가 울긋불긋 가득 폈으리라. 이렇게 시작을 합니다. 참 북한의 고향을 그리워하는 마음이 가득 담겨 있는데요. 김만길 씨가 원하는 대로 하루빨리 통일이 돼서 고향 땅의 진달래도 마음껏 보시고 적십자 봉사도 활발하게 하시길 바랍니다.

서기철: 그렇죠. 건강하셔야 되고 그러니까요. 고맙습니다.

그는 부인보다 먼저 2004년 9월 남한 땅을 밟았다. 처음에는 삼 일 동안만 중국에 있는 삼촌을 보러 갈 생각이었다고 했다. 하지만 중국에 있다던 삼촌은 남한에 있었고 그가 김 씨를 남한으로 오라고 권유했다.

아내는 처음 남한에 왔을 때만 해도 건강했다. 하지만 탈북과정에서 다친 허리를 수술하는 과정에서 두 다리를 쓸 수 없게 되었다. 김 씨 역시 남한에 들어왔을 당시만 해도 건강했지만 벽지회사에서 무거운 짐들을 들며 허리를 다쳤고, 병원을 네 곳이나 돌아다녔지만 척수염, 척추요부, 신경뿌리병 등 익숙지 못한 병명만 진단받을 뿐 고치지는 못했다.

북한이주민 연구를 위해 십여 년간 인터뷰하며 여러 사람을 만나왔지만 김씨 가족은 내게 특별한 가족으로 기억되는데, 김씨와 아내 남씨 그리고 딸과 아들 4명의 가족 모두 연구에 참여해주었다. 몇 년 전 김 씨와 남 씨 부부와 식사를 대접하고자 약속을 잡았다. 봉사자로 살아가는 부부에게 외식은 매우 특별한 날로 보였다. 김 씨의 아내 남 씨는 한복을 곱게 차려입고 왔다. 당황스러웠다. 우리는 야외 잔디밭이 있고 하늘이 확 트인 잔디가 있는 한 근처 식당으로 이동했고 아침부터 서두른 탓인지 오픈 시간보다 약 30분 정도 일찍 도착했다. 그녀는 무용수가 꿈이었다고 이야기를 풀어놓으며 넓은 잔디에서 춤을 추기 시작했다. 노래도 흥얼거렸다. 식사를 마치고 계산을 하는데 오늘 무슨 날이냐고 카운터 직원분이 물어왔다. 그리고 몇 달 뒤 그녀는 갑작스럽게 심장마비로 사망했다. 한복을 곱게 차려입고 함께 한 식사자리가 그녀의 마지막 외식이었다. 그녀는 자신의 나이답지 않게 해맑은 모습이었고 자주 시장에 마실 가는 걸 좋아했었다. 부디 하늘에서도, 그녀가 좋아했던 북적이는 시장이 있고 수다를 떨 수 있는 언니들과 함께 즐겁게 지낼 수 있기를 바란다.

6) 사례 6: 탁구장 운영의 소소한 일상을 꿈꾸는 1세대(60대 후반, 남성)

서기철: 만나고 왔습니다로 이어갑니다. 정수진 리포터 나오셨습니다. 어서 오십시오. 오늘 어떤 분을 소개해 주십니까?

정수진: 네, 안녕하세요. 네, 오늘은 '한국에서 성공한다'라는 마음으로 한성공이라는 필명을 사용하고 있는 탈북인인데요. 이름은 이태현 씨입니다. 한국에 2002년도에 왔기 때문에 벌써 20년이 다 돼 가고 있는데요. 추운 12월에 한국에 왔고 국정원에서 성탄절을 맞았다고 해요. 그때 자원봉사자들과 함께 따뜻한 크리스마스를 보냈는데 거기에서부터 한국의 따뜻함을 느꼈습니다.

서기철: 심리적으로 상당히 어려운 때였을 텐데 첫 느낌이 따뜻했다고 하니까 그런 분위기에서 시작했으면 적응하는 게 조금은 수월했을 것 같아요.

정수진: 네. 하나원을 나오고 나서부터 본격적인 한국 생활이 시작됐는데요. 처음에는 건설 일을 조금 했고 이후에는 굴착기 제조업 쪽으로 5년 동안 근무를 했는데 그때 하던 일이 전국 각지를 다니면서 에이에스 애프터서비스를 해 주는 업무였습니다. 그런데 서울이 아닌 지방을 다

니다 보니까 그 지역의 정을 많이 느끼게 됐고요. 특히나 고마운 분들도 많이 만나면서 '아, 좋은 분들이 많구나, 사람들의 마음이 진실되구나' 하는 것도 알게 됐습니다. 그렇기 때문에 한국에 정착하는 데 큰 어려움이 없었던 건데요. 많은 사연들 중에서 고마움을 느꼈던 일들을 들어보시죠.

주인공: 사실 그렇잖아요. AS라는 게 간단한 거잖아요. 크게 할 거면 공장에 와서 하고 간단한 수리라면 현장에서 하는 건데요. 어떤 분은 토끼를 잡아주시고요. 그다음에 일 끝나면 가서 식사하라고 5만 원씩 주고 그런 분들도 계셨어요. 과수원 같은 데 가면 우리 두 명이 다녔는데 사과도 한 박스씩 주고 그러더라고요. 고향의 정을 느꼈어요.

정수진: 먹을 것도 나누고 좋은 말도 전하고 이게 바로 사람의 정 이웃의 정인 것 같은데 그렇죠. 이태현 씨가 일을 하면서 많이 힘들었을 거예요. 그런데 그 따뜻한 정을 느끼면서 어떤 일의 힘듦을 싹 날려버렸을 겁니다. 특히 고향의 정을 느꼈다고 했잖아요. 북한 고향을 떠나서 낯선 한국에 와서 여러모로 힘들었을 텐데 또 외로웠을 텐데 그 외로움을 많은 분들이 채워준 거라고 할 수 있는거죠.

서기철: 다양한 지역에서 다양한 분들을 만나면서 삶에 대한 힘을 얻는 그런 선순환이 이루어진 거네요.

정수진: 맞죠. 그 힘을 토대로 지금까지 정말 열심히 살았다고 자부하고 있고요, 다른 분들도 그 진심을 알아주고 있습니다. 물론 사회생활 하는 도중에 뭐 탈북인에 대한 편견을 느끼기도 했지만 그래도 본인의 자리에서 묵묵히 일을 했고 어디를 가든 탈북인임을 당당하게 밝히는데 물론 그 결과가 좋을 수도 있고 나쁠 수도 있지만 그래도 시간이 지나면 인정을 받는다고 하더라고요.

서기철: 긍정적인 생각을 많이 갖고 계십니다.

정수진: 네. 그 밑바탕에는 그만의 가치관, 삶의 신조어가 있어 가능했는데요. 이분의 신조가 어디를 가든 진실된 마음으로 열심히 생활하자, 그렇게 하면 그 진심은 통한다입니다. 그 가치관 들어보시죠.

주인공: 어디에 가서 무슨 일을 하든 어떤 생활을 하든지 간에 저는 진실된 마음이면 다 통한다고 생각하고 있었고 또 그런 생활을 통해서 또 체험하게도 됐어요. 어디에 가서 내 진실된 마음 가지고 살면 큰 문제가 없다고 생각하고 생활하였고 또 이게 한국에 와서도 잘 맞은 거죠. 정말 열심히 살았거든요. 제 생활의 신조라고 그럴까요, 저는 남을 도와주지는 못할망정 피해는 주지 말자, 이거거든요. 될수록 그 힘든 일이 있어도 내가 하고 내가 한 발자국 더 움직이자, 이런 생각 가지고 살아왔어요. 그래 가지고 어디에 가서 일 못한다 이런 소리 들은 적은 없이 살았죠.

서기철: 예.

정수진: 그러니까 이런 신념으로 생활을 하고 일을 하고 있는 분인데요. 그 처음에 굴착기 회사에 들어간 것도 이태현 씨를 좋게 본 분이 있어서 그분 덕에 들어가게 된 겁니다. 어쨌든 제대로 된 일을 하게 해 주신 분이잖아요. 그분은 이태현 씨가 정말 은인처럼 여기고 있는 분이고 너무나 고마운 분이어서 지금도 연락을 하고 있습니다. 더군다나 한국에 혼자 왔을 때 심적으로 너무나 외롭고 의지할 데가 없었는데 그분이 아버지 같은 역할을 하면서 든든한 버팀목이 되어 줬다고 하시더라고요. 지금 돌이켜 보면 그분과의 만남은 운명적인 만남이라고 회고하고 있습니다.

서기철: 진짜 의지할 사람 한 명 없을 때 이렇게 일도 소개해 주고 의지도 되고 얼마나 든든하셨겠어요.

주인공: 심지어 그분이 공장을 접게 됐을 때 그렇게 되면 이태현 씨도 일을 그만둬야 하는 거잖아요. 그래서 그게 미안하셨던지 굴착기 한 대 줄 테니까 그걸로 일을 한번 해 보라고 제안을 했다고 합니다. 물론 그때는 이태현 씨가 자신이 없어서 그렇게 하지는 못했는데 나를 생각해 준다는 그 말 한마디가 너무나 고마웠다고 해요.

서기철: 굴착기 회사를 나와서는 그러면 어떤 일을 했습니까?

정수진: 그다음에는 인테리어 제품을 만드는 공장에 가서 9년 동안 또 일을 했고요, 지금은 아파트 관리하는 일을 하고 있는데 특히 기전실이라고요, 왜 난방이며 수도를 전담하는 곳이 있잖아요. 거기에서 다양한 일을 하고 있습니다.

서기철: 손재주가 좋아야 할 텐데요.

정수진: 네. 알고 보니까 고향에서 이미 굴착기 일을 했었고요. 네, 북한에서도 안 해 본 일이 없을 정도로 여러 가지 일을 경험했기 때문에 기술자의 역할을 톡톡히 하고 있고 한국에 와서 뭐 새로운 일 여러 분야의 일을 할 때도 전혀 긴장하지 않고요, 당황하지 않고 막힘없이 잘 해내고 있습니다. 그런데 그런 경험이 많아서 그런지 일을 잘한다고 자신감이 가득한 그런 분이세요. 하면 하는 거지 하는 마음으로 임하고 있고, 그리고 사람들 앞에서 말하는 것도 좋아해서 사람들 모이는 모임이며 또 회사 모임에서 대표로 인사말을 하기도 하고요. 말 한마디를 해도 기억에 남는 말을 하려고 많이 노력하는 분이세요.

서기철: 주변에서 뭐 말 잘한다는 얘기를 좀 많이 들으시는 모양이에요.

정수진: 네. 또 글 쓰는 것도 좋아해서 한 10년 전쯤에는 이분이 쓴 글이 여러 탈북인의 글과 함께 책으로 나오기도 했을 정도입니다. 이제 앞으로 하고 싶은 일들을 정해 놓고 그 꿈을 이루기 위해서 노력을 하고 있는데요. 일단 개인적인 목표를 세운 건 탈북인들 중에서 1인자가 되는 겁니다. 근데 그 1인자라는 뜻은 힘이 세고 부유하다는 걸 의미하는 건 아니고요. 스스로 부끄럽지 않고 다른 사람들 앞에서 당당하다는 그런 뜻이에요. 그리고 남들도 인정하는 사람이 되자는 건데 지금 그렇게 살고 계시니까 1인자가 되고 싶다는 꿈은 지금 이루신 게 아닐까 하는 생각이 듭니다.

서기철: 또 이루고 싶은 꿈이 따로 있는 것도 있을 것 같아요.

정수진: 이분이 한국에 와서 많은 분께 고마움을 느꼈잖아요. 그래서 그런지 받은 만큼 베풀고 싶은 그런 마음도 있는데 앞으로 하고 싶은 일은 그

런 부분을 염두에 둔 일입니다. 바로 장례지도사로서의 재능 기부와 더불어서 본인이 좋아하는 탁구를 마음껏 할 수 있는 탁구장을 만드는 건데요. 관련 내용 들어보시죠.

주인공: 제가 이게 한국에 와서 받은 그런 거를 어떻게 조금이라도 보답하는 그런 쪽에서 생각하면서 어쨌든 장례지도사 무엇을 할까 내가 앞으로 내가 나이 먹어서도 어떤 일을 해야 좋을까 이런 것도 생각하면서 그래서 그 지도사 자격증을 딴 지는 오래됐어요. 어쨌든 누구라도 일을 당한다면 가서 도와주고 싶습니다. 봉사하면 좋지 않을까 그런 생각도 들고 탁구장은 제가 운동을 너무 좋아해 가지고 여기서 50대까지도 공을 쳤어요. 북한 축구단에서 공을 찼었어요. 운동은 여러 가지 다 잘했는데 배드민턴도 해 보고 여기 와서 여러 가지 해 보니까 탁구가 내 적성에 맞는 것 같아요. 앞으로 내가 회사를 그만두고 다님은 이런 걸 하나 운영하면서 먹고살면 되지 않을까 싶어요. 그게 꿈이랄까요. 꿈이에요. 진짜 그거 한번 꼭 이렇게 해보고 싶어요. 내 생각은 아름답게는 못 살았어도 저 사람 괜찮았어, 이런 말을 듣고 생활하고 싶고 그게 제일 제가 바라는 마음이고 그렇게 살려고 노력하고 있거든요.

정수진: 운동을 좋아하신다고 했잖아요. 여러 운동들 중에서 탁구가 가장 잘 맞는 것 같아서 탁구장으로 결정을 했는데 이 꿈들이 다 이루어진다면 탁구장을 운영하시면서 틈틈이 장례지도사로 봉사하시면 되지 않을까 그런 생각을 해 봤습니다. 그리고 저와 이야기를 마치면서 인상적인 이야기를 해 주셨는데요. 본인한테 이렇게 관심을 가져주니까 앞으로 더 열심히 살아야지라면서 다시 한번 각오를 다지게 됐고 어딜 가든 모범적으로 살아야겠다는 그런 다짐을 하게 됐다고 합니다. 그 다짐과 결심대로 생활하시면서 이루고 싶은 꿈 다 이루시면 좋겠습니다.

서기철: 그럼요. 네, 알겠습니다. 고맙습니다.
지금까지 정수진 리포터와 함께했습니다.

<설탕커피 한 잔>

2002년 추운 겨울 한국에 도착한 그는 굴착기 AS, 인테리어, 기전실 등
여러 일을 해 왔다. 그리고 최근에는 장례지도사 자격을 취득하여 가끔 장례
일을 돕는다고 했다. 그가 인생에서 가장 중요하게 생각하는 신념은 '진실된
마음으로 살자'는 것이다. 그러면 어디서든지 잘 살 수 있다는 믿음이 강하게
느껴진다고 했다. 부끄럽지 않고 당당한 모습의 1인자가 되고 싶다는 그는
나이가 좀 더 들면 당구장을 차리고 싶어 했다. 돈이 목적이라기보다는 사람
들에게 당구를 가르쳐주고 이야기를 나누며 살아가고 싶다고 했다.

그는 자신이 북한 사람으로서 무엇이든 이야기를 할 수 있다는 점에 자긍
심을 크게 느꼈다. 어느 날의 그의 노래가 오래 기억된다. 무슨 노래인지는
모르지만 자신이 장례지도사로 일했던 경험을 말하며 망인에게 노래를 불
러줬던 노래를 흥얼거렸다. 북한 노래라고 했다. 사람들과 설탕커피 한 잔
즐기기를 좋아하는 그의 모습에서 따뜻함이라는 마음이 느껴진다. 앞으로
도 그의 온기가 여러 사람의 마음에 희망으로 닿기를 바란다.

7) 사례 7: 아파트 기전실에 스카우트된 러시아에서 온 남성(50대 중반, 남성)

서기철: 만나고 왔습니다로 이어가겠습니다. 정수진 리포터 나오셨습니다.
어서 오십시오. 네, 안녕하세요. 네, 오늘 어떤 분을 소개해 주십니까?

정수진: 네, 오늘 소개해 드릴 분은 한국에 오기까지 정말 많은 고생을 했지만
지금은 자신만의 분야에서 열심히 일을 하고 한국 생활에 만족하고 있
는 분입니다. 바로 탈북인 김민호 씨예요.

서기철: 모든 탈북인들이 어려운 과정을 거쳐서 들어오는데 유독 김민호 씨는
어떤 일이 있었길래 특별히 많은 고생을 했다, 어떤 이유로 이렇게 말
씀하신 건지 궁금해요.

정수진: 일단 북한에서는 먹고사는 게 힘들었기 때문에 북한을 떠나서 러시아
로 갔습니다. 러시아에서는 벌목 일을 했는데요. 불법 체류자의 신분

이었기 때문에 늘 불안했고 사기를 당하기도 했고 힘들게 번 돈을 뭐 떼이기도 하고 정말 많은 일이 있었습니다. 그 사연들 잠시 들어보시죠.

주인공: 석 달 동안 했어요. 석 달 동안 겨울에 나무를 엄청 많이 했죠. 석 달 동안 한 거의 300불밖에 안 되더라고요. 그래서 그거 갖고 집에 갈 수가 없더라고요. 그래서 이게 안 되겠다. 거기서 나는 3명만 데리고 멀리 갔죠. 기차 타고 모스크바 쪽으로요. 거기 가서 대략 1년 한 6개월 있었는데 돈을 다 뺏겼어요. 한 250불을 벌었거든요. 이 강도들한테 홀린 거지. 홀려 가지고서는 그 사회를 모르니까 러시아 말을 잘 모르고 그러니까 강도들한테 돈을 다 뺏기고 그때 당시 2천500불이 주머니에 있었어요. 그런데 그때는 뭘 몰랐으니까 문서를 다 주머니에다 갖고 다녔거든요. 그런데 주머니 걸 다 털어낸 거야. 난 사람들이 와서 경찰이라고 그러니까 나는 진짜 경찰인 줄 알았죠. 북한 사람들이 순수하거든요. 거의 북한 사회에서만 갇혀 살았기 때문에 잘 모르죠. 거기서 돈을 다 떼이고 나니까 당황스럽더라고요.

서기철: 아이고.

정수진: 네. 정말 러시아에 가서 처음 3년 정도는 열심히 일을 했습니다. 그 추위에도 불구하고 가족을 위하는 그 마음 하나로 일에만 매진했는데 사실 그 벌목하는 것 자체도 힘든데 너무 추웠어요. 그 추위와도 싸우고 또 가족과 떨어져 있는 그 외로움을 이겨내면서 일을 하신 거였어요. 그런데 일한 것보다는 적은 돈을 받으면서 다른 곳으로 옮겼는데 그러던 과정에 강도한테 돈을 뺏기기도 했거든요. 그 당시에는 일해서 받은 돈을 다 주머니에 넣고 다녔는데요. 그걸 뺏긴 거였습니다. 그러고 나서는 길에서 자기도 하고 남의 집 앞에서 밤을 새우기도 하는 등 떠돌이 생활을 했었기 때문에 정말 힘든 시간을 보냈는데요. 본인 이야기를 하려면 며칠 밤을 새워야 할 정도로 우여곡절이 많은 그런 시간을 보냈습니다.

서기철: 그렇죠. 아이고, 모스크바 쪽까지 아시아 대륙을 횡단해서 갔는데 또 참 힘든 시간이었네요.

정수진: 그 돈을 벌고 그걸 또 그렇게 뺏겼으니까 아마 삶의 의지가 점점 줄어들었던 것 같아요. 그래서 이제 버틸 힘이 점점 없어졌는데 그렇다고 해서 북한에 다시 가기는 힘들잖아요. 그래서 10년이 넘는 러시아 생활을 뒤로하고 2004년도에 한국에 왔는데요. 그 시간도 벌써 20년이 다 돼 가고 있습니다.

서기철: 한국에 와서는 또 어떤 일을 한 겁니까?

정수진: 러시아에서도 힘들었는데 한국도 낯선 나라잖아요. 그래서 어떻게 해야 할지도 잘 모르겠고 앞이 캄캄했는데 지인의 도움으로 처음에는 빌딩 경비를 했습니다. 그런데 적성이 안 맞아서 한 3개월 정도만 하다가 다른 일들을 하게 됐는데요. 김민호 씨의 직업에 대해서 잠시 들어 보시죠. 근데 경비 선다는 게 막연하더라고요. 월급이 한 75만 원 정도 됐는데 3개월 서고 못 하겠더라고요. 내가 이 대접 받으려고 한국에 온 건 아니다. 열심히 살아야 되겠다 하고서는 나와서 그다음에 여기 인력시장 있잖아요. 이게 한 군데 갔다 오면 인맥이라는 게 또 생기잖아요. 하나 둘. 하나 둘. 이렇게 그러니까 7-8년 동안 계속 철도공사 인천공항부터 김포공항까지 철도공사 그거 철도 놨잖아요. 그거 할 때 내가 철도공사를 했거든요. 전기공사만 했으니까 나는 그거 끝나고 여기저기 전국 각지 철도를 많이 했어요. 전라도도 가고 양평도 가고 중앙선도 나가고 안산 오이도 그쪽에도 가고. 그러면서 사회에 대한 걸 알게 돼 간거죠. 한국에 대한 거 나는 여기 와서 무슨 학원이나 이런 걸 가지는 않았어요. 당장 앞에 먹고살기가 힘드니까. 내가 그때 50이 다 됐는데 무슨 공부해 가지고 그렇게 하고픈 생각이 없더라고요. 그래서 막노동을 했는데 이북오도청에서 한 번은 모임이 있다고 해서 갔어요. 거기에 6·25 때 넘어오신 분들이 와 있더라고요. 그래서 나를 소개해 주는데 그때 당시 황해도 연백에서 왔는데 우리 고향 사람이더라고요. 그래서 그분을 만나 가지고 자기 회사에 들어와서 일하라고 그러더라고요. 그래 가지고 기계실에 들어가 있었어요. 설비 관리하는 거죠. 그런 걸 거기서 한 6년 동안 하다 보니까 한국 시스템이 이렇게 생겼구나 하는 걸 알게 됐죠.

서기철: 네. 설비 관련 일을 한 6-7년 하신 거면 꽤 자리를 잡으신 거네요.

정수진: 그렇죠. 그런데 그 당시에 안타깝게도 국제적인 문제로 인해서 중국 관광객이 줄면서 호텔 매출이 떨어지게 되었다고 해요.

서기철: 아, 거기가 호텔이었군요.

정수진: 월급도 못 받게 됐는데 나중에는 그 호텔이 다른 곳으로 인수가 되면서 일을 그만둘 수밖에 없었습니다. 그렇다고 일을 안 하면 안 되니까 다시 취업을 하기 위해서 탈북인들의 일자리를 도와주는 복지관의 도움을 받아서 지금의 일자리를 얻게 된 거죠.

서기철: 지금은 어디서 일하고 계시는 건데요?

정수진: 다행히 본인의 경력을 살려서요, 아파트 기전실에서 일을 하고 있는데요. 사실 김민호 씨가 북한에서 군사 복무를 평양 지하철에서 했었기 때문에 그때 배운 기술을 지금까지 활용을 한 거고 일을 했던 경력 중에서 철도 놓는 일을 했었잖아요. 그 당시에도 전기공사를 했었기 때문에 여러 가지 분야에서는 기계를 좀 다룰 줄 아니까 이제 지금은 기전실에서 일을 하고 있습니다. 사실 처음에는 또 경비 일을 했었는데요. 이 아파트에서 김민호 씨가 기계를 다룰 줄 아니까요. 경비 일 말고 기전실에서 일을 해 달라는 이야기를 들은 거였습니다. 어떻게 보면 김민호 씨의 실력을 알아봐 주신 게 아닐까 싶어요. 그래서 이렇게 매 순간 매 순간 도전하면서 열심히 살아왔더니 주변에서 도와주는 분들도 있고 자신의 기술을 활용해서 또 일을 하고 있는 건데요. 가장 중요한 건 어렵다고 포기하면 안 되고 내가 노력을 해야 한다는 거라고 합니다.

주인공: 그게 내가 보니까 본인이 노력을 해야 되는 거지 그것도 본인이 힘들다고 어렵다고 안 하기 시작하면 그냥 나락으로 떨어지는 거예요. 이 세상이 그냥 거져 주는 게 없잖아요. 본인 마인드가 첫 번째예요. 그게 마음가짐이 됐든 어쨌든 누가 돈을 거져 주는 거 아니니까 내가 그거라도 해야 되겠다, 그런 마음가짐이 있어야 되는 거지 그거 힘들다고

안 하고 그러면 안 되는 거지 그런 마음가짐이 없으면 아무것도 못 하는 거죠.

정수진: 이런 마음가짐으로 한국 생활을 했었기 때문에 주변에서 좋게 본 분들이 많은 것 같아요. 특히나 좋은 인연 덕에 일용직에서 기술직으로 일을 하게 된 어떤 전환점이 됐잖아요. 그래서 본인도 이렇게 도움을 받은 만큼 탈북인 후배들에게 도움을 주고 싶은 마음이 크기 때문에 일도 소개를 해 주고 또 조언도 해 주고 있습니다. 더군다나 소개를 해 줬을 때 그 후배가 열심히 잘하면 그렇게 뿌듯하다고 해요.

서기철: 그런 기쁨도 누리면서 지금은 상당히 안정감이 있으신 것 같아요.

정수진: 처음에는 먹고사는 일이 더 중요해서 학원을 가서 뭘 배우거나 공부를 하는 건 생각하지도 않았었는데 요즘에는 한국에서는 컴퓨터가 중요하니까요. 컴퓨터를 배웠으면 어땠을까 하는 생각을 하고 있다고 합니다. 예전에 한번 배워보긴 했는데 다른 사람들은 잘 따라 하는데 나만 잘 못해서 진도 따라가는 게 벅차서 그렇게 뒤처지는 모습도 싫었고 사기도 떨어지고 그래서 포기했다고 합니다. 참 다른 일들을 할 때는 도전적이고 두려움이 없는 분인데 컴퓨터 앞에서는 약한 모습을 보이신 거죠.

서기철: 하면 될 텐데….

정수진: 네. 제가 그래서 지금이라도 늦지 않았으니까 한번 복지관이나 이런 데서 가서 배우시면 어떻겠느냐고 했더니 살짝 고민을 하시는 것 같긴 하더라고요.

서기철: 그거 포함해서 뭐 하고 싶은 것들이 또 많을 거 아니에요.

정수진: 그러니까요. 네, 일단은 한국 생활에 만족을 하고 있고요. 또 한국이 너무 고맙다는 그런 감사의 인사와 더불어서 한 가지 바라는 점을 언급하셨거든요. 그 바람은 탈북인을 이웃 주민으로 대해 달라였습니다.

주인공: 자기가 열심히 살면 이 사회에서 일한 것만큼 대가가 이루어지니까 그런 거는 아주 좋더라고요. 자기만 잘하면 먹고사는 문제는 아무 이상 없을 것 같은데 건강하고 그러면 긍지감이 있죠. 아무래도 경제적인 면에서 제가 솔직히 북한에서 왔는데 어렵게 어렵게 여기까지 왔잖아요. 처음에 와서 우리 대한민국이 저라는 인간을 받아주고 그래도 일자리도 해 주고 이건 엄청 감사하죠. 또 그분들이 나를 이끌어주고 그런 사람들한테는 너무나도 감사해요. 근데 어떤 분들이 보면 탈북민들이라고 숨겨요. 나는 그걸 감추지는 않아요. 아무 직업에서나 감추면 그다음에 더 불편해지더라고요. 난 공개적으로 이북에서 왔다, 이사 왔다, 이상하게 보는 사람들이 이상한 거다. 난 이렇게 얘기해요. 좀 잘 대해 달라고 이렇게 하고 그래요. 그러면 어떤 분들은 잘 대해 주고 어떤 분들은 잘 못 대해 주고. 그건 어쩔 수 없는 거잖아요. 인간이 만나면 서로가 안 맞는 사람들이 있는데 그런 거는 이해를 해요. 어디 면접을 보러 가면 무조건 북한 사람이라면 이렇게 한 번 뒤집고 봐요. 그런 거 좀 그렇죠? 이 사회가 조금 이제는 변화할 때가 되지 않았나, 이런 생각이 들어요. 지금 꼭 변해야 돼요. 그러니까 그런 거리감을 안 뒀으면 좋겠다는 거죠. 일단은 써보고 그 사람이 잘 못 하면 내보내든가 이렇게 해야 돼요. 그냥 무조건 싫다고 그러니까 그런 게 있더라고요. 그런 거 없어졌으면 좋겠어요.

정수진: 예. 그 어떤 바람이 정말 느껴졌는데 탈북인은 북한에서 남한으로 이사 온 거니까 이방인으로 바라보지 말고 이웃 주민으로 바라봐 달라는 거였는데요. 김민호 씨의 바람대로 서로 편견 없이 대화하면서 진정으로 함께 어울리는 그런 사회가 되면 좋겠습니다.

서기철: 고맙습니다. 네, 고맙습니다.
정수진 리포터와 함께했습니다.

〈거침없이!〉

그의 말투는 거칠었지만 쾌활했다. 가끔 공격적으로 보이기도 하고 직설적으로 느껴지기도 했다. 그는 몇 십 년간 고생한 경험을 말하며 카타르시스를 느끼는 것 같기도 했다. 그는 포기하지 말고 노력해야 한다는 강한 신념을 붙잡고 살아왔다.

러시아에서 강도를 만나고 길거리에서 노숙하며 버텼던 삶을 또렷이 회상했다. 하지만 고생과 힘든 과정만이 아닌 자신이 어떻게 버텨 왔는지에 관해 말하고 있었다. 오갈 데 없는 자신을 먹여주고 재워주며 일하도록 해 주셨던 한 목사님의 이야기부터 한국에 처음 왔을 때 자신을 받아준 대한민국 정부에 대한 고마움까지. 그에게는 고생의 이면에 고마운 사람들과 감사한 마음이 함께 있었다.

8) 사례 8: 신장 투석 환자여도 정리 정돈은 할 만합니다(57세, 남성)

서기철: 만나고 왔습니다로 이어가겠습니다. 정수진 리포터 나오셨습니다. 어서 오십시오. 네, 안녕하세요. 오늘 어떤 분을 소개해 주십니까?

정수진: 오늘 소개할 분은 2003년도 1월에 한국에 온 탈북인 강남규 씨입니다. 처음에 한국에 왔을 때는 낯선 곳이고 낯선 문화다 보니까 적응하기가 힘들었는데요. 특히 탈북인이어서 겪는 편견과 일하는 여건이나 대우 때문에 많은 부분들이 힘들었습니다. 예를 들면 다른 사람들보다 적은 월급, 그리고 노동의 강도 이 모든 것이 힘들었는데 한국에 와서 한 5년 정도는 힘들었던 시기라고 떠올리고 있더라고요.

서기철: 그래도 뭐 그 힘든 5년을 돌이켜 보면 그 경험이 있으니까 많은 도움을 좀 느끼고 그럴 거 같아요.

정수진: 그렇죠. 그 시간은 적응 기간이었던 거죠. 그 시간이 어떻게 보면 단단한 뿌리가 되고 동력이 되면서 그 이후부터는 한 군데서 오래 일하고 사람들의 신임도 얻었습니다. 특히 패스트푸드 가게에서 배달 일을 한

10년 가까이나 했는데요. 예전과는 다르게 월급도 만족스러웠고 근무환경도 좋아서 재미있게 일을 할 수 있었고요, 특히 여러 연령대의 배달원들 중에서 가장 연장자이다 보니까 반장으로서의 어떤 책임감 있는 역할을 맡기도 했습니다.

서기철: 이 사람들 이끌어가는 그런 위치까지 매니저 위치까지 가신 건데 하는 역할이 상당히 많아졌겠어요.

정수진: 일단은 배달을 하려면 오토바이를 잘 타야 하고 지리도 잘 알아야 하잖아요. 그래서 동료들에게 오토바이 타는 법을 알려주기도 했고요, 연장자로서 모범적인 선배로서의 모습을 보여주려고 노력했습니다. 그런데 강남규 씨도 처음에는 오토바이를 탈 줄 몰랐어요. 북한에는 이 오토바이가 흔치 않기 때문에 이제 본인도 일을 하면서 오토바이 타는 법을 배운 거죠. 그러니까 처음에 일할 때 본인도 어려운 점이 있었으니까 다른 분들에게 알려주고 싶은 그런 마음이 컸던 건데요. 이렇게 마음을 쓰다 보니 여러 사람과 함께 어울리면서 재미있게 일을 했습니다.

주인공: 좀 나이가 있다 보니까. 오토바이 탈 줄 모르는 사람인데 사정했죠. 아들 같은 애들이 가르쳐줬지. 손님들을 어떻게 대하고 오토바이 어떻게 해야 하는지. 하여튼 월급이 정상적으로 나오고 모든 게 다 보상 조건이 되니까 그다음부터 일하기 재미있더라고요.

정수진: 배달 일에 집중을 하고 그 일에 애정을 갖게 되면서 무려 10년 가까이 일을 했는데 사실 한 곳에서 오랜 시간 일을 한다는 게 쉬운 일은 아니잖아요. 그만큼 정말 재미있게 일을 하신 게 아닌가 싶습니다. 그런데 이렇게 좋아하던 일이었는데 건강에 문제가 생기면서 일을 그만두게 됐어요.

서기철: 그렇죠. 말씀하시는 거 들어보니까 몸이 편치 않으신 것 같다. 이런 느낌도 들었었는데 상당히 많이 안 좋으신 겁니까?

정수진: 콩팥 있잖아요. 네, 신장의 기능이 떨어지면서 지금 신장 투석을 받고 있습니다. 그래서 오토바이를 타는 일이 좀 힘들어서 지금은 그 일을 그만두고 고등학교의 환경 미화를 책임지는 일, 즉 청소 일을 하고 계시거든요. 그런데 학교에 매일 출근을 하면서 일주일에 세 번 신장 투석을 하러 가야 하잖아요. 아침 일찍 출근을 하고 일이 끝난 다음에 병원을 가고 있습니다.

서기철: 어쩌다가 그런 병을 또 얻으신 거예요.

정수진: 한국에 와서 그 병이 생긴 건 아니고요, 그전에 북한을 나와서 중국에서 머물렀던 그 시간에 병을 얻은 것 같다고 하시더라고요. 그때 여러모로 불안하고 불안정한 시간이었기 때문에 심적으로 스트레스를 많이 받으면서 술을 많이 마셨고요, 또 경찰에 잡힐까 봐 도망도 다니고 그랬었잖아요. 그때 몸이 많이 안 좋아지게 됐고 한국에 와서는 그 증세가 더 심해진 거였습니다. 그래서 2016년부터 신장 투석을 받게 된건데요. 그러면서 배달 일을 그만두게 됐고 그 이후에 이제 고등학교에서 청소 업무를 하고 있는 거죠.

주인공: 북한에서는 몰랐죠. 정기 검진 이런 게 거의 없잖아요. 그러다 나니까나도 몰랐고 그다음에 내가 중국에 들어와서 5년 동안 있으면서 술을많이 먹었어요. 중국에서 나이 오십인데 갈 데도 없지, 매일 경찰이 잡으러 오면 또 피해 달아나고 피해 달아나고 그러다 보니까 자꾸 술을먹게 되더라고요. 그래 또 한국에 와서도 또 자꾸 먹게 되니까 누구 말릴 사람 없지, 그래 현 상태에서는 투석을 하면서 살고 있는 거예요. 아니, 이제 괜찮아요. 나도 이거 해야만 된다, 해야만 살 수 있다, 이렇게생각하니까. 자식이 있으니까.

정수진: 투석하면서 일하기가 쉽지 않은데 해야만 한다는 각오가 대단하시고요. 자식에게 많은 걸 해 주고 싶은 그런 마음에 일을 놓지 않으시는것 같습니다. 열심히 살고자 하는 그 마음 하나로 지금까지 생활을 하고 있는데요. 네, 사실 처음에 한국에 왔을 때는 혼자였는데 그다음에자녀가 왔고 부인을 데려오고, 또 그다음에는 조카 이렇게 한 명 한 명

한국에 데리고 온 거예요. 그러기 위해서는 또 돈이 필요했으니까 더 열심히 사신 게 아닌가 싶습니다.

서기철: 그렇게 이제까지 살아오면서 아, 어떻게 살아가야 되겠다, 어떻게 살고 있구나 하는 그런 생각들도 좀 잡히신 거고 말이죠.

정수진: 돈은 많이 벌지 못했지만요. 난 부끄럽지 않게 열심히 살아왔고 그러다가 어느 날 주변을 이렇게 돌아보니까 나눔이 중요한 가치구나 하는 걸 깨닫게 됐습니다. 그렇다고 해서 꼭 물질적으로 도움을 주는 게 아니라 작은 거라도 함께하고자 하는 그 마음의 여유가 더 중요한 거 아니겠냐며 나눔을 강조하시더라고요.

서기철: 그러면 실천하고 있는 나눔이 있을 것 같아요.

정수진: 네. 일단 지금 다니고 있는 교회 차원에서 어려운 분들 도와드리는 거에 같이 동참을 하고 있습니다. 또 어린이 7명을 지원하는 곳이 있는데 또 거기에도 함께하고 있습니다.

주인공: 저는 돈을 많이 번 건 없지만 그래도 나름대로 살려고 많이 노력했고 또 남보다는 부끄럼 없이 살기 위해 노력합니다. 그래서 그런 마음은 있어요. 나도 여기 와서 많이 보고 느끼는 게 누구라고 도와주고 주변에 누가 아픈지 돌보고 그런 거요. 뭐 있으면 더 주려고 그런 게 좀 있어요. 나도 좀 그래 보자고 생각은 하고 있고 또 가정이 어려운 사람들을 돌보고 싶고 그래요. 내 마음 자체가 자꾸 도와주게 되더라고요. 누구 말동무도 해 주고요. 꼭 물질이 아니어도 마음으로 함께하면 그게 바로 나눔이기 때문에 주변에 외로운 분들 있으면 말벗도 해 드리고 또 친구가 돼 주면서 직접 실천을 하고 있습니다.

정수진: 큰 욕심 없이 지금 있는 걸로 나누면 된다는 걸 깨닫고 또 실천을 하고 있습니다.

서기철: 이렇게 열심히 살고 계시니까 탈북 후배들에게도 여러 가지 해 줄 얘기들이 많을 것 같아요.

주인공: 한국 생활이 20년 가까이 되고 있으니까요. 그동안의 경험을 토대로 조언하고 싶은 말이 있습니다. '바로 내 마음을 곱게 가져서 자기 덕을 쌓아라, 그러면 주변에서 마음을 함께해 주는 분들이 있을 거다'라는 건데요. 지금 강남규 씨가 잘 살고 있는 것도 본인이 덕을 쌓아서이지 않을까 싶어요.

서기철: 큰 욕심이 이제 없는 분이신 것 같아요. 그래도 앞으로 어떻게 해야 되겠다, 뭐 바라는 게 또 있지 않겠습니까?

주인공: 물질은 먹고 쓸 정도만 있으면 된다고 하셨고요. 그나마 조금 욕심을 부려본다면 건강을 얻고 싶다고 합니다. 이분이 건강이 안 좋으시잖아요. 그래서 건강하면 좋겠다 하는 바람을 갖고 있는데 앞으로의 꿈 목표도 더 이상 나빠지지 않고 현 상태를 유지하는 거예요.

주인공: 뭘 먹지 말라, 뭘 먹어라, 그런 거 있잖아요. 뭐 내가 나 살자니까 조절해야 되고 맞춰야 되고 그래요. 이 상태에서만 더 나빠지지 않고 아들 장가가기 전까지 이만큼 유지가 되면 난 좋겠다고 생각을 했어요. 내가 일하는 거 아무거나 할 수 있지만 몸이 더 나빠지지 않았으면 좋겠고요.

서기철: 예.

정수진: 건강하셔야 하고 싶은 나눔도 꾸준히 잘 하실 수 있는 거니까 꼭 건강하셨으면 좋겠고요. 그러기 위해서 운동도 열심히 하고 식이요법도 잘 하고 있습니다. 그리고 계속 본인의 나이가 많다고 하셨는데 아직 환갑도 안 지나오셨거든요. 이제 인생 2막을 시작할 나이인데 앞으로 건강 잘 유지하셔서 이루고 싶고 하고 싶은 일 다 하시면 좋겠습니다.

서기철: 알겠습니다. 고맙습니다. 네, 고맙습니다.
네, 지금까지 정수진 리포터와 함께했습니다.

〈덕을 쌓자〉

그의 말은 북한 사투리를 많이 쓰고 있었기 때문에 여러 인터뷰이 중에서 도 알아듣기 어려웠다. 아들 같은 직장 동료들과 햄버거 가게에서 배달 일 을 오래 하며 즐겁게 지냈지만 어느 날 오토바이 사고를 당하고 말았다. 그 가 탔던 오토바이가 다 박살났지만 살아 있음에 감사했다.

그는 북한에서 고위급 간부는 아니었지만 집안을 감시하고 다니는 감독 역할을 맡아왔다. 그래서인지 그는 누구 밑에서는 일하기 어렵다고 선을 그 었다. 배달 일이든 학교 청소 일이든 자신이 맡은 업무를 단독적으로 하는 일을 선호했다. 고등학교 청소 일 역시 반나절 정도만 했다. 계단 청소와 창 틀, 쓸고 닦는 모든 정리 업무를 자신이 원하는 스타일대로 해 나갈 수 있 으므로 좋아했다. 특히 학교의 청소업무 담당자는 본인 한 명이므로 누구와 맞추어 가거나 잔소리를 들어야 하는 일도 없다.

2016년부터 시작된 신장 투석은 자신이 어느 시간에 일을 해야 하는지 어 떠한 업무 스타일을 가져야 하는지 등 진로와 직업의 결정에 크게 영향을 미쳤다. 아울러 자신의 건강을 생각하며 수입을 얻어야 했으므로 가계의 경 제적 상황과 돈을 쓰는 방식, 절약의 실천과 여가를 보내는 방법까지도 모 두 계산해야 했다. 그래서일까. 그는 아내와 소박하게 도시락을 싸서 공원 을 돌아다니거나 소소하게 사람들을 만나며 크게 돈이 들지 않는 방향으로 일상을 영위하고 있었다.

그는 20년 먼저 온 선배로서 후배들에게 해 줄 말이 있다고 했다. '자신의 마음을 곱게 가져서 자기 덕을 쌓아라. 그러면 주변에서 마음을 함께해 주 는 분들이 기다리고 있을 것이다.' 그가 지금 좋은 사람들과 함께 행복을 누 릴 수 있는 것도 어쩌면 그가 덕을 쌓아온 세월의 결과가 아닐까 싶다.

2. 먼저 온 세대들의 내러티브가 주는 시사점

8명의 북한이주민들의 이야기가 어떠한가. 40대 후반부터 60대 후반까지의 남녀로 구성된 자들이다. 직업도 다양하다. 바리스타, 사회복지사, 보험설계사, 봉사자, 아파트 기전실 근무 등 이들은 남한에서 열심히 일하며 살아간다.

그들의 주된 공통점은 탈북 1세대들로 인생의 중후반기를 지나고 있다는 점, 한국사회에서 '일(work)'하고 있다는 점이다. 정체성이란 변하지 아니하는 존재의 본질을 깨닫는 성질 또는 그 성질을 말한다. 즉, 자신이 속한 범주를 기반으로 자신이나 타인들이 만든 자신의 모습에 대한 개념이다. 이러한 정체성은 사회적 교류를 통해 구축되는데, 가족 다음으로 8명의 주인공들은 '일(work)'을 통해 자아를 확장하고 한국사회에서 의미 있는 존재로 자기 가치감을 지니고 살아가고 있다.

'일'은 자신과 가족을 부양할 수 있는 만족스러운 삶의 기초가 될 뿐만 아니라 자신의 가치와 흥미를 찾도록 하므로(Blustein, 2013; Savickas, 2011) 인간의 삶에서 매우 중요한 영역이다. 특히 북한이주민들의 남한사회 정착에서의 선결 요건은 경제적 자립(강창구, 2012)이므로 일의 의미는 남다르다. 그들은 일을 통해 자신의 소질과 능력을 발휘하며 자기 가치감을 발견하고 삶의 보람을 느낀다(이종은, 2003). 아울러 자신의 삶에 대한 가치관을 정립해 나가며 정체성을 확립하고 타인과의 관계를 통해 자아실현을 이루어간다(김중태 외, 2016). 즉 그들에게 직장 생활을 유지해 나간다는 사실은 생계를 위한 기초적인 수단이자 남한 주민으로서 새로운 정체성을 형성해 나갈 수 있도록 하는 밑거름이 된다(전주람, 신윤정, 2018).

하지만 그들이 일에 진입하거나 그것을 유지하기란 쉽지가 않다. 예컨대 한 직장에 오래 머물지 못하고 이직을 하거나(허선행, 2011), 자신이 북한에서 왔다는 사실을 감추고자 남한 표준어 사용을 하며 정체성이 밝혀질 수 있을지 모른다는 두려움(박상욱, 최늘샘, 2011) 등 정서적 곤란을 겪기도 한다. 또한 취업하더라도 남한 출생 동료들과의 소통과정에서 직설적인 화법으로 오해와 갈등을 경험하기도 한다(조정아, 임순희, 정진경, 2006). 그리고 무엇보다 북한이주민들을 '비국민', '배신자' 및 '가난한 자'로 인식하는 편견과 고정관념(강주원, 2013)으로 인해 발생하는 불편한 시선을 감내해야 한다. 이는 사회적으로는 평등한 관계를 추구하나 실상 그들과 동등한 위치의 존재로는 인식하지 못함을 증명하는 결과이다. 즉 언어와 말투, 정체성의 혼란, 편견과 고정관념은 그들이 남한사회에서 건강한 정체성을 형성해가는 데 걸림돌이 되며 이직률을 높게 하는 이유가 된다.

그럼에도 불구하고, 8명의 주인공들은 자신에게 일이 어떠한 의미인지 명확히 찾아 나갔다. 그 일에 급여가 있든지 없든지, 급여의 수준이 높든지 낮든지 간에 말이다. 그들 중 자격과정을 준비하고 훈련하는 데 상당한 시간을 할애하는 이도 있다. 또한 자신이 하는 일에 따라 일련의 가치, 신념 및 태도 등을 확고히 해 나갔다. 예컨대 바리스타라는 커피 만드는 직업을 통해 성격적 특징과 삶에 대한 태도 등 자신의 모습을 구축해 나갔고, 아파트 기전실에 근무하며 자신이 사람들과의 교류를 중요하게 생각하는 사람임을 알아갔다. 또한 자신이 일주일에 몇 차례 투석해야 하는지 신체적 상황을 잘 인지하고 자기 주도적으로 청소하고 정리하는 학교 청소업무가 자신에게 적합하다고 판단하기도 했다.

이처럼 8명의 주인공들은 자신의 환경을 인정하고 한국사회에서 어떠한 일을 할 수 있다는 사실에 만족하는 편이었다. 이처럼 일은 인간의 삶에서 매우 중요한 위치를 차지하며 자기 정체성의 일부를 구성한다. 아울러 사회문화 통합의 장에서 중후반기를 지나는 선배 탈북민들의 이야기는 후배들에게 용기를 북돋아주는 일이자, 북한 사람에 대한 편견과 오류를 바로잡는 소중한 재료가 될 것이다.

제2장 2030 다음 세대들의 일상

1. 사례 소개

먼저 온 1세대들의 일상이 어떻게 다가오는가? 이제, 이 장에서는 다음 세대라 불리는 2030 청년들의 일상 이야기에 귀 기울여 볼 차례이다. 이 장 역시 〈KBS 통일열차〉에 출연한 탈북청년들이며 총 6명의 일상을 소개하고자 한다.

1) 사례 1: 15세에 탈북하여 사회학과에 재학 중인 김당당(20대 초반, 여성)

서기철: 통일열차 서울통신입니다. 열심히 살고 있는 탈북인들, 그리고 더 나아가서 남북 관계의 발전을 위해서 애쓰고 있는 분들을 만나보는 시간입니다. 정수진 리포터 나와 있습니다. 안녕하세요.

정수진: 네. 안녕하세요.

서기철: 오늘의 주인공은 어떤 분인가요.

정수진: 오늘은 대학생이지만 많은 대외 활동을 하면서 당차게 살고 있는 탈북인을 소개해 드리려고 합니다. 지금 고려대학교 사회학과에 재학 중인 김당당 씨예요.

서기철: 이분이 이쪽 분야에 원래 관심이 많으셨나 보죠?

정수진: 일단 혜진 씨가 중고등학교 때 사회 과목을 좋아했고요. 또 잘했다고 해요. 그래서 정치외교학과 또 행정학과 어디를 갈까 고민을 하다가 고3 때 사회학이 있다는 걸 알게 되면서 그는 '내가 잘하고 좋아하는 걸 해야겠다'라고 해서 사회학을 택한 겁니다. 특히 사회학에서 배

우는 과목들을 보면서 더 호기심이 생겼는데요. 그 내용을 한번 들어

보시죠.

혜진: 하나의 분야에 국한되는 게 아니라 좀 두루두루 다 정치 경제 사회 문화

를 다 배울 수 있다는 게 매력적이었고 특히나 이제 제가 고등학교 때 흥

미롭게 느꼈던 부분이 사회를 보는 관점들이 되게 여러 가지가 있는데

기본적으로 갈등론이나 기능론이나 상징적 상호작용이라고 하는 이 이

론을 배울 때 굉장히 흥미로웠거든요. 그런 것들이 좀 더 깊이 있게 하나

의 사회를 보는 데 도움이 됩니다. 그런 걸 통해서 사회뿐만 아니라 어떤

다른 현상이나 어떤 사물을 보더라도 너무나 다른 관점이 있다는 걸 알

수 있고요. 또한 고등학교 후반에 오면서 사회가 구조를 이루고 있는데

그 구조를 이해하는 게 중요하겠다는 생각이 들었어요. 예를 들면 나에

게 꿈이 있는데 그 꿈을 이루기 위해서 단순히 나의 노력만으로 할 수 있

는가라는 질문을 했을 때 그럴 수 없는 부분들이 있는데 그게 사실 사회

에 책임이 있다라는 생각이 들더라고요. 그렇게 사회 구조를 이해한다는

점에서도 굉장히 흥미로웠던 것 같아요.

정수진: 네.

서기철: 네, 말씀하시는 거 보니까 아주 야무지네요.

정수진: 맞아요. 사회 구조를 이해한다는 점에 흥미를 느껴서 확신을 갖고 공

부를 했는데 벌써 4학년이 됐습니다. 4학년이면 한창 진로 고민이 많

은 시기잖아요. 그래도 자신의 장단점이 뭔지 잘 파악하고 있는 분이

기 때문에 본인이 잘하는 거 또 좋아하는 거 고려해서 진로의 방향을

정해 놓았더라고요.

서기철: 어떤 쪽으로 생각을 하고 있나요?

정수진: 일단 여러 개 중에서 점점 추려 나갔는데요. 그 결과 사람들을 만나고

설득하는 일에 흥미가 있고, 만약에 NGO로 가게 된다면 캠페인이나

홍보 쪽을 염두해 두고 있고요. 그리고 사기업이나 공기업으로 간다면

마케팅이나 광고 회사가 재미있지 않을까 하는 그런 생각을 하고 있습

니다. 결국에 본인이 어떤 걸 좋아하고 잘하는지를 파악을 하고 있기 때문에 이런 부분도 생각을 하고 있는 거죠.

혜진: 사람들을 만났을 때 에너지를 뺏기기보다 에너지를 받는다는 느낌을 받았어요. 근데 저는 모든 사람들이 그런 줄 알았어요. 그러니까 '모든 사람들이니까 다 나 같겠지, 그냥 나도 사람들 만나면 즐겁듯이 다른 사람도 그렇겠지'라는 생각이 있었어요. 그랬는데 아니더라고요. 이제 대학교 와서 사실 너무 다양한 사람을 많이 만났거든요. 여기 있는 사람 저기 있는 사람 나와 비슷한 사람 그 반대에 있는 사람 많이 만나다 보니까 어떤 친구는 자기는 사람을 하루를 만나면 하루를 무조건 쉬어야 된다는 거예요. 근데 그게 사람을 만나는 게 싫은 건 아니래요. 너무 좋지만 하루 정도는 쉬어줘야 다음에 사람을 만날 수 있는 에너지가 생긴대요.

그런 얘기를 또 처음 들으니까 이런 사람도 있구나, 이런 생각을 계속하게 되면서 그럼 나는 어떨까라는 생각이 자연스럽게 들면서 나는 하루 정도 쉬지 않아도 괜찮아. 오히려 그 사람 만나지 않는 기간이 길어질수록 삶의 의미나 뭔가 존재 이유를 조금 덜 느끼게 되는 거예요. 그래서 사람들을 만났을 때 내가 그래도 '살아가는 게 의미 있구나. 살아가고 싶다. 이 삶을 내가 그래도 좀 살아내고 싶다'라는 생각이 드는 때가 좀 많았던 것 같아요. 물론 당연히 상처도 받고 어떨 때는 굉장히 화도 나고 그런 경우들도 없는 건 아니지만요.

정수진: 네. 참 에너지가 넘치는 학생이죠.

서기철: 심리검사 MBTI로 보면 외향적인 분이겠네요.

정수진: 앞에 E 자가 들어가는데 사실 아무래도 북한에서 온 입장이기 때문에 대학교에 들어왔을 때는 북한, 통일 이런 부분에 관심을 가질 수밖에 없었고, 이후 대학교에 와서는 그 분야의 활동들을 많이 하게 됐습니다. 교내 통일동아리 활동은 물론이고요. 통일동아리 연합에서도 활동을 또 했는데 지난해에는 연합동아리 대표로 활동하기도 했어요. 그리고 링크라는 단체의 서포터즈 활동도 했었고, 또 발표 대회 등 대회 활동을 참 많이 했더라고요.

서기철: 이런 분들이 보통 리더 많이 하죠.

정수진: 맞아요. 적극적인 편이라서 모임이나 팀 프로젝트를 할 때 먼저 이야기를 하거나 다른 사람의 의견을 묻다 보니 자연스럽게 팀장이나 리더를 하게 되는 일이 많았습니다. 그리고 혜진 씨가 여러 가지 대외 활동을 할 때 특별히 알리고 싶었던 내용이 있었는데요. 본인이 탈북인이어서 고향은 북한이겠지만 한국에서 오랜 시간 살았기 때문에 또래와 별반 다르지 않다는 걸 알려주고 싶었던 거예요. 서로 마음을 열고 있는 그대로 받아들이면 참 좋겠다 하는 그런 마음이었는데요. 관련 내용 들어보시죠.

혜진: 정체성이라는 걸 확립을 하는 시기에 한국에 있었고 한국 교육을 받은 사람이다 보니까 물론 내 고향이 북한이지만 내가 내 스스로에 대해서 생각을 하게 되고, 정체성이라는 걸 확립을 한 게 한국이다 보니까 굉장히 한국적인 생각을 많이 할 수밖에 없게 되는 것 같아요. 그러니까 남한 친구들과 굉장히 비슷한데. 물론 차이점이 있지만 대부분의 경우에 비슷하다라는 생각이 들었어요. 근데 사람들은 저를 볼 때 대부분의 경우에도 북한이라는 키워드가 굉장히 크게 받아들여질 수밖에 없다고 저도 생각을 했어요. 그래서 북한에서 온 사람은 북한이라는 퍼센티지가 한 반 이상이 되는데 사실 저 같은 경우에는 어떻게 보면 80% 이상이 한국 친구들이랑 유사해요. 근데 사람들이 외부에서 봤을 때는 그렇지 않은거죠. 그러니까 내가 생각하는 나랑 사람들이 생각하는 내가 굉장히 갭이 너무 큰 거죠. 거기에서 온 사람들은 괴리감 모순 같은 것들이 당황스러운 거죠. 실제 나와, 타인이 보는 나가 다르니까 어떻게 해야 될지도 잘 모르겠고 그래서 저는 이제 내가 가진 이 사실을 좀 전달하고 싶다라는 마음이 컸어요. 대상은 당연히 저 또래의 남한 출신 청년들이 좀 대상이 되었던 것 같아요. 그래서 그들에게 "우리는 너희와 다를 거 없어. 하지만 나는 내 고향이 북한인 건 변하지 않고, 나는 부정하고 싶지도 않아"라는 그런 메시지를 좀 전달하려는 노력을 많이 했던 것 같아요.

정수진: 네. 그래서 그동안 활동했던 것 중에서 청년 정책 실험실이라는 활동

이 가장 기억에 남는다고 합니다. 이때 남한 친구들과 북한 친구들이 한 팀으로 참가해서 다 같이 활동을 했는데요. 그 프로젝트를 하면서 우리가 진짜 친구가 될 수 있다는 걸 확인했고, 지금까지도 잘 지내고 있다고 해요.

서기철: 근데 이분이 지금 한국사회에 정착하신 지는 꽤 시간이 지난 것 같아요. 오래전에 오셨죠?

정수진: 8년 전에 왔는데요. 그때 나이가 15살 때였어요. 근데 여기서 중고등학교를 마친 거죠. 근데 10대 중반의 나이에는 정체성을 또 생각을 하게 되잖아요. 특히 북한에서 한국으로 왔기 때문에 일반적으로 겪는 고민들 외에도 '내 위치는 어디일까?'라는 고민도 있었고, 특히 내가 생각하는 나와, 사람들이 보는 나 그 사이에서 괴리를 느끼면서 고민을 많이 하기도 했습니다.

서기철: 이런 분들이 이제 어떤 특정 사안에 대해서 의문도 많이 갖고 부딪침을 좀 많이 겪어내는 스타일이죠?

정수진: 그렇죠. 또 한국이라는 곳이 본인이 상상하지 못했던 곳이기도 하고 또 그런 문화였잖아요. 그래도 혜진 씨가 참 당찬 아이였기 때문에 적응을 잘한 편이었어요. 특히 '적응이 힘든 건 당연한 거다'라는 그런 마음이 있어서 너무 힘들다는 생각은 안 했고요. '내가 여기에서 태어났으면 너네는 나한테 안 돼' 하는 그런 생각으로 강하게 버텼습니다. 스스로를 버티게 했던 건 용기와 강인한 마음이었던 건데요. 그런데 지금 그때를 돌아보면 참 잘 견뎠다는 그런 생각이 들면서도 그때로 돌아간다면 다시는 못 할 것 같은 그런 생각도 든다고 해요.

서기철: 아니 우리 식으로 말하면 파이팅이 있는 분이에요. 공부도 잘하신 것 같고요.

정수진: 공부 적응은 한 6개월 정도가 걸렸는데요. 그 이후부터는 완벽하게 적응을 또 했다고 합니다. 그런데 아무래도 공부 방법이 또 달랐기 때문에 열심히는 했지만 원하는 결과를 얻지는 못했다고 하는데요. 그래도

지금 사회학을 공부하고 있고 다양한 대외 활동하면서 자신의 역량을 키우고 내실을 다져가고 있습니다.

서기철: 당찬 대학생 김당당 씨의 미래가 아주 기대됩니다.

정수진: 네. 지금 한국에서 생활한 지가 이제 8년 차고 지금 20대 초반이잖아요. 앞으로 북한에서 산 시간보다 한국에서 더 많은 시간을 살 건데 김당당 씨가 참 하고 싶은 게 많은 그런 친구입니다. 앞으로 나다운 삶을 살고 싶다면서 밝은 미래를 그리고 있는데요. 그 내용 들어보시죠.

혜진: '나다운 삶을 살고 싶다'라는 거는 늘 있는 것 같아요. 물론 '나답다'라는 정의는 굉장히 어렵지만 추상적인 어떤 개념이지만 좀 '나답고 싶다. 그렇게 살아야겠다'라는 생각을 많이 하게 되는 것 같아요. 요즘은 속으로 좀 꽉 찬 사람이 되고 싶다 약간 이런 생각을 많이 하는 것 같아요. 그리고 또 한 생각은 '특별한 사람이 되지 말고 평범한 사람이 되자.' 그러니까 지금까지는 특별한 사람이 되려고 했던 것 같아요. 뭔가 '나는 다른 사람보다 굉장히 특별해. 나는 굉장히 특별한 무언가를 가지고 있는 사람이야.' 이런 생각, 그래서 뭔가 특별하고자 했었는데 지금은 '평범해도 괜찮다.' 어떻게 보면 어디 글귀에서 본 건데 진짜 어른이 된다는 건 어른의 그 평범함을 받아들이는 게 진짜 어른이다, 이런 글을 봤었는데 상당히 공감이 많이 됐거든요. 우리 모두가 특별하지 않고 그냥 그런 사람들이잖아요. 사실 '그런 것들을 받아들이는 것 또한 어른일 수 있겠다'라는 생각이 들어서 그냥 나의 평범함을 잘 받아들이고, 그러니까 무언가가 그렇게 뛰어나지 않고 무언가를 그렇게 잘하는 사람은 아니지만 내가 사랑할 수 있어야겠다라는 생각이 들어서 좀 그런 마인드가 좀 요즘 많이 생각하는 마음들인 것 같아요.

정수진: 네. 참 평범한 사람이 되는 게 가장 어려운 일이지만, 특별하지 않아도 나 자신을 있는 그대로 보여주면서 마음을 단단하게 다지려고 합니다. 앞으로 이 사회에서 가치 있는 일을 하는 멋진 인재가 되면 좋겠어요.

서기철: 이분 보니까 제가 직접 뵙지는 못했지만 뭘 해도 할 것 같아요.

정수진: 저도 그런 느낌을 받았거든요.

서기철: 더욱더 잘되시고요. 의미 있는 인생에서의 어떤 가치를 찾으시기 바랍니다. 고맙습니다.

2) 사례 2: 한국 애들보다 잘 살기로 마음먹은 당찬 채민아(20대 초반, 여성)

서기철: 통일열차 서울통신, 열심히 살고 있는 탈북인 그리고 더 나아가 남북 관계 발전을 위해 애쓰고 있는 분들을 만나보는 시간입니다. 정수진 리포터와 함께하죠. 안녕하세요.

정수진: 네. 안녕하세요.

서기철: 오늘은 어떤 분 소개해 주실 건가요.

정수진: 네. 오늘은 발랄하면서도 활동적인 대학생 탈북인 채민아 씨의 이야기를 함께 해 보겠습니다. 한국에는 8년 전에 왔고요. 지금은 유아교육과 4학년에 재학 중인 대학생이에요. 그런데 더 많은 경험을 하고 나에게 더 맞는 일을 찾아보기 위해서 올해 휴학을 했는데요. 지금 일도 하고 틈틈이 여행도 가면서, 대학생만 느낄 수 있는 그런 기분을 만끽하고 있습니다.

서기철: 우리 채민아 학생, 전공을 유아교육으로 정한 이유가 있나요?

정수진: 네. 일단 아이들을 너무 좋아하고요. 그리고 어떤 일을 하면 지치지 않고 즐겁게 할 수 있을까를 생각했을 때 유치원 교사가 가장 먼저 떠올라서 그쪽으로 진학을 했습니다. 그런데 어떤 학과든 내가 공부하고 싶어서 갔지만, 막상 또 깊게 공부를 하다 보면 잘 안 맞을 때도 있고 또 시간이 지나면서 내가 하고 싶은 일들이 생기게 되잖아요. 그래서 그런 현실을 인지하고 다른 경험을 해 보고자 휴학을 한 겁니다.

서기철: 휴학하는 동안에 꼭 해 보고 싶은 일들은 어떤 게 있대요?

정수진: 네. 원래 대학에 들어갈 때부터 해외 여행을 해야지라는 생각이 있었기 때문에 휴학을 염두에 두고 있었거든요. 그래서 지금은 당장은 코로나라서 해외 여행이 힘들지만, 좀 잠잠해지고 해외 여행이 자유롭게 된다면 호주로 워킹 홀리데이를 갈 예정입니다.

채민아: 제가 해외에 나가는 걸 너무 좋아해 가지고 그래서… 근데 올해는 어려울 것 같아 가지고 영어 공부를 좀 하고, 사실 제가 2년 휴학 생각 중이거든요.
그래 가지고 내년에는 워킹 홀리데이를 다녀오려고 계획 중입니다. 사실은 제가 북한에서 살 때 다른 나라를 나가본다라는 거에 대해서 마치 지금 우리가 '달에 내가 한번 가볼 수 있을까?' 싶을 정도로 되게 엄청 진짜 꿈에 그리던 그런 일이었었거든요. 근데 제가 고등학교 입시 준비를 다 끝내고 처음으로 해외 여행을 갔다 왔는데 너무 좋았거든요. 너무 좋아 가지고 그때부터 내가 뭔가 꿈에 그리던 그런 해외 여행이라는 거를 지금 내가 할 수 있잖아요. 그래 가지고 해외에 그냥 나가고, 누군가를 만나고 하는 거를 너무 좋아하게 됐어요. 그때는 영어를 너무 못했는데, 모든 걸 동원해 가지고 해 보려고 노력했던 것 같아요.

정수진: 네. 여행 갔을 때 영어를 잘 못했던 경험이 있어서 다음 여행에서는 영어를 유창하게 해 봐야겠다는 그런 생각에 올해는 영어를 배우고 내년에 워킹 홀리데이를 갈 건데요. 계획이 참 잘 세워져 있는 그런 상태인 거죠.

서기철: 목표가 있으면 영어 공부도 더 잘 될 거예요. 휴학은 한 2년 정도 할 계획인가 봐요.

정수진: 네. 아무래도 다양한 경험을 하려면 많은 시간이 필요하잖아요. 특히 북한에서는 다른 나라에 가는 걸 달에 가는 걸로 비유할 정도로 꿈에 그리는 일이었는데, 자유가 있는 한국에서는 결심만 하면 여행을 갈 수가 있으니까, 그 부분도 너무 좋았고 또 해외에서 사람들 만나고 다양한 경험을 하는 것도 여러 면에서 나를 발전시키는 것 같아서 너무

나 좋은 시간이라고 합니다.

서기철: 정말로 그 인터뷰 내용 들으면서도 "너무 좋아요. 너무 좋아요"라는 얘기를 많이 했는데 아니 도대체 어느 곳을 다녀왔는데 그렇게 해외 여행에 푹 빠져 있나요?

정수진: 지금까지 다녀온 곳이 보라카이하고 코타키나발루 이 두 곳을 다녀왔는데요. 아르바이트를 해서 모은 돈으로 다녀온 거여서 더 소중했던 것 같습니다. 그런데 이렇게 여행을 좋아한다면 분명히 국내 여행도 많이 다녔을 것 같아서, 제가 물어봤더니 많이 다녔더라고요.
사실 처음에는 한국에 왔을 때, 이 한국의 문화를 알고 싶은 마음, 그리고 한국을 공부하는 그런 마음에 전국 곳곳을 다니면서 그 지역의 음식도 먹어봤는데요. 그렇게 하다 보니까 이미 강원도는 다 다녔을 정도예요. 양양, 속초, 춘천 그리고 파주, 수원, 광주, 부산, 울산 등등…. 저는 사실 부산을 한 번도 간 적 없거든요. 근데 채민아 씨는 이 부산을 정말 많이 가봤다고 하니까 너무 부럽더라고요.

서기철: 아니, 지금까지 어떻게 부산을 한 번도 안 가보셨을까요?

정수진: 제가 여행을 잘 못 가고, 그렇게 좋아하는 편은 아니어서.

서기철: 채민아 학생하고 친하게 지내세요.

정수진: 그러게… 같이 가야 될 것 같아요. 민아 씨가 지금 여행 자체가 너무 좋고 친구들과 함께하는 여행을 통해서 지금 또 추억도 쌓고 있는데, 국내 여행에 대한 이야기 함께 들어보시죠.

채민아: 처음에는 사실 그런 게 컸던 것 같아요. 친구들이 제가 북한에서 온 걸 모르거든요. 그래 가지고 진짜 공부하는 개념으로 한국에 대해서 너무 모르는 게 티가 나지 않기 위해서, 공부하는 개념으로 막 이곳저곳 가보고 그랬던 것 같아요. 저도 지금은 뭐 그렇긴 한데, 옛날에는 그러니까 제가 뭔가 학습 목적으로 막 가서 그런 건지 모르겠는데 뭐든 막 보려고 하고 막 그랬는데, 다들 가면 "뭘 먹지? 어디 가서 뭘 먹지?" 이런 거를 엄청 많이 생각하더라고요. 강릉 여행을 갔었는데 거기에서 아바

이 순대를 팔더라고요. 근데 지금 한국 순대는 안에 당면 같은 게 들어가 있잖아요. 근데 거기 밥이랑 이런 게 들어가 있잖아요, 아바이 순대는… 근데 북한 순대가 그렇거든요.

그래 가지고 그런 걸 먹으면서 한국에도 처음에 있다는 걸 몰랐을 때, '한국에도 이런 게 있구나~' 하고 좀 기억에 많이 남았던 것 같아요.

정수진: 네. 아바이 순대가 사실 함경도 지역에서 유래가 됐거든요. 그러니까 6·25전쟁 때 피난민들이 강원도 속초 인근에 정착해서 만들어 먹었던 건데, 여행 가서 한국에서도 북한의 음식을 먹을 수 있다는 거에 조금 놀랐다고 합니다. 이렇게 여행에서 접하는 음식들, 식도락을 통해서 또 한국의 문화를 배우는 거죠.

서기철: 맞아요. 저도 백령도 갔을 때 냉면을 먹었었는데 그게 북한식 냉면이거든요. 진짜 백령도 가는 길이 한 4시간 걸려서 그렇지… 또 그리고 안개 때문에 한 일주일에 두 번은 안 떠요 배가…. 그 냉면 지금도 생각납니다.

정수진: 하하하. 냉면 먹으러 백령도 가시겠어요?

서기철: 진짜 좋아요, 그게. 우리 민아 학생은 보니까 8년 전에 왔는데 그때는 이제 청소년 시기잖아요?. 그러면 적응하는 데 좀 어려웠을 것 같은데?

정수진: 네, 지금은 정말 밝은 모습이지만 한국 생활 초기 8년 전만 해도 이런 모습이 아니었습니다. 그때 부모님이 먼저 한국에 왔고, 민아 씨가 그 다음에 왔는데 그때가 15살이었어요. 사춘기라서 많이 예민하고 또 정체성에 혼란을 겪을 수 있는 시기였기 때문에, 처음에는 너무 힘든 마음에 매일 눈물을 흘렸고요. 북한으로 돌아가고 싶은 마음은 아니었지만, 한국에 오지 말 걸… 하는 그런 생각도 했는데 그 힘들었던 마음 들어보시죠.

채민아: 처음에 오자마자 한국 중학교를 들어갔는데, 적응을 못 해 가지고 진짜 많이 힘들었던 것 같아요. 그러니까 처음에 그 중학교를 들어갔을

때는 제가 사투리 이런 것도 있고 하니까 어쩔 수 없이 밝히고 들어갔다가 제가 적응을 못 해서, 나와서 검정고시를 보고, 고등학교 때부터 다시 들어간 거거든요. 그때부터 말을 안 하고… 솔직히 이게 제 선입견일 수도 있고 제 착각일 수도 있는데, 뭔가 말하면 저를 다른 시선으로 볼 것 같은 느낌이 드는 거예요. 그러니까 누구나 할 수 있는 실수들도… 내가 북한 사람이 아니고 그냥 누구든 할 수 있는 실수들도, 뭔가 내가 북한 사람인 걸 알면 나는 북한 사람이어서 못했을 것 같은 그런 느낌이… 타인은 그렇게 생각 안 해도, 제가 그런 느낌을 받는 거예요. 그래 가지고 일단 제가 그런 느낌이 드는 게 싫어서 말을 안 했던 것 같아요.

정수진: 네. 한국에 오자마자 중학교에 들어갔으면, 공부도 공부지만 친구 관계가 정말 힘들 수밖에 없는 거잖아요. 그래서 중간에 중학교를 그만두고 검정고시를 봤고요. 한국 생활에 조금 더 적응을 한 후에 고등학교 때부터는 제대로 된 그런 학교생활을 했습니다. 그런데 탈북인임을 밝혔을 때 안 좋았던 경험이 있으니까 고등학생 때부터는 탈북인인 걸 안 밝혔는데요. 이제 그런 심리는… 누구든 할 수 있는 그런 실수도, '탈북인이기 때문에 못했을 거다'라고 하는 그런 편견이 있을까 봐 밝히지 않은 것도 있는 거죠.

서기철: 그런 마음도 충분히 이해가 되고요. 그리고 또 친한 친구 아니면 민아 씨가 탈북인인 건 모르겠네요.

정수진: 네, 맞아요. 그런데 그렇게 한국 생활 초기에는 힘든 시간을 보냈지만 그래도 그때의 경험이 지금의 민아 씨를 있게 한 밑거름이 됐습니다. 일단 내면이 단단해졌고요. 또 다양한 아르바이트를 하면서 사회생활에는 도가 텄을 정도예요.
아르바이트는 고등학생 때부터 했는데요. 그동안 했던 걸 보면 전단지, 치킨집, 고깃집, PC방, 편의점, 술집, 웨딩홀, 신발 가게, 과자 할인점 등등 분야를 막론하고 웬만한 건 다 해 봤는데요. 이제 그러면서 사회생활 노하우가 생겼다고 합니다.

서기철: 지금은 휴학 중인데 뭐 하고 있어요?

정수진: 지금은 휴학을 했으니까 시간적으로 여유가 많기 때문에 주 5일 동안 일을 하고 있어요. 지금은 모델하우스에서 일도 하고 있고, 틈틈이 여행도 가고, 참 열심히 산다는 게 느껴질 정도입니다. 그런데 처음부터 이런 마음이 있었던 건 아니고요. 한국에 와서 생활을 하다 보니 긍정적이고 밝은 모습으로 바뀐 건데 그 내용도 들어보시죠.

채민아: 처음에는 막 장단만 잘 맞춰주면 되겠지 싶어 가지고, 좀 과하게… 막다 맞다고 이랬는데 어쩌면 이런 것들도 어른들도 '너무 얘가 가식이다'라는 걸 아셔 가지고, 너무 오버하지 않는 거 그게 중요한 것 같아요. 열심히 살아보려고 노력하고 있어요. 원래는 안 이랬는데, 그냥 여기 와서 성격이 너무 많이 바뀌었다고…. 거기서는 진짜 하루 종일 말한두 마디 하는 게 다였고, 하루 종일 혼자 앉아 있고 살짝 이런 성격이었는데, 여기 와서 진짜 많이 바뀌었거든요. 뭔가 여기 와서 중학교 때좀 그렇게 하면서 그 중학교를 나오면서, '진짜 열심히 살아야겠다'라는 생각을 진짜 많이 했거든요. '한국 애들보다 잘 살 거다' 이렇게 생각하면서, 좋은 면으로….네… 덕분에 많이 변한 것 같아요.

정수진: 네. 많이 힘들었지만 '내가 열심히 살아서 멋진 모습을 보여줄 거야' 하면서 가슴속에 희망을 품고 살아가고 있고요. 그런 마음가짐이 긍정적인 태도로 바꿔 놓았습니다. 채민아 씨가 이제 23살인데 앞으로 똑 부러지게 잘 살 것 같아요.

서기철: 지금까지 했던 아르바이트만 봐도… 이게 인생의 정말 큰 자양분이 되잖아요. 거기다가 이제 진정성까지 겸비하는 우리 민아 씨 앞으로의 계획도 궁금하네요.

정수진: 네. 지금 휴학 중이긴 하지만 전공을 살리는 게 좋고, 또 이 유아교육에 대한 열정은 아직도 많이 남아 있기 때문에, 일단 영어 공부를 해서 유아교육 관련 회사에서 일해 보고 싶은 그런 마음이 있습니다. 요즘 교육 콘텐츠에 관심들이 많잖아요. 현장에서 아이들과 함께하지는 않더라도, 아이들 교육 쪽에서 일해 보고 싶은 거죠. 우리 채민아 씨의 열정

과 도전 그리고 꿈 이런 또 긍정적인 마음을 응원하겠습니다.

서기철: 저도 오늘 채민아 씨의 아주 밝은 목소리 때문에 기분 좋아지는 시간 이었습니다. 말씀 감사합니다.

3) 사례 3: 사회복지를 공부하는 새내기 여대생, 곽소연(20대 중반, 여성)

서기철: 통일열차 서울통신입니다. 열심히 살고 있는 탈북인들과 남북관계 발전을 위해서 애쓰고 있는 분들 만나보는 시간입니다. 정수진 리포터입니다. 안녕하세요.

정수진: 네. 안녕하세요.

서기철: 오늘은 어떤 분인가요?

정수진: 네. 20대 중반의 나이지만 지금 대학 새내기로서 당당하고 즐겁게 생활을 하고 있는 탈북인 곽소연 씨의 이야기를 함께 하려고 합니다. 이제 막 1학기를 보내고 있잖아요. 아직은 모르는 것도 많고 신기한 것도 많은데 그래도 대학 생활을 만끽하고 있는 중입니다.

서기철: 그렇군요. 1학년 들어가면 미팅도 해야 되고, 서클도 들어야 되고 어떠세요?

정수진: 공부에 일단 집중을 하고 있는데요. 이분이 전공을 하고 있는 게 보건복지학이거든요. 이 학과가 취업률이 높다는 이야기를 듣고 진학을 한 거예요. 그런데 보건복지학에 청소년 복지, 장애인 복지, 아동 복지 또 노인 보건학 이렇게 다 들어가 있어서 전반적인 걸 배우고 있습니다. 애초에 사회복지에 관심이 있었고, 특히 예진 씨가 한국에서 청소년 시기를 보냈기 때문에 청소년 복지에 관심이 있었는데요. 직접 배우니까 흥미롭고 적성에도 맞는 것 같고 또 장애인 복지도 재미있고 공부 자체는 어렵지만 이런 쪽으로 잘 맞는구나 하는 걸 체감하고 있습니다.

곽소연: 장애인 복지는 교수님이 가르쳐주는 게 너무 재미있는 거예요. 몰랐거
든요. 이게 뭔가 장애인 복지 하면 솔직히 장애인 하면 우리가 이렇게
우대해 줘야 되는 거 맞고, 당연하다고 생각했던 그런 부분이었는데,
저희 교수님이 영상 보시면서 이렇게 조금씩 우셔요. 이게 그게 너무
귀여워서 저희는 항상 그게 집중이 되는 거예요. 그런 거에서도 더 재
밌는 것 같아요. '이런 것도 우리가 또 느끼게 되는구나.' 이렇게 제가
이런 감정을 못 느꼈었는데, 이런 것도 이렇게 배우게 되는 것 같고 이
러니까 좋아요. 재밌긴 한데 이제 시험을 볼 때는 페이지 수도 너무 많
이 나가고 하니까, 그렇게 배워야 되는 것 같긴 한데 3-4시간 정도씩
자면서 저도 해 봤거든요. 그런데도 안 따라가지더라고요.

정수진: 네. 선생님이 좋으면 그 과목이 좋아지고 공부도 열심히 하게 되잖아
요. 예진 씨도 교수님의 강의가 너무 좋아서 그 과목을 더 열심히 하고
있는데, 하지만 대학도 이 시험을 피할 수가 없잖아요. 공부는 열심히
하지만 시험을 보면 공부한 만큼 성적이 안 나오는 것 같아서 그 부분
이 고민입니다. 이제 곧 기말고사가 다가오는데 벌써부터 잠을 못 잘
정도로 심리적인 압박을 받고 있긴 하지만, 그래도 열심히 하겠다는
그런 열의를 불태우고 있어요.

서기철: 시험 좋다는 학생은 없더라고요. 이분은 몇 년이나 되셨을까요? 한국
에 오신지?

정수진: 이분이 한국에 온 지 이제 8년 차인데요. 사실 처음에는 중국에 가는
걸로만 알고 있었고 중국에서 엄마와 통화를 하면서 엄마가 한국에 있
다는 걸 알게 됐고, 엄마가 너무 보고 싶은 마음에 태국을 거쳐서 한국
에 오게 됐습니다.

서기철: 엄마를 보고 싶어서 여기까지 오셨네요.

정수진: 그렇죠. 그런데 한국에 오니까 소연 씨가 알고 있던 한국과는 너무나
다른 모습이어서요. 처음에는 많이 놀라기도 했는데, 그래도 시간이
흐르면서 한국이 너무 좋다는 걸 느꼈고 지금은 목표를 갖고 열심히
생활을 하고 있습니다. 그런데 그 과정에 좀 어려운 부분이 있다면 바

로 엄마와의 관계였는데요. 어릴 때 엄마와 헤어지고 나서 10대 중반에 다시 한국에서 재회를 한 거였거든요. 한참 예민한 시기에 그것도 낯선 환경에서 만난 거여서 여러모로 둘 사이가 어색하기도 했고요. 또 그동안 살아온 환경이 달랐기 때문에 그 간극이 너무나 컸습니다.

곽소연: 엄마랑 좀 어릴 때 헤어지기도 했고, 그러다 보니까 엄마랑 좀 뭐랄까 애정 표현도 못 하겠고… 딱 1년 살았어요. 만나는 게 한 1년에 한두 번 보나…? 지금은 내가 살아온 환경도 있고 이러는데, 그걸 다 무시하고 막 그러니까… 저는 이제 '대안학교 가고 싶다' 이러는데 엄마는 그걸 좀 반대하셨고… 이래 가지고 그런 것 때문에도 막 싸우고 이러다 보니까 그래서 이모 집에 갔었어요.

서기철: 가출하고 이모 집 가고 그랬나 봐요?

정수진: 아무래도 엄마와 생활이 조금은 이렇게 적응하기가 힘들었던 부분이 있어서 이제 어쨌든 적응을 하려는 그런 시간이 좀 필요했던 거고요. 예진 씨가 또 한국에서 처음 간 학교가 대안학교가 아니라 일반 중학교였거든요. 아무래도 교육 환경에 적응하기가 힘들고, 친구들과도 친해지기가 쉽지 않고… 그래서 대안학교에 가고 싶어 했는데, 엄마는 한국에서 잘 적응을 하려면 일반 학교에서 잘 버텨야 한다는 그런 생각이었기 때문에 이 모녀 사이에는 갈등이 좀 있었습니다.

서기철: 어머니께서 좀 강하게 키우시는 분이군요. 문제점은 전혀 없었대요?

정수진: 처음에 갔을 때 담임 선생님이 반 친구들에게 이 친구는 북한에서 왔으니까 잘해 줘라 하는 이야기를 했고 친구들은 소연 씨가 궁금하니까 이런저런 질문을 했는데 그런 질문들이 살짝 불편했던 거죠. 그런데 지금은 그 당시 소연 씨를 궁금해하고 많은 질문들을 했던 게 나쁜 의도가 아니라는 걸 그리고 서로를 잘 몰라서 그런 거라는 걸 알고 있습니다.

곽소연: 애들이 막 그냥 궁금해서 물어본 친구들도 있고 그냥 "너 북한에서 왔다며?" 그냥 그런 친구들이 좀 있었고, 그러니까 그때 선생님이 들어

와서 그냥 얘기했어요. 그냥 "얘는 북한에서 왔고 그러니까 좀 잘해 줘라~" 이렇게 얘기를 했는데, 애들이 막 신기해 가지고 저한테 그냥 "야, 북한 어때?" 막 이러면서 "거기 여자들은 이쁘다는데…?" 이런 식으로도 얘기하는 친구, 그리고 이제 밥 먹을 때도 이제 막 남긴다거나 이러면 "북한은 없어서 못 먹는데, 너 이거 남기면 어떡하냐…?" 이런 친구도 있었고, 그냥 진심으로 궁금해서 그렇게 물어본 거였다고 하더라고요. 그냥 호기심 때문이었더라고요. 근데 이제 한국 온 지도 좀 이제 한 7년 정도 됐는데, 그래서 그런지 모르겠는데 이제 그런 편견이 좀 없어졌어요. 대안학교도 다니고 이렇게 다니다 보니까 사람을 좀 많이 만나기도 했고… '그냥 성격 차이구나….' 그냥 이런 걸 좀 느끼게 된 것 같아요.

정수진: 네~. 어떻게 보면 소연 씨도 낯선 환경에 낯선 친구들에게 편견을 가졌던 거죠. 하지만 한국 생활 지금 8년 차이기도 하고, 그동안 다양한 경험을 하고 많은 분을 만나면서 본인의 마음의 벽도 자연스럽게 허물게 됐습니다.

서기철: 네. 북한에서 왔다고 하니까 얼마나 신기했을까? 어린아이들이 모르니까요. 그래서 이제 무턱대고 다가가다 보니 이게 이제 상처가 되기도 하고… 그렇군요. 결국 대안학교로 간 거예요?

정수진: 네. 6개월 정도 다닌 후에 중학교를 마치고 이후에 고등학교도 일반 학교로 갔는데요. 일반 학교를 가라는 엄마의 말이 이해가 된 했지만, 실제로 학교를 다니는 예진 씨는 공부도 어렵고 귀에도 안 들어오고… 그러다 보니까 잠만 자고, 그래서 결국에는 대안학교로 가게 됐습니다. 대안학교에 갔을 때 여기가 내 집인가 할 정도로 너무 편하고 좋았고요. 친구들도 다 나이가 다르긴 하지만 공통점이 있어서 그런지 어색한 것도 거의 없었는데 그렇게 조금씩 마음의 문을 열고 한국 문화도 적응을 하다 보니까 점점 변하는 본인의 모습을 발견하게 됐습니다. 그래서 일반 학교 다닐 때 그 친구들과도 지금은 잘 지내고 있고요. 또 대학 친구들하고도 재미있게 지내고 있어요.

서기철: 초기에는 약간의 어려움이 있었지만, 잘 적응하고 있다니 참 다행스럽고 감사하네요.

정수진: 그런데 이런 변화에는 본인의 노력이 있었습니다. 사실 초반에는 '내가 노력을 해야 하나?' 하는 그런 생각이 있었기 때문에 노력을 그렇게 많이 하지는 않았었는데, 한 2년 전부터는 마음을 다잡고 생각도 고치고 본인 스스로 노력을 한 거죠.

곽소연: 내가 다른 나라에 왔고 이러면 원래 로마의 법을 따르라고… 좀 이렇게 했었어야 했는데, 그걸 안 하려고 했고, 내가 살아온 대로 하려고 했던 그런 점이 좀 있었었거든요. 그래 가지고 좀 다른 사람들하고 어울리기 좀 힘들었던 것 같아요. 그걸 좀 깨고 나니까 지금은 이제 막 대학 생활도 지금같이 막 친구들도 되게 여러모로 친하게 지낼 수 있고 나이 차이 나도 잘 챙겨주고, 막 그렇게 되더라고요. 다른 사람들을 이렇게 지켜보면서 제가 좀 많이 나이 많다고 좀 어린 사람한테 이렇게 하는 행동이나 이런 거 좀 보면서… 그래도 '아무리 나이 많든 간에 어린 사람한테도 배울 게 있을 수도 있다' 이런 생각, 저는 어린 사람한테 어리면 이렇게 윗사람한테 이렇게 무조건 이렇게 해야 되고… 막 좀 그랬었던… 그런 성향이 좀 있었던 것 같아요.

정수진: 네. 이렇게 노력을 했는데, 사실 한 번의 방황이 있기는 했습니다. 대안학교 다니면서 고등학교를 마치지 않은 상태에서 사회생활을 한 거예요. 피자집, 콜센터, 전화 상담하는 거, 또 전단지 이렇게 나눠주는 일 등 여러 가지 아르바이트를 하면서 다양한 경험을 하고 많은 사람을 만난 건데요. 하지만 계속해서 아르바이트만 할 수는 없으니까 진로 고민을 하게 되고 자신의 적성, 진로를 찾을 겸 다시 대안학교에 문을 두드렸던 거예요. 그 이후에 다행히 학교는 잘 마쳤고요. 본인의 적성에 맞는 학과를 찾아서 지금 열심히 공부를 하고 있는데, 초반에 방황할 때는 이 학업에 대한 절실한 마음이 없었는데, 방황을 끝내고 나니까 지금은 앞으로의 미래도 조금씩 그리고 있습니다.

곽소연: 일단은 지금 좀 성적이랑 출석을 좀 열심히 하고, 그리고 좀 봉사를 제

일 많이 하고 싶어요. 제가 막 누구를 도와주는 거 되게 좋아해요. 그러면 마음이 좀 편안하거나 아니면 내 스스로도 '잘했다' 그냥 이렇게 칭찬하게 되고 되게 좋아요. 하루가 되게 편안해요. 그리고 지금 수업이 일단은 뭔가 이제 복지거든요. 근데 저는 이제 그런 수업들이 다 할 때마다 좋아요. 근데 어느 쪽 길을 가야 될지 아직 모르겠거든요. 너무 다 일단은 지금 좋은데, 어떤 거는 가서 체험해 본 적도 있긴 한데, 시설마다 다 가서 제가 직접 체험해서 이제 진짜 제가 좀 도움이 되는 그런 데로 가고 싶어요.

정수진: 보건복지학의 다양한 분야 중에서 어느 쪽으로 가야 할지 아직 정하지는 못했지만 이제 1학년이잖아요. 앞으로 더 공부하면서 본인에게 잘 맞는 쪽으로 정해서 한국의 사회복지에 또 기여하는 분이 되면 좋겠습니다.

서기철: 앞으로 1학년이니까 인생의 꿈이 10번도 바뀌어요. 공부 물론 열심히 하셔야겠지만, 대학 생활의 낭만도 조금 찾으시고, 인생의 큰 계획도 잘 세워볼 수 있는 좋은 기회가 됐으면 좋겠습니다. 소식 잘 들었습니다. 고맙습니다.

4) 사례 4: 심리학 공부에 푹 빠진 이가연(20대 후반, 여성)

사회자: 통일열차 서울통신, 열심히 살고 있는 탈북인 그리고 더 나아가서 남북관계 발전을 위해 애쓰고 있는 분들 만나보는 시간이죠. 정수진 리포터와 함께하겠습니다. 어서 오세요.

정수진: 네~, 안녕하세요.

사회자: 오늘 어떤 분 소개해 주십니까?

정수진: 네, 오늘은 확고한 뜻을 갖고 공부에 매진하고 있는 탈북 대학생 이가연 씨의 이야기를 전해 드리려고 합니다. 지금 나이가 28살, 20대 후

반인데 심리학과 1학년에 재학 중이거든요. 동기생들과는 나이 차이가 많이 나지만, 그래도 재미있게 대학 생활 하고 있고요. 공부도 열심히 하고 있습니다.

사회자: 이가연 씨가 확고한 뜻을 갖고 공부 열심히 하고 있다 이렇게 말씀하셨는데, 전공하고 있는 심리학에 특별한 의미가 있나 봐요.

정수진: 네. 북한에 있을 때 심리학 책을 보면서 흥미가 생겼기 때문에 심리학 공부를 하고 싶었고, 무엇보다 가장 큰 이유는 한국에서 받은 심리상담이 정말 많은 도움이 됐기 때문입니다. 심리학을 공부하고 싶었던 그 이유를 직접 들어보시죠.

이가연: 제가 16살쯤에 심리학이라는 학문을 교재를 보면서 '이거 되게 재미있겠다' 이런 생각을 했었는데, 그래서 제가 한국에 와서 제일 하고 싶었던 게 그거였거든요. '심리학을 좀 공부하고 싶다' 이거였는데, 그 이유는 뭔가 사람이 어떤 일을 하고 관계를 맺고 하자고 해도 심리가 마음이 제일 단단해야 되고 건강해야 잘할 수 있겠다 이런 생각이 들었어요. 그래서 사람들을 좀 '마음이 건강하게 만들면 사회도 좀 더 건강한 사회가 되지 않을까?' 이런 생각을 해서… 그리고 또 제가 한국에 와서 적응하는 게 힘들어서 또 상담을 받았었는데 그게 되게 도움이 되는 거예요. 뭔가 좀 부정적이었고 좀 관심도 많았고… 이런 성격이었는데 상담을 몇 차례 받고 나서 배우는 것도 되게 많고 자신에 대해서도 많이 알아가게 되고, 그리고 제 성격도 부정적이었는데, 긍정적으로 많이 바뀌고 저도 나름 노력을 많이 했죠. 그냥 상담만 받은 게 아니고, 노력도 하고 하니까… 많이 바뀌게 되더라고요. 완전히 100퍼센트 바뀌지 않아도 어느 정도 개선이 돼서, 이게 '심리학이라는 게 진짜 이 삶에 도움이 되는 학문이구나…' 이런 걸 제가 딱 체험을 한 거예요.

정수진: 네. 심리 상담을 통해서 나 자신도 돌아보고, 마음가짐도 긍정적으로 바뀌면서, '나도 사람들의 마음의 건강을 위해서 노력을 하고 싶다' 하는 마음에 심리학을 택한 겁니다.

사회자: 전공에 대한 확고한 마음이 있다면, 이런 결정 내리는 데도 좀 고민이 되지 않았을까 싶거든요.

정수진: 사실 대학에 진학하기까지는 많은 고민이 있었습니다. 공부를 못 따라가면 어떡하나 동기들과 나이 차이가 많이 나기도 하고 남북한의 문화 차이가 있을 텐데 잘 어울릴 수 있을까… 하는 걱정이었거든요. 그런데 막상 1학기를 지내보니까 '괜한 걱정이었다. 기우였다' 하면서 밝게 웃더라고요.

사회자: 네. 그만큼 잘하고 있다는 뜻 아니겠습니까?

정수진: 네. 지금 교수님 말씀도 잘 듣고요. 복습과 예습도 철저하게 하고 있고, 또 시험 한 달 전부터는 계획을 세워서 체계적으로 공부하고 있고요. 또 궁금하거나 잘 모르는 게 있으면 선배들의 도움을 받아가면서 정말 착실하게 공부하고 있습니다.

사회자: 한국엔 언제 왔길래, 늦은 나이에 대학진학을 선택했을까요?

정수진: 일단 북한에서 나온 건 8년 전인 20살 때였고요. 중국에 있다가 4년 전에 2018년도에 한국에 왔습니다. 본인이 하고 싶은 걸 마음껏 하고 싶다는 그 마음 바로 자유를 찾아서 온 건데요. 사실 북한에서는 자신의 꿈을 펼치기가 어려웠기 때문에, 꿈을 이루고자 한국에 온 거예요. 하지만 막상 와보니까 힘든 부분이 많았거든요. 무엇보다 내가 뭘 잘할 수 있을까 하는 막연한 두려움이 있었고, 또 말투나 억양으로 인해서 사람들의 시선도 신경이 쓰이고… 그러다 보니까 자꾸 위축되고 자신감이 떨어진 거예요. 그래서 심리 상담을 받은 거고 이가연 씨 스스로도 많이 노력을 했는데요. 그 내용 들어보시죠.

이가연: 자신감이 없어 가지고… '내가 뭘 잘할 수 있는 게 있을까?' 이런 생각 막연한 두려움이랑, 그리고 이게 나가면은 이렇게 말 억양도 다르고 하니까 이게 뭔가 내가 얘기하면 사람들이 다 쳐다보고 뭐라 할 것 같고 뭔가 그런 게 있는 거예요. 상담 받으면서 내가 뭘 좋아하는지 싫어하는지 내가 어떤 사람인지 그리고 그러한 상황에 내가 힘든 상황에

놓였을 때 어떻게 해야 되는지 이런 거를 하면서, 예를 들어서 자존감이 낮다거나 완벽증이 있다거나 이런 게 다 연결이 돼 있더라고요. 그래서 처음에 제가 했던 거는 그거였던 것 같아요. 우선 자기에 대해서 파악하는 거랑 '내가 뭘 좋아하지? 뭘 싫어하지?' 그리고 스스로 나를 이렇게 칭찬해 주고… 그게 되게 많이 도움이 됐던 것 같아요. 그리고 스스로 돌보는 거 있잖아요. 다쳤거나 내가 힘들면 내가 혼자서 스스로를 위로도 하고, 좀 타인을 부정적으로 보는 시선이 살짝 있었는데, 그 상대방의 단점을 계속 보려고 하는 게 아니라 장점을 보려고 많이 노력을 했어요. 장점을 찾으려고 노력한 거죠. 그래서 '저 사람 저렇네.'

그리고 저 사람이 저렇게 행동하는구나, 있는 그대로 이렇게 바라보는 연습도 하고… '그럴 수 있구나', 이렇게 사람의 행동이나 그런 거를 수용하려고… 그냥 '그렇구나…' 이렇게 바라보는 연습을 많이 했어요. 스스로 계속 자각하고… 그러다 보니까 많이 바뀌어 있더라고요.

정수진: 네. 심리 상담 받으면서 내가 뭘 좋아하고 싫어하는지 내가 어떤 사람인지 차근차근 생각하고 고민하면서 나를 파악하게 된 게 가장 큰 성과였고, 또 타인을 함부로 판단하지 않으려는 연습을 정말 많이 했습니다. 노력을 진짜 많이 하셨는데, 그렇게 노력을 하다 보니까 뭐든지 열심히 하고 긍정적인 마음을 가진 이가연 씨가 된 거예요. 그래서 지금은 한국 생활이 너무나 좋다고 합니다. 무엇보다 북한에서 하고 싶은 게 공부였는데, 여기서는 공부도 마음껏 하고 또 공부한 만큼 성적도 좋아서 성취감도 느끼고, 그러면서 한국에 더 빨리 왔으면 더 좋지 않았을까… 한국에서 태어났으면 더 좋았겠지… 하는 생각이 드는 거예요.

사회자: 여기 생활이 얼마나 좋으면 그런 생각 하겠습니까?

정수진: 네. 하고 싶은 공부도 하고, 읽고 싶은 책도 마음껏 읽고 그런 자유가 지금의 생활을 풍요롭게 만들었기 때문인데요. 그 내용도 들어보시죠.

이가연: 일단 신분을 획득하고 싶었고, 두 번째로는 제일 컸던 게 그거 '좀 제가 하고 싶은 거를 좀 하면서 살고 싶다'는 그게 가장 강했던 것 같아요.

북한에서는 할 수 있는 게 별로 없어 가지고… 여기 오면 자유로우니까 할 수 있잖아요. 공부도 할 수 있고 내가 그때 제일 하고 싶었던 게 공부였던 것 같아요. 공부를 제가 못 했어 가지고, 그게 한이 좀 있었던 것 같아요. 그래서 한국에 와서 '내가 좀 살고 싶은 삶을 좀 살고 싶다' 이래 가지고 왔는데 너무 잘한 선택인 것 같아요. 제가 뭔가 성취했을 때마다 뭔가 한국에 와서 나름대로 열심히 살아 가지고, 이렇게 공부하고 있고 공부하면서도 제가 성취할 때 점수를 잘 받는다거나 뭘 잘했다거나 이럴 때 있잖아요. 그때 성취감도 들면서 '이렇게 사는 게 사는 거구나' 이런 생각이 들면서, 진짜 '여기 와서 이렇게 사니까 이렇게 살 수 있었지' 이런 생각에 '그래, 정말 잘했다' 이런 생각이 들어요. 아무튼 '여기까지 무사히 온 게 정말 축복이고, 너무 감사하고 잘된 일이다' 이렇게 생각해요.

정수진: 네. 지금 한국에서 정말 감사한 마음으로 생활을 하고 있는데요. 한국에서 태어났으면 어땠을까 하는 아쉬움이 있다고 했잖아요. 그런데 북한에서 태어났고 20년을 지낸 건 변하지 않는 사실인 거고요. 한국에 잘 왔으니 여기서 더 오랜 시간 살 수 있으니까 아쉬워하지 않아도 될 것 같습니다. 앞으로 열심히 살면서 본인의 꿈을 이루면 되지 않을까요?

사회자: 한국 생활 4년 차가 됐는데… 적응은 어떻게 좀 잘 되고 있다고 말하던가요?

정수진: 네. 처음 1년 동안은 좀 고민을 많이 하던 시기였어요. 그래서 식당 아르바이트를 하면서 앞으로 돈을 벌 것인가, 아니면 공부를 할 것인가를 계속 고민했다고 합니다. 그 고민의 시간이 한 1년 정도였고, 그 고민 끝에 공부를 하기로 결심을 한 거죠. 그 결심 이후에 한 2년 동안은 또 대학을 준비하기 위해서 학교를 다닌 건데요. 그런데 대학 입시 공부가 어렵긴 했지만, 또 지식을 쌓는 일이기도 했고, 독서를 좋아하는 편이라 공부 자체는 재미있었다고 합니다.

사회자: 네. 특히 북한에서 공부한 것과는 좀 많이 다를 수도 있는 상황이고, 또 어려운 공부하면서 지식을 쌓는 일을 즐겁게 했다. 이 말은 솔직히 아

무도 함부로 얘기하기 힘든 건데, 가연 씨는 공부가 좀 잘 맞는가 봐요.

정수진: 공부에 대한 마음가짐도 남다르더라고요. 보통은 그냥 어떤 목적을 위해서 하기 때문에 좀 하기 싫은데, 가연 씨는 궁금한 건 대부분 책에 있기 때문에 책을 많이 읽고, 특히 인문학 책을 좋아해서 인문학 쪽으로 많이 읽고 있다고 합니다. 이제 그러면서 모르는 걸 알게 되는 재미를 느끼고, 또 지금 전공이 심리학이니까 시간 날 때마다 심리학 책을 읽고 있는데, 책을 떠올리면 기분이 좋아진다고 하니까요. 앞으로 공부, 연구, 이쪽으로 진로를 정해야 될 것 같아요.

사회자: 앞에서 인터뷰에서 하고 싶은 거를 자유롭게 할 수 있다는 것 여기에 대해 큰 매력을 느낀다고 했는데, 특히 본인이 하고 싶었던 공부, 특히 심리학을 전공으로 택했고, 적성에도 맞고… 얼마나 좋을까요?

정수진: 맞아요. 처음에는 과연 이 나이에 공부해서 될까 하는 고민이 컸고, 공부도 오래 해야 하니까 혹시 중도에 포기하지 않을까 하는 걱정도 했고요. 또 경제적인 부분도 고민이 됐지만, 그래도 막상 심리학을 배우고 나니 재미도 있고 느끼는 것도 많아서 '정말 열심히 하자' 하는 결심을 더 확고하게 했습니다.

사회자: 네. 뭐가 그렇게 잘 맞는다고 생각이 든다고 해요?

정수진: 기본적으로 사람에 대한 관심이 많은 편이고요. 또 힘들어하는 분들을 보면 안타까운 마음이 들면서 마음이 기울곤 했는데, 학문적으로 접근했을 때도 적성에 잘 맞는다고 합니다. 그래서 앞으로도 잘할 것 같다면서 자신 있게 말을 했는데, 무엇보다 본인이 도움을 받은 만큼 도움이 되고 싶다면서 앞으로 대학원에 진학할 계획이에요.

이가연: 저는 임상 쪽에 관심을 많이 가지고 있거든요. 그래서 연구도 하면서 그 연구한 방법을 이렇게 사람들한테 많이… 그러니까 제가 북한 사람이고 그래서 그런지 모르겠는데, 일단 우리 동포들이 와서 너무 외로워하고 자존감도 낮고, 많이 지쳐 있는 것 같아요. 그래서 그런 사람들한테도 도움이 되고 싶고, 그리고 이제 한국이 다문화 사회로 외국인

들도 엄청 많잖아요. 그래서 그런 분들께도, 제가 또 중국어도 할 줄 아니까 중국분들도 많이 계시더라고요. 그래서 그런 다문화 가정 사람들한테도 많이 도움을 주고 싶고, 제가 능력이 된다면 좀 더 능력을 업그레이드해서 한국분들도 많이 지쳐 있는 분들한테 내면을 좀 더 단단하게 해서 좀 긍정적인 마음으로 사회에 살아갈 수 있도록 그렇게 도움을 주면 좋을 것 같아요.

정수진: 네. 지금은 너무 잘하고 싶은 그런 마음인데, 그런데 너무 마음만 앞서면 또 지쳐서 포기할 수 있으니까요. 천천히 꾸준히 하자 하는 마음으로 하려고 합니다. 심리학은 어차피 오래 해야 하는 공부고요, 또 연구를 해야 하는 학문이라서 대학 마치고 대학원까지 가서 전문적으로 배울 거고요. 이렇게 자신의 실력을 쌓으면서 연구와 임상을 함께 할 건데 이제 대학교 1학년이잖아요. 앞으로 갈 길이 먼데요. 앞으로 어떤 모습으로 멋지게 활동할지가 기대가 됩니다. 이분의 성장 과정을 저도 함께 지켜보고 싶어요.

사회자: 서울통신 만나고 왔습니다. 오늘은 지금 열심히 심리학 공부에 매진하고 있는 탈북 대학생 이가연 씨의 소식 전해 드렸습니다. 지금까지 정수진 리포터와 함께했습니다. 고맙습니다.

〈식물과 자연을 사랑하는 이가연 씨가 찍은 사진〉

5) 사례 5: 2년 전 남한 땅을 밟아 힘든 시기를
극복 중인 여가을(20대 초반, 여성)

사회자: 통일열차 서울통신. 열심히 살고 있는 탈북인들, 그리고 더 나아가서 남북관계 발전을 위해서 애쓰고 있는 분들을 만나봅니다. 정수진 리포터 나와 계십니다. 안녕하십니까.

정수진: 네, 안녕하세요.

사회자: 오늘의 주인공은 누구세요?

정수진: 네, 오늘은 나이는 20살이지만 지금 고등학교 2학년에 재학 중인 탈북인 여가을 씨의 이야기를 함께 해보려고 합니다. 그런데 탈북인들이 많이 있는 대안학교를 다니는 것이 아니라 일반 학교에 다니고 있는데요. 사실 많은 탈북인들이 대안학교에 갔다가 일반 학교에 가는 경우가 많은데 가을 씨는 처음부터 일반 학교로 갔습니다. 그렇기 때문에 수업하는 방식, 친구들과의 관계, 모든 게 다 낯설었는데 특히나 학교에 처음 들어간 중학교 3학년 때는 적응 자체가 너무 힘들었다고 해요.

사회자: 힘들긴 하겠죠. 그래도 이제 언니잖아요. 지금 이제 고등학교 2학년이신데 그러면 이제 한국에 와서 학교에 갔을 때가 중3이고, 그러면 한 2년… 코로나가 한창 심했을 때네요?

정수진: 맞아요. 그래서 그때는 코로나 때문에 비대면 수업을 했고요. 더군다나 그 사이트에 올라간 강의 영상을 집에서 보고 하는 방식이어서 적응을 전혀 못 했다고 보시면 됩니다. 다행히 지난해 고1 때부터는 대면 수업을 하면서 학교에도 자주 나가게 됐고요. 조금씩 적응을 하다 보니까 잘하고 싶다 하는 마음이 생겼다고 하는데 그 내용 들어보시죠.

여가을: 고등학교에 가서 잘해야겠다 이런 생각이 좀 엄청 많았거든요, 중학교 때부터. 그래서 먼저 그냥 어떻게든 친해지려고 말을 먼저 하고, 그냥 말을 먼저 계속 다가가고 걸고 그랬던 것 같아요. 네, 괜찮은 친구들도 있으니까 잘 받아주는 애들도 있고 대부분 다 괜찮아서 잘 받아줘서

생각보다 진짜 많이 사귄 것 같아요. 다 괜찮은 친구들 만났었고, 근데 고1 때 공부를 좀 많이 못했거든요. 아무래도 처음이니까 그래서 성적이 너무 안 좋은 거예요. 낮은 거예요. 성적표도 주시고 2학년 들어오니까 상담도 많이 하고, 그래서 이제 공부를 해야겠다 하고, 2학년 1학기 중간 때는 조금 망했어요. 그래서 기말부터 엄청 열심히 해서 조금 점수를 좀 올렸었죠.

사실 '난 아무리 해도 좀 안 될 거야. 다른 애들 반도 못 따라갈 거야.' 이런 생각을 했었거든요, 사실 예전에는…. 그런데 기말 때 좀 열심히 했더니 점수가 그래도 20점씩 오른 것도 있고 갑자기 그런 거예요. 그래서 '나도 할 수 있는 거구나' 하면서 더 열심히 하게 된 것 같아요.

정수진: 네. 일단은 친구를 사귀어야겠다는 마음이 가장 컸기 때문에 친구들과 친해지기 위해서 마음을 열고 먼저 다가가고 말도 걸고, 그렇게 노력한 결과 친구들과 많이 친해졌고요. 진심으로 다가가서 그런지 좋은 친구들을 많이 만났다고 합니다.

사회자: 철들어서 학교 들어갔으니까 더 소중하고, 사실 학교에서의 기억은 교우 관계가 다 아니에요…?

정수진: 그렇죠. 가장 기억에 남는 게 친구들과의 추억이죠. 예, 그렇게 친구들과 잘 어울리면서 심적으로 안정이 되다 보니까 공부에 대한 욕심이 생겼습니다. 그런데 지난해 고2 때는 성적이 너무 안 좋았고, 올해 고2 때 상담도 많이 하면서 공부를 열심히 해야겠다는 결심을 했고요. 지난 1학기 말에 성적을 끌어올린 거죠. 네, 그렇게 성적이 오르는 결과를 확인하고 나니 '나도 하면 되는구나, 열심히 하면 더 좋아질 수 있겠다' 하는 희망이 생긴 겁니다.

사회자: 솔직히 몇 등 하신데요?

정수진: 아직은 그렇게… 네, 자랑하기는 좀 그렇고….

사회자: 앞으로 더 좋아지겠죠.

정수진: 그럼요. 그래서 여가을 씨 스스로도 노력을 하고 있는데요. 일단 공부 잘하는 친구에게 도움을 받기도 하고 예습 복습도 철저하게 하고 또 학원도 다니면서 지금보다 더 발전된 모습을 기대하고 있습니다.

여가을: 학교에서 또래 멘토링이라고 해서 반에서 공부 잘하는 친구랑 하는 멘토링이 있거든요. 30분씩 주 2회 동안 하는데, 제가 국영수에서 원하는 과목을 선택해서 할 수 있어요. 그래서 그 또래 멘토링을 조금 진행해서 거기에서도 제가 수학 문제나 영어 같은 거를 못 푼 문제 있잖아요. 그런 걸 평소에는 다른 친구들 공부하니까 물어보기가 좀 어렵잖아요. 근데 또래 멘토링은 편하게 또 물어볼 수 있었고, 그리고 그 학교에서 방과 후 같은 데 방과 후 수업도 들었고, 그리고 학교 샘이랑 블렌디드 코칭이라고 해서 애들 한 5명씩 하는 것도 있거든요. 그래서 블렌디드 코칭이 수업 끝나고 1시간씩 수학을 이렇게 샘이 가르쳐 주시거든요. 원하는 학생들만 그래서 저는 그런 걸 좀 많이 활용했던 것 같아요.

정수진: 네. 또래 멘토링도 하고 방과 후 수업도 듣고 또 학교 선생님과 함께하는 시간도 활용하면서 수학을 배우고 있고요. 이렇게 학교에서 할 수 있는 시간들을 많이 활용하고 있습니다. 특히 또래 멘토링은 한 번에 30분씩 주 2회를 하고 있는데, 사실 문제 풀이하다가 보면 막히는 문제가 꼭 나오거든요. 그럴 때 또래 멘토링을 통해서 친구한테 물어보는 거죠. 그래서 1학기 또래 멘토링은 수학을 했었고, 지금 2학기 또래 멘토링은 영어를 하고 있습니다. 지금 영어는 친구한테 배우고 있고, 수학은 선생님한테 배우고 있는 거죠. 근데 이렇게 또래 멘토링 할 때 멘토가 되어 주는 친구들이 너무 고맙다고 하는데, 정말 좋은 친구들이 아닌가 싶어요. 개인적인 시간을 내서 또 바로 친구를 도와주는 거니까요.

사회자: 친구들이 참 좋은 친구구나… 그러네요. 학원들 보통 이제는 선택들을 많이 하는데 거의 필수처럼… 학원은 안 가요?

정수진: 학원을 지금은 가요. 근데 처음에는 학원도 다니고는 싶었는데, 강의를 못 알아들으면 어떡하나 하는 그런 걱정과 두려움이 있어서 그동안

은 탈북청소년을 도와주는 단체에서 대학생 멘토링을 받기도 했습니다. 보면 주변에서 도움을 주는 분들도 많고 또 스스로도 잘하고 싶은 그런 마음이어서 열심히 노력하고 배우고 있는 중이에요.

사회자: 다 이제 새롭게 공부를 해야 되니까… 국어 영어 수학 다들 어렵죠.

정수진: 다 어려워할 것 같은데… 가을 씨도 국영수가 너무 어렵다고 해요. 그런데 공부를 해 본 결과 국어는 열심히 하면 어느 정도 성적은 받을 수 있겠다는 생각이 들었고요. 수학도 '문제를 많이 풀면 괜찮겠다' 하는 희망을 발견했는데 영어는 여전히 어렵다고 합니다. 그래서 이 성적을 올리고 싶은 마음, 한 85점 정도까지는 받고 싶은 그런 마음에 굳은 결심을 한 건데 바로 그래서 올해부터 영어학원과 수학학원을 등록했다는 거예요.

사회자: 그래요. 학원은 진도를 못 따라갈까 봐 많이 걱정하고 했는데, 용기를 냈네요?

정수진: 용기를 낸 거예요. 사실 학원에 가기까지 고민을 정말 많이 했는데, 한 번 가서 해 보자, 다녀 보자 하는 마음으로 결심을 한 겁니다. 그러니까 지금 다른 친구들이 다 알고 있는 문법 같은 경우는 그냥 강사 선생님들이 그냥 넘어가기 때문에 이해하기 힘든 부분이 있는데, 그래도 열심히 꾸준히 다니고 있어요.

사회자: 네. 친구와의 관계도 좋고, 성적도 많이 좋아졌고… 뭐든지 좀 긍정적으로 이렇게 용기를 좀 내는 용감한 성격인 것 같아요. 적응도 잘되고 있대요?

정수진: 맞아요. 한국에 온 지 2-3년밖에 안 됐음에도 불구하고 지금 적응을 너무 잘하고 있는데요. 처음에 한국에 왔을 때는 어떤 탈북인들도 다 그렇겠지만, 두려움이 가장 컸습니다. 완전히 낯선 나라, 다른 문화, 또 경험하지 못한 곳에 온 거니까 하나부터 열까지 다 모르겠고 어렵고 그러다 보니까 사람들 앞에서 말하는 것, 나서는 것이 모든 게 다 부끄러웠던 거죠. 그런데 계속 이렇게 지낼 수는 없으니 받아들여야 하

지 않을까… 하는 생각에 뭐든지 열린 마음으로 임하려고 하고 노력도 많이 했습니다.

여가을: 사실 문화는 잘 몰랐었어요. 근데 아무래도 막 적응을 하려고 노력을 좀 많이 했던 것 같아요. 저는 지금도 약간 그런게 있긴 한데 되게 한국에 오니까 모르는 것도 많고 하니까 두려움이 컸었어요. 그래서 말할때도 되게 창피하기도 하고 그랬거든요. 학교 다닐 때, 중3 때는 거의학교를 못 갔으니까 그럴 기회는 없었어요. 약간 창피하거나 그런 것도 없었는데 고1 때는 아무래도 계속 친구들 만나고 학교에 계속 가니까 처음에는 엄청 '어떡하지…?' 막 얘들이 뭐라고 물어보고 나면 '어떡하지…' 엄청 떨었었는데 그다음부터는 한동안 '그런 생각을 안 해야겠다' 그냥 아무 생각도 안 하고 '그냥 해야겠다' 그랬던… 그렇게 생각했던 것 같아요. 막 불안해하거나 그러지 말고 약간 용감하게 그래야겠다… 그러니까 친구들도 더 저에 대해서 좀 이해해 주고 그런 게 있더라고요. 그러고 난 다음부터 약간 두렵거나 그런 게 없었던 것 같아요.

정수진: 네. '편하게 대하자' 하는 마음으로 사람들을 대하니까 친구들도 다가오고, 그런 변화들을 느끼면서 그 이후부터는 두려움이 조금씩 줄어들었습니다. 그런데 여가을 씨 본인은 "두려움이 많다"라고 말을 하고 있지만, 제가 이렇게 느꼈을 때는 어려운 상황을 헤쳐 나갈 수 있는 용기도 있고, 또 긍정적인 마음가짐도 있고 무엇보다 희망을 발견하고 추구할 줄 아는 분인 것 같아요. 그런데 또 무엇보다 한국 생활에 빠르게 적응한 건 한국에 먼저 온 언니 덕분이라고 합니다. 언니를 많이 의지했고 도움이 되는 조언들도 많이 들었는데요. 그 내용 들어보시죠.

여가을: 제가 약간 "생각을 긍정적으로 바꿨다" 그렇게 말씀드렸잖아요. 그것도 사실 언니한테서 많이 영향을 받은 것 같아요. 저는 솔직히 언니가 없었으면, 제가 지금처럼 이렇게 잘 지낼 수 있을까? 그런 생각도 들거든요. 가끔 아무래도 학교생활이나 그런 거에 대해서 스트레스 받으면, 그 고민을 일단 들어주는 것만도 좀 좋은 거니까 언니가 고민을 잘

들어줬고… 좋은 얘기를 많이 해 줬던 것 같아요. 언니가 좀 자주 말해 준 말이 저는 좀 기억에 또 많이 남고, 또 제 행동을 바꾸게 된 게 '나를 약간 내려놔야 된다' 그런 게 제일 인상이 깊었고, 도움이 많이 됐어요. 약간 다른 사람의 눈치나 그런 걸 많이 안 보고, 그냥 '나는 나다' 그런 말 많이 해줬어요.

정수진: "나 답게 지내면 된다" 하는 언니의 조언을 잘 받아들였는데요. 또 옳은 말을 들으려고 하는 마음가짐도 잘 돼 있는 것 같아요. 사실 아직 20살이면 어린 나이인데, 탈북을 하고 낯선 곳에서 적응하는 그 시간들로 인해서 가을 씨가 조금 더 철이 빨리 든 게 아닌가 싶습니다.

사회자: 가을 씨가 갖고 있는 꿈은 대학생 아닐까 싶어요.

정수진: 네. 일단은 그렇죠. 왜냐면 아직 한국 온 지가 얼마 안 됐고, 어리기도 하고 그래서 뚜렷한 목표는 없는데, 일단 한국에서는 많은 분들이 대학을 가니까 일단 대학 진학을 생각하고 있고, 또 대학에 가면 다양한 경험들을 하고 재미있을 것 같아서 대학에 가려고 합니다.

여가을: 저는 사실 1학년 때 한 2학년 지금 1학기까지도 사회학과 간다고 했었거든요. 근데 약간 조금 지금은 좀 바뀐 것 같아요. 사회학과 뭔가 그래도 좀 재밌지 않을까 그렇게 하고 생각을 했었거든요. 근데 저는 대학교 졸업하고 취업을 하려고 하는데 사회학과는 대학원까지 나와야 한다 이런 말도 들은 거예요. 그 대학원까지는 아직 생각을 안 해 봤거든요. 그래서 '취업을 좀 빨리할 수 있는 학과를 정해야겠다' 하면서 요즘 경영학과를 생각하게 된 것 같아요. 긍정적인 생각을 계속하면서 학업에, 지금은 고등학교니까 좀 더 열중하면서 대학교 준비를 좀 열심히 해 보려고요. 그리고 대학교에서 가서 좋은 일만 있기를 기대하면서, 계속 더 열심히 노력하려고요.

정수진: 네, 한국에 처음 왔을 때는 정말 많이 모르고 두려웠지만, 가을 씨가 마음을 다잡고 노력한 결과 매해 조금씩 좋아지고 있고 또 발전되는 것 같아서, 처음보다는 한결 더 안정된 모습이긴 한데요. 물론 아직도 어렵긴 하지만 긍정적인 생각이 중요한 거니까… 앞으로도 그런 마음가

짐으로 지내려고 합니다. 공부 열심히 해서 대학에 가고, 또 대학 가서
는 공부 외에 동아리 활동, 축제, 여행도 마음껏 즐기면서 자유로운 생
활을 하면 좋겠습니다.

사회자: 20살인데 지금 얼마나 꿈이 많을까요?

정수진: 네. 그때로 돌아가고 싶네요.

사회자: 그때 철이 들었으면 여기 이러고 있지 않을 텐데 말이죠. (하하) 소년
은 늙기 쉽고 학문은 이루기 어렵다는 말도 있잖아요. 청춘을 낭비하
지 말고 시간 아껴서, 일로 정진해서 고운 꿈을 향해서 나가시길 바라
겠습니다. 소식 잘 들었습니다. 고맙습니다. 정수진 리포터였습니다.

6) 사례 6: 7급 공무원을 목표로 매진하는
   김다영(30대 초반, 여성)

사회자: 통일열차 서울통신, 열심히 살고 있는 탈북민들의 얘기, 그리고 더 나
아가서 남북관계 발전을 위해서 애쓰고 있는 분들의 삶을 만나 보겠습
니다. 정수진 리포터입니다. 안녕하세요.

정수진: 네, 안녕하세요.

사회자: 오늘은 어떤 분이 주인공이에요?

정수진: 네, 오늘은 자기 자신에게 꾸준히 채찍질을 하면서 철저하게 관리하고
있는 탈북인 김다영 씨를 소개해 드릴 건데요. 나이는 30대 초반이지
만 지금 행정학을 전공하고 있는 대학생입니다.

사회자: 여러 가지 분야가 있는데 행정학이 특별히 끌리셨나 봐요.

정수진: 네. '사람들에게 서비스를 제공하는 일을 하고 싶다' 하는 마음이 컸기
때문에 이 행정학을 배우고 싶었다고 합니다. 물론 법적인 부분은 많
이 어려운 편인데요. 그래도 인사행정 분야는 적성에도 잘 맞고, 또 관
심도 많은 편이라서 즐겁게 공부를 하고 있고요. 특히 '행정가들은 안

주하면 안 된다. 노력하지 않으면 안 된다' 하는 걸 늘 염두에 두고 있다고 합니다.

사회자: 그러니까 학교의 동기들하고도 한 10년 정도 차이 나는 거잖아요.

정수진: 그렇죠.

사회자: 이모뻘인데….

정수진: 네. 그래서 선뜻 친해지기가 어렵긴 한데요. 아무래도 김다영 씨가 많이 노력을 하는 편입니다. 먼저 웃으면서 인사하고 같이 밥 먹자고 말을 건네기도 하고, 이렇게 다가가려고 노력을 많이 하고는 있지만 또 쉽지는 않다고 해요. 그러다 보니까 같은 입장인 탈북인 또래들을 만났을 때는 마음도 너무 편하고 의지가 되는데요.
한번은 탈북인 친구들과 함께 농촌 체험을 하러 갔거든요. 그때 농촌에 가서 블루베리를 따는 체험을 했는데, 예전에 북한에서도 블루베리를 딴 적이 있었기 때문에, 그걸 따면서 옛날 추억도 떠오르고… 또 탈북인 친구들과 함께한 그 시간 자체도 너무나 좋은 기억으로 남아 있습니다.

김다영: 동아리 활동 한 번 했는데 농촌 체험 한 번 갔는데 너무 좋았어요. 그건 탈북 학생들끼리만 갔는데 티키타카가 잘 맞고… 한 걸음 다가가면 한 걸음 다가오고… 친해지는 느낌 있잖아요. 다 대학생이니까… 그러니까 예를 들어서 같은 탈북민일 때는 10가지 중에 한 5가지 정도는 서로 공감대가 형성이 되는데, 같은 대학생끼리는 대부분 한 9가지 10 중에 9가지 정도는 공감대가 형성이 되니까 너무 좋죠. 그래서 그 농촌 체험 가는데 그때 너무 좋았어요. 북한 생각도 나고… 갔는데 그 농장 관리자분이 마음껏 먹으라고…. 그 블루베리도 북한이랑은 진짜 퀄리티가 다르고, 나무도 다르고 큰 나무인데 엄청 많이 달린 거예요. 제가 알던 그 들쭉나무가 아니에요. 그래 가지고 너무 좋았어요. 그래 가지고 마음껏 먹고 따주기도 하고, 또 저렴한 값에 또 사오기도 하고… 너무 좋았어요.

정수진: 네. 김다영 씨가 중간에 들쭉이라고 했는데 이 들쭉이 블루베리입니다. 북한에서 접했던 블루베리를 보니까 기분도 좋아졌고, 또 탈북인 친구들과도 처음에는 어색했지만 같은 탈북 대학생이어서 금세 친해진 거죠.

사회자: 네. 우리 이제 동기들하고도 잘 지내려고 노력하고, 탈북인 친구들과도 잘 어울리고… 공부도 물론 열심히 하고 계시겠죠?

정수진: 네. 김다영 씨가 중국을 거쳐서 한국에 왔고, 지금 한국 생활 3년 차입니다. 처음에 한국에 오자마자 대안학교에서 1년 정도 다니면서 입시를 준비했고요. 바로 대학에 진학해서 지금 2학년인데, 한국사회를 경험을 하기 위해서 아르바이트를 해 본다거나 진로를 찾기 위해서 학원을 다녀 본다거나 이런 시간은 없었고요. 바로 공부라는 목표를 정해서 계획대로 진행을 해 온 거예요.

사회자: 한국사회에서 내가 뜻한 바를 이루려면 먼저 공부해야죠.

정수진: 네. 그걸 느낀 거예요. 한국에 와서 조금 이렇게 둘러보니까 다들 공부를 많이 했고, 또 공부를 해야 그다음 단계로 진입할 수 있다는 걸 보면서, '공부를 해야겠구나' 하는 생각을 한 겁니다. 처음에는 본인이 이렇게 공부를 할 거라고는 생각을 못 했는데, 한국에 와서 자유를 느꼈고요, 그 자유에는 또 책임이 있다는 것도 깨닫게 되면서, 김다영 씨의 10년 계획이 만들어졌거든요. 이 말이 무슨 뜻인지 자세한 내용을 직접 들어보시죠.

김다영: 한국에 왔을 때는 아무래도 중국에 체류하다가 오다 보니까 '그냥 만끽하자~ 이 자유를' 그런 생각으로 나왔어요. 그냥 자유롭게 '내가 얼마 살 거야…' 막 이러면서… 여기저기 막 놀러 다니고 그러려고 했는데, 실제로 와보니까 그게 아니더라고요. 그 자유에 대한 책임이 엄청… 나의 노년을 생각해 보니까… 그게 지금은 열심히 놀 수는 있는데, '노년에도 이렇게 놀 수 있을까?' 그래 가지고 노년을 위해서 뭔가 투자를 10년, 10년만 하기로 했어요. 공부에 10년만.

정수진: 네. 그러니까 마냥 자유롭게 지내다가는 지금 당장은 좋을지 몰라도 노후는 보장이 안 되니까, 지금보다는 먼 미래를 생각을 하게 되고요. 그러면 '젊을 때 조금 더 열심히 해서, 편안한 노후를 보내자' 하는 생각까지 이어진 겁니다. 그래서 앞으로 10년이라는 시간을 공부에 투자하기로 한 건데요. 지금 따지고 보면 대안학교에서 1년을 보냈고, 대학을 중간에 쉬는 기간 없이 예정대로 마치면 4년이 흐르게 되는 거잖아요. 그리고 나면 5년이 남는 건데, 그 5년 동안에는 행정고시를 준비할 계획입니다. 그렇게 해서 총 10년을 예상하고 있는데요. 만약에 행정고시가 너무 어려워서 그 기간 안에 합격이 안 될 것 같으면, 조금 낮춰서 7급 공무원으로 진로를 바꿀 거예요.

사회자: 지금부터 10년을 잡았다. 단단히 각오를 하고 준비를 하고 계시겠네요?

정수진: 네. 지금 '나중에 후회를 하지 않으려면 일단 도전하자' 하는 그런 마음이라서 시험 준비를 하기에는 좀 늦은 나이인 30대이긴 하지만 '딱 10년만 해 보자' 하는 10년 계획을 세운 겁니다. 안 돼도 그동안 공부한 게 있으니까 '7급 공무원은 되지 않을까?' 하고 생각을 하고 있는데, 지금 노력을 많이 하고 있으니까요. 뭐라도 될 것 같다는 그런 자신감을 드러냈어요.

사회자: 그렇군요. 참 얼마나 노력을 열심히 하길래… 그렇게 자신할 수 있을지 이것도 참 궁금해요.

정수진: 일단 학교 성적이 학점이 4.5가 만점인데요, 직전 학기에 4.28을 받았다고 해요. 이것도 좋은 성적인데, 생각보다 조금 안 나왔다고 합니다. 특히 장학금을 받을 수 있는 성적이 4.39는 돼야 하는데, 거기에는 미치지 못한다면서 더 열심히 공부를 해야겠다고 다시 한번 마음을 다잡았죠. 이렇게 하는 것도 다 10년 계획을 위해서인데요, 지금은 대학생, 학생이니까 일단은 학점을 잘 받아야 한다고 합니다.

김다영: 학생이니까 학생의 본분은 공부라고 생각해요. 그래서 일단은 중학생이나 옆에서 서포트해 주는 부모님들은 고등학교나 중학생들처럼 "해

라, 해라" 깨워주고 그런데… 대학생은 거의 다 자율적이니까, 좀 놀고 싶기도 한데… 그래도 미래를 위해서 제가 투자하겠다고 생각을 했으니까, 그만큼 자신에 대한 약속은 꼭 지키기 위해서 항상 초심을 가지고… 그러니까 1학년 때 들어왔을 때 그 마음을 가지고, 그냥 쭉 학점에만 몰두해 가지고, 일단은 학교 다닐 때는 학점, 거기에 좀 높은 목표를 세워 가지고… 일단은 그렇게 할 것 같아요.

정수진: 네. 지금 대학교 2학년이잖아요. 얼마나 이 대학 생활을 즐기고 싶겠어요? 그래도 미래를 위해서 지금은 내 시간을 투자하겠다고 결심했으니, 나와의 약속을 지키기 위해서 이 초심을 잃지 않으려고 합니다.

사회자: 나름의 장기 목표, 인생 목표가 있네요. 차근차근 이렇게 열심히 준비해 나가는 게 대단한데요.

정수진: '노력은, 땀은 배신하지 않는다' 하는 말을 늘 마음속으로 외치면서 모든 일에 최선을 다하고 있는데요. 그렇게 노력했을 때 결과가 안 좋다면 미련도 안 남고 후회도 적을 것 같긴 하지만, 결과는 좋을 걸로 자신하고 있습니다.

사회자: 각오라든지 마음가짐이 이렇게 있으니까, 좋은 결과가 있겠죠, 물론. 근데 이제 김다영 씨의 성격적인 것인지… 그러니까 원래부터 이렇게 심지가 굳은 거예요?

정수진: 네. 이런 성격과 또 성향, 이런 생각은 사실 한국에 와서 처음 다녔던 대안학교의 영향이 컸어요. 왜냐하면 탈북인을 위한 사회적인 지원, 어떤 혜택에만 의존하지 말고, '더 열심히 해서 사회 구성원들과 동등하게 경쟁하고 성취하고 이뤄내라'는 이야기를 많이 듣고 배웠기 때문입니다. '물론 그 과정이 힘들겠지만, 나중에는 얻는 게 많을 거다', '그래야 한국사회에 더 빨리 녹아들 수 있다' 하는 조언들이 사실 그때는 온전히 이렇게 받아들이기가 어려웠지만, 지금 돌이켜 보면 많은 도움이 됐다고 해요.

사회자: 이제 탈북민들 사이에서 변호사도 나오고 법조인들이 이제 나오기 시

작했잖아요? 남들보다 2배, 3배, 10배 열심히 사는 분들은 분명히 이제 좋은 열매가 기다리고 있습니다.

정수진: 맞습니다.

사회자: 지금 그렇게 쉽지만은 않을 거예요, 물론.

정수진: 네. 그래도 열심히 노력을 하고 있고, 사실 이야기를 들어보니까 걱정이 될 정도더라고요. 주말은 물론이고 방학 때도 쉬지 않고 늘 공부를 하고 있는데, 다영 씨 스스로도 이렇게 하다가는 내가 너무 지칠까 봐 걱정이 돼서, 이렇게 하는 것보다 중간에 포기하지 않고 꾸준히 하기 위해서는 잠깐의 쉼이 필요하다는 걸 깨달았고요. 지금은 그렇게 하려고 노력하고 있습니다.

김다영: 이게 다 맞는 말이니까 '내가 수용을 해야겠다. 수용하지 않으면 살아남을 수 없어' 이렇게 나에게 채찍 같은 것도 하고, '해야 되고, 넌 할 수밖에 없고, 여기 왔으니까 빨리 적응해.' 막 이러면서 스스로 만약에 '만약 내가 스트레스를 받지 않았다면, 지금의 내가 있었을까?' 그런 생각도 들고… 그냥 노력하는 것밖에 없는 것 같아. 그래 가지고, 일단 번아웃이 오지 않을 정도로 이렇게 너무… 방학에도 쉬지 않고 계속… 그러고 하다 보니까 주말에도 쉬지 않고 하다 보니, 번아웃이 올까 봐 그게 조금 걱정이 돼 가지고… 요즘은 나의 학업과 생활에 밸런스를 좀 찾아 가지고, 학업과 꾸준히 노력할 수 있는… 그런 생활을 만들어 갈 수 있으면 좋겠어요. 제 스스로한테. 지금은 너무 채찍질하기 보다는 어느 정도 이제 올라왔으니까, 이걸 좀 유지하면서, 좀 더 나은 미래를 위해서 진짜… 너무 그냥 달리기만 하지 말고 밸런스를 맞춰가면서 꾸준히… 언제까지나 그냥 거북이처럼 좀 열심히 할 수 있기를 바라고, 그랬으면 좋겠고… 스스로에게 그런 걸 바라고 있어요.

정수진: 네. 본인 스스로 '부족한 게 많다'라고 생각해서 다른 사람들보다 덜 쉬어야 하고, 덜 자야 하고, 그렇게 안 하면 못 따라가고, 뒤처질 것 같은 그런 생각이 가득했는데, 그러다가는 너무 지쳐버릴까 봐 생각을 바꾼 거죠.

사회자: 맞아요. 번아웃도 이제 자기가 관리하고… 나이가 있어서인지… 철이 이미 들어 있고 참 지혜롭다는 생각이 드네요.

정수진: 맞습니다. 지금은 학업과 생활의 균형을 맞춰서, 꾸준히 노력할 수 있게 하려고 합니다. 지금은 어느 정도 적응이 됐기 때문에, 이 생활을 이어 나가려고 하는데요. 사실 이 결심을 하게 된 계기가 너무 공부만 하는 생활이 힘드니까, '이번 학기에 휴학을 할까?' 하는 생각을 한 거예요. 그런데 그렇게 되면 이 10년 계획의 목표와 일정에 어긋나게 되거든요. 그래서 '할 땐 하고, 쉴 땐 쉬자' 하는 방향으로 바꾼 건데… 결국에 너무 달리기만 하지 말고, 꾸준히 달릴 수 있게 속도를 조절하는 게 중요하다는 걸 깨닫게 된 겁니다. 10년 계획을 마라톤이라고 한다면, 초반에 속도 내지 말고 천천히 달리면서 주변도 보면서 숨도 고르면서 그렇게 하면 좋겠고요. 이제 10년 계획 중에 7년이 남았잖아요. 7년 후에 행정고시 합격을 하거나, 혹은 7급 공무원이 돼 있으면 좋겠습니다.

사회자: 5급이면 어떻고 7급이면 어떻습니까? 대한민국의 장차 멋진 공무원이 되시길 기원하겠습니다. 지금까지 정수진 리포터였습니다. 고맙습니다.

7) 사례 7: 메타버스 통일교육 사업을 운영하는 연구진 강힘찬(30대 중반, 남성)

사회자: 통일열차 서울통신 열심히 살고 있는 탈북민들, 그리고 더 나아가서 남북관계의 발전을 위해서 애쓰고 있는 분들을 만나봅니다. 정수진 리포터입니다. 안녕하세요.

정수진: 네. 안녕하세요.

사회자: 오늘은 어떤 분이 주인공이실까요?

정수진: 네. 오늘은 탈북인 강힘찬 씨의 이야기를 하려고 합니다. 탈북은 17년 전인 18살, 그러니까 10대 후반에 했는데 이 탈북의 계기가 한국과 관

련이 있습니다. 북한에서 삶이 너무나 어려웠기 때문에요, 장사를 하면서 이 생계를 유지했는데, 한국 옷을 팔다가 단속에 걸리는 바람에 한국으로 오게 된 거예요.

사회자: 그렇게도 또 인연이 연결돼 있으시군요. 그러면 이분이 10대 후반에 오셨으니까 한국에서 청춘을 보내셨네요.

정수진: 대학 생활을 하면서 동아리 활동도 활발하게 하고 여행도 가고, 그야말로 북한에서 느낄 수 없었던 그 자유를 만끽했는데, 특히 남북한 학생들이 모여서 토론도 하고 통일 관련 문제들을 함께 고민하는 그런 시간들을 많이 가졌습니다. 그 경력이 바탕이 돼서, 지금 ○○통일연구소라는, ○○대학교에 있는 통일연구 기관에서 통일교육 관련 일을 하고 있는데요, 올해 3월부터 했으니까 이제 1년이 채 안 된 겁니다. 지금 하고 있는 거는 통일 교육 사업들을 기획하고 운영을 하는 건데요, 그러니까 본인의 이 통일 분야에 관심을 지금 실무에서 발휘를 하고 있는 중인 거죠. 그 활동 사항 함께 들어보시죠.

강힘찬: 제가 주로 맡았던 부분은 디엠제트 마을 이런 데 '해마루촌'이라고 있어요. 거기 아무래도 코로나 시즌도 있었고… 기존에 그래서 쉽게 일반인들이 민통선 지역, 통제 지역이다 보니까 일반인들이 쉽게 가기 어려운 지역인데, 그 마을을 메타버스 안에 가상 공간에서 그 마을을 옮겨 놓고, 통일 교육실에 누구나 접속해서 그 마을 투어를 할 수 있고, 퀴즈도 풀고… 이런 프로젝트를 주로 맡아서 했습니다. 일단 아무래도 교육적인 요소가 중요하게 생각을 했고요. 하여튼 좀 통일에 관심을 많이 가지고, 긍정적으로 통일이 얼마나 우리한테 이제 좋을지… 이런 부분들을 항상 생각하고, 염두에 두면서 하고 있고요. 국민들 전체의 그런 통일 인식을 개선하고 긍정적으로 생각하게 하게끔… 왜냐하면 너무 관심이 많이 없는 부분이다 보니까, 그런 부분을 항상 고려를 하고 있습니다.

사회자: 네, 가상 공간 얘기를 하시네요. 메타버스. 요즘 트렌드에 맞게 교육 프로젝트도 아주 신선하게 진행을 하고 계시네요.

정수진: 네, 그렇죠. 요즘의 트렌드를 또 잘 접목을 하고 있는데, 어쨌든 가장 중요한 건, 이 통일의 장점, 강점을 강조를 하면서, 국민들이 통일에 대한 인식을 하고, 긍정적으로 생각을 하게끔 신경 쓰고 있습니다. 다행히 이 프로젝트에 많은 분들이 접속해서, 대화창에서 서로 대화도 하고, 퀴즈도 풀고… 생각보다 반응이 좋아서 너무나 뿌듯하면서 보람을 느끼고 있는 중입니다. 사실 이전에는 창업 분야에서 일을 하고요, 잠시 쉬었었는데, 그때 코딩이나 블록체인 등 IT 교육도 받고, 자신의 진로를 고민하는 시간을 가진 후에 지금의 일을 하게 된 거예요.

사회자: 그동안 이제 관심을 갖고 활동해 온 분야를 보면 창업과 IT 관련이네요. 다가오는 미래에서 아주 유리한 위치에 점하게 되잖아요? 원래 대학에서 전공을 이쪽으로 하셨대요?

정수진: 전공은 정치외교학이었습니다. 그런데 10학번인데요, 학교를 거의 10년을 다닐 정도로 오랫동안 다녔습니다.

사회자: 학교 사랑이 남달랐나요?

정수진: 왜냐면 진로에 대한 고민에다가, 정체성에 대한 고민이 더해지면서 방황을 했기 때문인데요. 그 내용 들어보시죠.

강힘찬: 진로에 관해서는 뭔가 '정치를 통해서 남북 관계를 풀어 나갈 수가 있겠다'라고 생각을 했었는데, 제가 10학번인데 입학하자마자 남북 관계가 단절되기 시작하더니 계속 안 풀리는 거예요. 공부는 잘했어요. 했는데… 그때부터 공부에도 흥미를 잃고, 또 너무 그 격차가 좀… 크게 느껴지더라고요. 학력, 학업의 격차도 많이 있었는데 그걸 따라가려는 그런 시도들을 많이 안 했었어요.
일단 북한에서 이제 떠나왔고… 여기 근데 하여튼 '완전하게 여기에 동화되기 어렵다' 그런 생각을 했었어요. 그… 친구들도 깊이 사귀기가 좀 어려웠고… 그러니까 우리 북에서 온 친구들 보게 되면 그냥 눈빛만 봐도 친구가 뭘 느끼는지 감이 오거든요. 근데 여기서 나서 자란 친구들은 통 속을 모르겠고, 문화, 정서적으로도 잘 안 맞고, 그런 부분들이 있다 보니까… 아무래도 북한 사람도 맞고… 또 남한 사람도 맞는

데, 여기서 살면서 아무것도 아닌 어정쩡한 포지션?… 약간 이방인 같은 그런 부분이 없지 않아 있어서… 굉장히 그것도 하나의 큰, 당시의 이슈였던 것 같아요.

정수진: 네. '정치외교학을 배워서 과연 남북 관계를 풀어갈 수 있을까?'에 대한 근본적인 고민도 있었고요. 북한과 남한의 학력 차이, 학업의 격차를 체감했고, 또 남한, 한국 문화에 완전히 동화되기도 힘들었던 겁니다. 네, 아무래도 10대 후반 조금은 어린 나이에 왔기 때문에, 나는 한국 사람인지 북한 사람인지 이런 정체성에 대한 고민을 더 많이 한 게 아닌가 싶은데요. 그 당시는 또 중요한 문제였지만, 고민도 하고… 또 시간도 흐른 만큼, 이제는 '중요하지 않다. 나만 잘 살고, 열심히만 하면 된다'는 걸 깨닫게 됐습니다.

사회자: 그럼요. 그럼에도 불구하고 이방인이라는 표현에서 그동안의 고민을 읽을 수가 있네요. 창업 관련 일은 어떻게 해서 시작을 하셨을까요?

정수진: 네. 이거는 이제 대학을 마치고, 창업 보육 매니저 일을 한 건데요. 창업하는 분들이 어떤 점을 어려워하는지를 상담을 하고, 또 필요한 제도나 정책을 알려주면서, 창업을 시작하는 분들에게 필요한 모든 것을 지원해 주는 일을 했습니다. 그리고 지역 기반 창업이라고 해서, 지역 안에 있는 콘텐츠를 활용해서 창업을 또 하고, 경제활동 하는 것도 지원을 했고요.
글로벌 파트너들과 함께하는 해외 파트도 담당했었습니다. 너무 바쁘게 지냈지만, 전문가가 되기 위해서 현장도 많이 다녀보고, 관련 기관도 찾아가 보고, 또 강의 들으면서 자격증도 취득을 하는 등… 끊임없이 노력하는 모습이었고, 그 결과 좋은 모습을 보게 될 때 많은 부듯함을 느꼈다고 해요.

사회자: 이 일을 하면서 보람이 많았나 봐요?

정수진: 네, 특히 탈북인들의 창업에 도움이 됐을 때 많은 부듯함을 느꼈는데, 그 내용 들어보시죠.

강힘찬: 창업 관련 일을 할 때는 좀 '창업을 통해서 탈북민들을 도와줄 수 있는 일들이 뭘까?' 좀 굉장히 많이 관심을 가지고 있었어요. 그래서 뭔가 제가 창업을 좀 해 보면서⋯ 아무래도 탈북민들이 창업, 물론 탈북민들이 하고 싶어 하는 부분 실태 조사나 이런 거 보게 되면, 거의 과반수가 다 창업에 관심이 있거든요. 물론 거기는 주로 자영업이 더 맞는 말이긴 하지만⋯ 그래서 여러 가지 많은 일을 했지만 특히나 탈북민 관련해서 창업가들 네트워킹이라든지, 창업가들 초대하는 프로젝트들을 하면서 좀⋯ 탈북민 창업 생태계에 대해서 좀 이해하고, 그렇게 하면서 많이 배웠던 부분들이 도움이 되었어요.

정수진: 네, 이때가 사회초년생 시절이었거든요. 그러니까 사회생활을 처음 했던 때라서, 일 자체가 힘들기도 했고, 또 이 사람 관계가 어려워서 일을 그만두고 싶을 때도 있었지만 3년은 버텨야 한다는 각오로 잘 지냈습니다. 그렇게 3년을 보냈는데, 그때 시행착오를 겪으면서 깨달은 게 '사회생활 할 때는 내 성격을 다 드러내면 안 된다'는 거였습니다.

강힘찬: 개인적으로 '욱'하는 성격이 좀 있거든요. 성질이⋯ 그리고 또 다른 팀원들하고 아무래도 일을 하는데 서로 각자가 살아온 세월이 다르다 보니까, 결국 나중에는 이렇게 서로가 맞춰주면 또 풀리는데⋯ 처음에는 함께 일하는 분들이랑 저랑 너무 스타일도 다르고 하니까⋯ 그런 부분들이 많이 충돌되고 그랬었거든요. 그래 가지고 어느 한 사람이 막 잘 완벽하게 잘해서 되는 게 아니라⋯ 제가 그때는 초년생이라 아무래도 엄청나게 많이 부족했었죠. 그래서 당연히 다른 사람들이랑 그렇게 막 부딪치기도 하고 할 텐데, 제가 좀 더 배우고 그런 자세였더라면 충돌이 덜 있었을 텐데⋯ 그러지 못했을 때, 더 큰 충돌이 있었고, 그래도 좀 더 배우려고 하고 하면 이제 다 괜찮아지고 그랬던 것 같아요. 열심히 하고 하면.

정수진: 네. 개인적으로 힘든 시간이었으면서도, 많은 걸 배우고 얻은 그런 소중한 시간이기도 했습니다.

사회자: 이제 30대 중반이면 어느 정도 세상에 대해서도 알고, 중요한 나이잖아요. 어떤 포부가 있을까요?

정수진: 네, 지금 공부를 더 할지, 아니면 지금 하고 있는 통일 교육 일을 하면서 다른 일을 할지… 여전히 고민하고 있는데요. 어떤 일을 하든 가장 중심이 되는 거, 근본적인 부분은 '탈북인들을 어떻게 도울지?'에 대한 겁니다. 강힘찬 씨가 이 창업 분야에 대한 지식과 경험이 많은 만큼, 탈북인들의 창업에 도움도 드리면서, 한국분들에게는 통일에 대한 관심도를 높이는 그런 활동을 하려고 합니다. 참 하고 싶은 일도 많고, 또 꿈도 많은 청년인데요. 본인의 평생의 과제, 이루고자 하는 바가 또 있다고 하네요.

강힘찬: 그냥 이제 평생의 과제라고 하게 되면 우리나라가 통일이 되어서, 남에서 태어났든 북한에서 태어났든, 모두가 하나가 되어서 잘 살아가는 사회가 되었으면 하는 바람이 있어. 그래서 어떤 일을 하든지 약간 통일과 관련되어서… 1차적으로는 탈북민들 좀 도와줄 수 그런 일들과, 그다음에 나중에 통일이 됐을 때, 또 북한에서 태어나서 나서 자란 사람들이 그 사회에 잘 적응하는 부분들을 도와주는?… 그런 일을 하고 싶은데… 아직 구체적으로는 좀 더 찾아 나가야 될 것 같습니다.

정수진: 네. 1차적으로는 탈북인들을 도와주고, 통일 이후에는 북한에 있는 분들, 그러니까 북한 주민들이 통일 사회에 잘 적응하는 데 도움을 주고 싶다고 했는데요.
강힘찬 씨가 적임자가 아닌가 싶습니다. 북한에서 17년을 있었고, 한국에서 지금 17년째 지내고 있잖아요. 물론 통일이 언제 될지는 모르겠지만, 여러 가지를 배우고 활동하면서 나름의 노하우도 생긴 만큼 통일이 되는 그날까지 더 다양한 경험들을 하면서, 자신의 역량을 키우고, 내면도 단단하게 다지면서 많은 분께 도움이 되는 그런 역할을 하시면 좋겠어요. 근데 워낙 똑 부러지는 분이라서 잘 해내실 것 같습니다.

사회자: 네. 인생의 기회도 준비된 사람들에게 찾아오는 법이니까요. 멋지게 한번 날개를 펴실 날이 또 오리라고 생각해요. 소식 잘 들었습니다. 고

맙습니다.

정수진: 네, 고맙습니다.

2. 2030청년들의 내러티브가 주는 시사점

이번에는 2030 탈북청년들이다. 20대 초반부터 30대 초반에
속한 자들이다. 그들은 모두 자신의 미래를 준비하고 있었다. 심리
학과, 사회복지학과, 유아교육과 등 여러 대학의 학과에 재학 중이
었고, 공무원을 준비하는 자도 있었다. 그들은 모두 남한사회에서
적응하고자 노력한 자들이고, 정체성의 혼돈과 편견 등 한국사회
의 따가운 시선을 이겨낸 자들이다.

그러면서도 7명의 청년들은 각자 고유한 색깔을 보여주며 그들
이 지닌 성격적 자원들을 보여주었다. 예컨대 사회적 이슈를 분석
하는 데 관심이 높은 김당당은 뛰어난 논리력과 학구적 열의를 보
여주었고, 사람을 좋아해 사회복지를 선택한 곽소연 씨는 뛰어난
사회성과 편안하게 사람을 만날 수 있는 능력이 있었다. 그리고 한
국에서 심리상담을 받고 그 매력에 푹 빠진 이가연 씨는 심리학 영
역에서 전문가가 되어 자신이 지닌 중국어 능력을 발휘하여 다문
화가정의 마음이 아픈 이들을 위로해주겠다는 목표를 세우기도 하
였다. 그리고 가장 최근에 온 여가을 씨는 아직 한국에서 자신이
무엇을 해야 할지 명확한 목표는 없지만 조심스럽게 자신의 미래
를 설계하고 탐색하고 있었다. 또한 요즘 트렌드에 맞게 메타버스
통일교육 사업을 운영하며 통일의 꿈을 꾸고 있는 강힘찬 씨도 만

나보았다.

이처럼 7명의 청년들은 저마다 '탈북자'라는 공통점을 지니나 각 고유의 성격적 특성과 개성을 강하게 지녔다. 그들은 모두 각자의 위치에서 빛을 발하고 있으며 한국사회에서 의미 있는 존재로 살아가고자 고군분투하고 있다.

우리는 그들을 천편일률적으로 탈북자라는 프레임 안에 가두고 바라보는 것이 아닐까. 라디오 〈통일열차〉를 통해 자신들의 고유한 개성을 가감 없이 보여준 그들이 어떠한 사람으로 성장해나 갈지 기대되는 바이다.

제3부

(연구 및 교육활동
사례로 살펴보는)
북한이주민들의
정체성 내러티브

제1장 연구 사례

이 장에서는 전주람 외(2023)가 2023년 한국이민학회에 게재한 글을 재구성하여 소개하고자 한다. 주된 내용으로는 다음 세대인 젊은 탈북 청년들의 생활양식과 그들의 또래경험이 어떠한지 그들의 일상 경험에 관해 살피고자 한다.[1]

1. 20-30대 탈북청년들은 어떻게 살아가는가?: 생활양식과 자아정체성

연구자들은 기존 세대와 달리 젊은 층에 속하는 20-30대 탈북청년들이 북한에서 어떠한 일상을 보냈는지, 또한 남한으로 내려온 이후 그들이 어떠한 일상을 살아가는지에 관해 주목하였다.[2] 아

---

1 이 장에서 소개된 연구 사례는 2023년 한국이민학회에 전주람 외(2023)가 게재한 연구 논문이다. 연구는 총 2개로 〈20-30대 탈북청년들의 생활양식과 그 의미에 관한 연구〉와 〈10-20대 북한이주여성들의 또래관계 경험과 사회정체성〉이다.

2 생활양식이란 개인이 자신의 목표를 추구하기 위해 선택하는 독특한 방식이다(오익수, 2004). 이러한 생활양식은 인간이 갖는 열등감에서 보다 나은 상태인 우월성, 완전성과 전체성을 향한 노력의 과정에서 자신의 고유한 목표를 발견하게 하며, 이를 달성하기 위해 독특한 행동, 습관 및 성격 등을 만들어낸다. 아울러 생활양식 탐구는 북한이주민들의 심리적·신체적 건강, 의식주 생활, 행복, 정체성 등 심리적 적응 지표들에 관해 이해하도록 해

울러 '탈북'이라는 특수한 사건을 경험한 그들이 어떠한 과정을 통해 자아를 구성해가며 새로운 일상을 맞이하는지 사례 중심으로 살펴보았다.

1) 누구를 만나 무엇을 질문하였는가

연구자들은 탈북청년들이 경험하는 생활양식을 탐색하기 위해 '초점집단면접법(Focus Group Interview: FGI)'을 활용하였다. 이 면담법은 집단인터뷰 방식으로 참여자들이 해당 주제에 관해 답변을 촉진하며 피드백, 평가 및 수정해 나갈 수 있다는 강점이 있다. 우리는 4명의 탈북청년들을 인터뷰했다.

연구참여자 1

그녀는 30대 중반 싱글 여성으로 2018년 나선에서 홀로 탈북하였다. 직업은 간호조무사였고 인터뷰 당시 약 세 달쯤 근무하고 있던 초짜 간호사였다. 북에서는 호텔에서 약 10년간 근무하였다. 그녀는 성격적으로 조심성이 많은 편이며 경쟁 사회에 매몰되지 않고 소신껏 살아가는 방식을 추구하였다. 북한에 계신 그녀의 어머니가 가르쳐주신 대로 '적당껏' 사는 신념을 추구하며 생활의 안전감을 중요하게 생각하였다. 내년 초 그녀는 결혼계획이 있지만 자녀 출산은 아직 결정 내리지 못하고 있다.

준다는 점에서 필요한 일이 된다.

연구참여자 2

그녀는 20대 초반 여성이다. 간호학과에 재학 중이다. 쾌활하고 호기심이 많은 유형이다. 2018년 혜산에서 왔다. 부모님과 오빠 모두 넘어왔으므로 홀로 온 탈북자에 비해 심리적으로 안정적인 듯하다. 하지만 가족들에게 투자된 브로커 비용은 3천만 원 가까이 되었다. 약 5년간 그 빚을 갚는 데 주력하였고 최근에야 모두 갚았다고 했다. 최근 그녀의 가족은 경기도의 새 아파트를 구매하는 일에 성공했다. 물론 대출하였지만 가족들의 보금자리가 생겼다는 점에서 만족도가 크다. 그녀의 꿈은 교수가 되는 일이다. 그녀는 편의점 아르바이트부터 영어공부, 해외여행과 선교 등 여러 일로 분주한 일상을 살아가고 있다.

연구참여자 3

30대 초반의 남성이다. 평양에서 다섯 살까지 살다가 남포로 이사했다고 한다. 2018년 한국으로 입남하였으나 탈북 동기를 명확하게 밝히지는 않았다. 그는 북한에서 총망받는 아이였다. 영재학교를 다녔고 치열하게 공부했다. 한국에서도 학업에 매진하고 있다. 남북사회문화 통합과 통일이라는 키워드에서 자신이 무엇을 해야 할지 고민하며 북한학을 공부하고 있다.

연구참여자 4

2017년 평양에서 단신 탈북하였다. 가족들은 모두 북한에 있다. 그는 제1중학교 출신이자 연구원 경험을 지닌 영재이다. 보통 북한에서 공부에 매진해 왔다. 밤새우는 일상도 그에게는 익숙한 일이다. 한국에 와서도 그는 명문대학교에 입학하여 학업에 매진하는 중이다. 다만 북한과 다른 점은 축구경기를 라이브로 여러 채널에서 자주 시청할 수 있다는 점이랄까. 그는 축구 보는 일 외에는 거의 학업에 매진하는, 한 마디로 공부의 신이다.

연구자들은 2023년 7월 초부터 7월 말까지 총 3회(총 6시간 30분가량) 집단으로 인터뷰를 진행하였다.[3] 주된 면접질문 내용은 다음과 같다. 북한에서의 일상이 어떠했는지, 또한 남한 생활에서의 장단점, 남한사회에서 북한과 달리 변화된 일상생활과, 자신의 일상에 대한 동기, 욕망, 기대 등, 그 외 간략하게 자신의 꿈(미래 계획)에 관해 질문하였다.

2) 어떻게 자료 분석하였는가

연구자들은 연구보조원이 전사한 녹취록을 분석하였다. 우선 연구자들은 각자 텍스트를 읽은 후 핵심 내용을 정리하였다. 요약된 내용은 다우니 웜볼트(Downe-Wamboldt, 1992)의 주제분석 방법에 따라 연구의 주제를 범주화시키는 과정을 거쳤고, 이후 파젯(Padgett, 2008)이 제시한 내용 중 연구동료집단의 조언 확인방법을

---

3 질문의 유형은 개방형 질문으로 하였으며 각 회기당 인터뷰 소요 시간은 약 2시간 정도였고, 반(半)구조화된 질문지를 활용하여 다양한 의견을 수집하였다. 인터뷰는 팬데믹 상황이었으므로 zoom프로그램을 활용하여 비대면으로 실시하였다. 전주람과 손인배는 모든 인터뷰에 함께 참여하여 진행하였다.

거쳐 신뢰성을 확보하고자 노력하였다.

3) 무엇을 발견하였나

연구자들은 2030 탈북청년들을 통해 몇 가지 사실을 발견할 수 있었다.

첫 번째로 탈북청년들은 북한에서 주로 가족성분 중심의 일상을 보냈던 반면 한국에서는 주도적으로 의사결정을 해나가며 자신(self)의 욕구에 귀 기울이는 자신만의 세상을 만들어갔다. 즉 그들은 자신만의 고유한 삶의 기준, 가치관들을 만들어가며 낯선 남한 땅에서 어떻게 살아야 할지에 관해 기준을 세웠다. 이러한 현실은 그들로 하여금 고향에서 직업과 진로를 마음껏 선택할 수 없었던 과거를 회상하게 했고, 한국에서 능동적이고 주도적으로 살아갈 수 있다는 사실을 다시 한 번 자각하게 하였다.

그들은 모두 일상의 주인공이 되어 크고 작은 폭넓은 경험을 하였다. 예컨대 자신이 원하는 옷 스타일을 마음껏 어디서든 입을 수 있고(참 2), 자신이 원하는 시간에 자신이 원하는 음식을 먹을 수 있는 일(참 1), 또한 자신의 취향에 맞는 디저트를 구매하기 위해 자기 선택에 의해 아르바이트를 할 수 있다는 점(참 2)과 자기 의지대로 여러 채널에서 축구경기를 관람할 수 있다는 점(참 4) 등이 그러하다. 곧 시간과 공간을 자신이 주도적으로 선택해 나갈 수 있다는 점에서 북한과는 다른 삶의 경험을 하고 있는 셈이다.

두 번째로 탈북청년들은 남한 친구들과는 출발선이 다르다는

사실에 열등감을 지니면서도 안정적으로 자아정체감[4]을 확보해 나
갔다. 아울러 그들은 보다 나은 미래를 향해 자신들이 지닌 강점과
자원이 무엇인지 발굴해내고 보다 안정감 있는 일상을 위해 자원
을 관리해 나갔다. 이러한 사실은 마르샤(Marcia, 1966)의 정체감 지
위이론을 토대로 보면 정체감 성취(획득)(identity achievement) 단계로
나아가는 과정이다. 위기를 경험하나, 그러한 현실 속에서도 자신
의 신념, 직업과 정치적 견해 등에 스스로 주체적인 의사결정을 해
나갈 수 있는 단계로, 이들은 상황적 변화에 크게 요동하거나 혼란
스러워하지 않는 모습을 보였다. 특히 그들의 탈북 연도가 2017년
에서 2018년인 사실을 고려하면 한국사회에 들어온 지 6년이 넘
지 않은 자들인데, 대체로 자신의 정체성이 확고한 편이라는 점은

---

4 정체성은 자기 자신이 누구이며, 어디에 속해 있으며, 무엇을 해야 하는지에 대한 판단
   의 집합이면서 고정된 것이 아닌 전생에 걸쳐 발달하는 것이다. 이것은 주요하게 자아정
   체성, 사회정체성, 국가정체성으로 구분할 수 있는데, 자아정체성은 타인과의 비교를 통
   한 자아이고, 사회정체성은 공동체 구성원으로서 다른 집단과의 비교를 통한 그룹의 지
   위, 국민정체성은 국가 구성원으로서 자기 자신에 대한 인식이라고 할 수 있다(이화연,
   2022). 자아정체성을 설명하는 이론으로 타인과의 비교를 통한 자신의 지위를 나타내 주
   는 마르샤(James E. Marcia) 자아정체성 이론이 대표적이다. 이를 토대로 북한이주청년
   의 자아정체성을 살펴보고자 한다. 마르샤는 정체성의 지위를 네 가지로 분류했는데, 정
   체성 성취(identity achievement), 정체성 상실(identity foreclosure), 정체성 유예(identity
   moratorium), 정체성 혼미(identity diffusion)가 그렇다. 이 구분에 따르면 정체성 성취는
   문제에 대해 더욱 인내하고, 현실적인 수준을 열망하는 것으로 권위주의적 가치에 대해 그
   들의 자존감에 부정적 영향을 덜 받는 것을 의미한다. 정체성 상실은 권위주의적인 가치,
   리더십 등에 부정적인 영향을 받고, 자신이 문제를 결정하기보다 주어진 것을 선택하는 이
   동의 자유가 낮은 것을 의미한다. 정체성 유예는 정체감을 형성하기 위해서 많은 노력을
   하는 상태이며, 정체성 혼미는 정체성 발달의 필요성을 대면하지 못하고, 아무 행동도 없는
   상태를 의미한다(Marcia, 1966). 이러한 마르샤의 분류에 따르면 자아정체감 지위는 진로
   정체감에도 영향을 미친다고 보고 있기 때문에 북한이주청년들의 건강한 자아정체감 형성
   은 성공적인 정착을 위해 매우 중요한 요소가 된다.

놀랍다. 이러한 이유에 관해 연구자들은 네 명의 청년들이 지닌 공통점을 발견하였는데, 그들은 모두 가족 또는 학교, 그룹홈 등 자신의 행동반경에서 사회연결망(social networks)이 안정적으로 발달하였다. 즉 그들이 이주자들로서 한국사회에서 자신이 누군인지, 어떻게 살아가야 하는지 발굴하고 성장해 나갈 수 있었던 점은 그들이 심리적으로 안전기지를 삼을 수 있는 누군가가 존재했기 때문이다. 이러한 사실은 그들이 자신들의 자원을 찾아 나가며, 타인을 통해 자신을 발견할 수 있는 기회의 중요성을 다시금 깨닫게 하는 것과 같다.

세 번째 탈북청년들은 한국사회에서 경제적·문화적 소수자로 살아가면서도, 자아를 확장시키고 성장해 나간 것으로 나타났다. 연구참여자들은 모두 '탈북'사건을 명확히 인지하며, 자신의 독특성을 수용하고 자신이 누구인지를 일관되게 인식하였다. 그들은 자신이 소속된 집단에서 스스로를 탐구하고 인생의 목표와 의미를 발견해 나가는 과정에서 자기 존재감을 확고히 해 나갔으며 이 사회에서 자신이 어떠한 존재가 될 수 있을지에 관해 의미를 발굴하고자 했다. 예컨대 북한학을 전공하고 있는 한 청년은 자신이 북에서 살아본 경험자로서 학문의 경지에 이르러 우리 사회에 필요한 정책을 제언하거나 연구자로서 실질적인 보탬이 되는 일에 기여하고 싶다고 했다. 또한 간호학을 공부하는 여대생은 의료진이 부족한 가난한 나라에 방문하여 간호사로서 그들을 돕고자 했다. 즉 연구참여자들은 그들 내면의 욕구에만 귀 기울이는 것이 아닌 공정한 사회와 모두가 평화로울 수 있는 사회 등 이상적인 세계를 그려나가고자 했다.

요약하면, 이 연구에 참여한 2030탈북 청년들은 그들이 사회적 · 경제적 소수자로 여러 제약을 경험함에도 불구하고, 자신의 심리 내외적 강점과 자원들을 활용함으로써 주체적으로 미래 설계를 위해 시간, 돈 등 자원을 관리해 나감을 확인할 수 있었다. 아울러 타인과의 교류적 관계 경험에서 자신의 가치관을 확립해 나가며 자신에게만 초점을 두는 데서 벗어나 사회적으로 의미 있는 일이 무엇인지에 관해 관심을 갖고 있음을 확인할 수 있었다.

이러한 결과는 20-30대 탈북청년들이 자신의 성격적 강점과 자원을 활용하여 주체적이고 자발적으로 자기 생활양식의 기준을 설정하고 적합한 생활 수준을 확고히 해 나간다는 점에서 의미가 있었다. 또한 자신만의 독특한 생활양식 기준을 만들고 설정하며 자아정체성을 형성해 간다는 점에서도 의의가 있다.

2. 10-20대 탈북청소년들의 또래관계 경험은 어떠한가?

모든 인생주기에서 '친구'는 중요한 의미를 지닐 것이나, 보다 활발하게 사회적 교류를 맺는 청소년 시기에 놓인 그들에게 친구라는 의미는 보다 강하게 작동할 것이다. Berndt(1982)가 언급한 바와 같이 청소년 시기에는 신체적 급변기를 맞이할 뿐만 아니라 인지적 · 사회적 측면에서 또래관계가 매우 중요한 기능을 하는데, 한 예로 그들은 긍정적인 친구관계 경험을 통해 보다 성숙한 대인관계 능력(Savin-Williams & Berndt, 1990)을 갖출 수도 있다.

탈북청소년들의 또래관계는 어떠한가. 일부 연구에 따르면, 몇몇 탈북청소년들은 학업 수준이 한국 출생자들에 비해 낮고 신체적으로 열악한 조건을 지녀 따돌림을 당하거나 일부 중도 탈락 및 일탈행위(박윤숙, 2009)를 경험한다고 한다. 또한 탈북청소년들은 남한 출생 청소년들에 비해 1-3세 많게 정규학교에 입학하여 많게는 6세까지 차이가 나고, 다른 문화로 인해 남한 친구들이 무슨 말을 하는지 알아듣기 어려워 또래문화에 합류하지 못하는(이향규, 2006) 결과를 가져온다고 한다.

이러한 맥락에서 연구자들은 탈북청소년들의 학교환경에서 또래관계라는 키워드에 주목하여 그들의 또래관계 경험을 인터뷰하고, 그들의 사회 정체성과 연관 지어 논의한 바 있다. 여기서는 그 내용을 간략히 소개하고자 한다.

1) 친구관계는 왜 중요한가

청소년기에는 소속감의 욕구가 강해지는 시기이다. 그들은 세상의 중심이 자신이라고 믿는 자기중심성 태도를 지니므로 그 시기 자신이 속한 집단 구성원들의 수용과 승인은 사회적 발달(진혜경, 2016)에 매우 중요하다. 긍정적인 또래관계 경험은 청소년을 사회적 · 정서적으로 보호하고(Rubin, Root, & Bowker, 2010), 또래와의 안정적인 애착은 그들의 자아 정체감과 삶의 만족도를 높이는 것으로 나타났다(박미려, 양은주, 2017).

2) 탈북청소년들의 친구관계는 어떠한가

탈북청소년들은 학습 공백으로 더 낮은 학년에 배정되는 경우가 있다. 이때 그들이 나이 차이로 인해 겪는 위축감은 그들이 친구를 사귀는 방해요소가 된다(이향규, 2007). 아울러 탈북과정에서 학습된 폭력성과 과격함이 또래관계에서 부정적으로 표출된다는 보고(박지영, 2001)도 찾아볼 수 있다.

또한 남북의 또래관계 문화에서도 차이를 보인다. 2017-2019년에 입남한 10-20대 북한이주민들 6명을 대상으로 집단초점면담법을 활용하여 친구관계를 탐색한 전주람과 최경(2022) 연구에 따르면, 북한이주민들은 친구 개념에서 '믿음'과 '신뢰'를 중요하게 인식하며 기능 면에서 심리 정서적 지지를 강조하였다. 또한 친구 놀이문화에서 혼자보다는 자연 친화적이고 친구들과 함께 하는 신체 활동량이 많은 친구 놀이문화를 선호하였다. 이러한 문화적 차이는 그들의 또래관계에 중요한 영향을 미치는 요인이다. 하지만 탈북청소년들의 또래관계에서 부정적인 요소만 있는 것은 아니다. 그들은 친구 관계에서 소외감, 부당한 차별 경험 등을 겪으나 동시에 의지할 수 있는 남한 출생 친구들과의 또래관계 경험으로 충분한 지지적 관계를 유지하기도 한다.

분명 청소년기는 부모의 영향력으로부터 벗어나 친구의 중요성이 강조되는 시기이다. 특히 탈북청소년들에게 친구는 가족보다도 심리 사회적 적응에 영향을 주는 사회적 관계임이 분명하다.

3) 누구를 어떻게 만났는가

연구자들은 표집에서 가족 형태, 학력과 경제적 계층 등에 제한을 두지는 않았지만 지역적 차이가 있을 수 있음을 고려하여 평양을 제외한 양강도 중심의 참여자들을 중심으로 표집하였다. 아울러 일차적으로 10대 후반에서 20대 초반 여성을 대상으로 그들의 또래관계 경험을 조사하였다.

조사 일시는 2021년 5-9월까지 약 4달간 총 2회 개별 인터뷰를 하였다. 면접 시간은 회당 2시간이었다. 연구참여자들은 zoom(연구참여자 1, 2, 4, 5)과 대면방식(연구참여자 3)으로 개별면담 하였다. 질문지는 참여자들에게 미리 배부함으로써 북한과 제3국, 남한에 입국하는 과정에서 어떠한 또래관계를 경험했는지 생각하는 기회를 미리 갖도록 하였다. 연구참여자 개인당 2회 인터뷰를 반구조화된 면담 방식으로 진행하였고, 각 회기별 소요 시간은 평균 약 2시간이었다.

연구참여자들의 일반적 특징

연구참여자	나이	탈북 연도	고향	북한에서 경제적 수준	인터뷰 당시 가족원 수
1	22	2019	양강도	상	1(부는 사망, 모의 생사는 모름)
2	17	2018	양강도	하	3(모와 새아버지, 참여자)
3	22	2014	양강도	중상	3(부모님과 참여자)
4	20	2017	양강도	중	3(엄마, 언니와 참여자)
5	21	2014	양강도	중상	4(부모님, 오빠와 참여자)

심층개별면담에서의 연구내용과 면접질문 내용

입남 초기 또래관계에 관한 주된 질문 내용	
1회기 북한거주 시, 북한이주여성들의 또래관계에 관한 경험	· 인구사회학적 관련 질문 　(탈북 동기, 거주 지역, 고향, 나이 등) · 북한에서의 친구관계는 어떠했는지에 관한 경험 · 북한에서 주로 친구들과 어떠한 놀이경험을 하 　였는지에 관한 경험
2회기 입남 초기 또래관계에 관한 경험, 또래관계에 대한 기대, 또래관계에 영 향을 미친 방해요인, 또래관계와 사회 정체성 간의 관계 등	· 입남 후 또래관계는 어떠하였는지 공통된 부분 　과 변화된 부분을 중심으로 전반적인 경험 탐색 · 입남 후 또래관계에서 긍정적 혹은 부정적인 경 　험과 그 이유 · 북한이주민이라는 배경이 또래관계에 미친 개 　인 내·외적 영향 · 또래관계 경험이 자신의 사회적 정체성 형성에 　어떠한 영향을 주는지에 관한 탐색 · 사회 정체성 형성에 영향을 미치는 개인 내·외 　적 요인에 관한 탐색

연구참여자 1

그녀는 2019년 탈북하였다. 현재 그녀는 요리학과에 재학 중이다. 북한 거주 시 부유하게 성장하였으나 아버지가 어머니를 심하게 때리는 장면을 일상으로 경험하며 성장하였다. 인터뷰 당시 아버지는 사망한 상태였고, 모는 북한 구류장에 수감되었으나 생사를 알지 못한다고 했다. 그녀는 버스나 지하철 타는 일을 두려워했고, 친구를 사귀는 부분에서도 크게 필요성을 느끼지 못한다고 했다. 친구들이 몇몇 있지만 북한 친구들과는 다르다고 했다. 한국에서 만난 친구들은 겉과 속이 다르다고 했다.

연구참여자 2

그녀는 2018년 탈북하였다. 북에서 양어머니와 지내다가 2018년 북한에 계신 아버지의 권유로 남한에 먼저 온 친정어머니와 살고자 탈북하였다. 한국에 도착하여 친어머니를 만났지만 새아버지와 살고 계셨기 때문에 가족에 새롭게 적응해야 했다. 당시 17살이지만 북한에서 여러 일 경험이 있다. 경제적으로 어려웠기 때문에 그녀는 가발을 만들거나 사탕을 파는 등 생계를 유지하고자 돈을 벌었다고 했다. 그녀는 대안학교가 아닌 일반 고등학교에 입학하여 대체로 잘 적응하였다. '북한 사람'이라고 처음부터 당당히 친구들에게 밝혔다고 했다. 학교에서 만난 몇몇 친구들은 북한 사람들이 어떻게 사는지, 학교는 어땠는지 등 북한사회에 관해 호기심을 보였지만, 불편한 시선으로 자신을 바라보는 친구들도 있다고 했다.

연구참여자 3

2014년 그녀는 친척 동생들과 함께 넘어왔다. 그녀는 서울에 소재한 대학에서 유아교육을 전공하고 있다. 외동아로 성장했고 고향에서 경제적으로 크게 어렵지는 않았다. 그녀는 한국에 도착하여 무엇보다 '북한 말투'를 바꾸고자 애썼다. 친구 문화에 합류하기 위해서였다. 또한 여러 캐릭터를 외우고자 이를 악물었다. 친구들 대화에 끼기 위해서 말이다.

연구참여자 4

2017년 탈북하였다. 그녀는 간호학과에 재학 중이다. 그녀는 남한 출생 친구들과 출발선이 다르다는 점에 열등감이 높지만 수용해 나갔다. 그녀는 가족 생계에 보탬이 되고자 편의점 등 여러 아르바이트를 하고 있다. 노동하는 어머니와 아버지의 고생을 덜어드리기 위해 성공하겠다는 의지가 강하다. 그녀는 허물없이 진실하게 지낼 수 있는 친구가 진짜 친구라고 했다. 그러면서 '순수한 친구'관계를 그리워하며 한국 친구들은 대게 그렇지 못하다고 하며 아쉬움을 드러냈다.

연구참여자 5

2014년 탈북하였다. 그녀는 먼저 한국에 넘어온 친어머니를 만났다. 하지만 오랜 시간 탓인지 엄마는 낯설게 느껴졌다. 그래서일까. 대안학교 기숙사에 사는 게 편하다고 했다. 인터뷰 당시 그녀는 복지학과에 재학 중이었다. 그녀는 '머리 쓰는(계산하는)' 남한 친구들이 싫다고 했다.

4) 자료는 어떻게 분석하였나

Downe-Wamboldt(1992)의 8단계 절차에 근거하여 주제분석하였다. 이 연구에서는 4단계를 거쳤다. 우선 연구자들은 녹취된 원자료를 반복하여 읽었고, 의미 있는 진술들을 발췌해 나갔다. 그런 후 연구자 간 합의를 거쳐 의미 있는 진술을 분석하면서 개념화를 시도하였다. 그리고 연구자 간 합의를 거쳐 하위범주 내용에 관해 개념화된 주제를 확정해 나갔고, 마지막 단계에서는 연구 결과의 타당성과 신뢰성을 확보하고자 질적 연구의 경험을 지닌 북한학 전공자 1인과 자료를 공유하며 재분석 및 확인을 거쳤다.

연구결과

'윗동네' 친구들에 대한 그리움

〈북한교육과는 다른 한국사회의 교육환경〉
"북한에서는 공부 공부 안 해요. 왜냐하면 공부해도 쓸 데가 없거든요. 그럼 엄마들이 아- 그 쓸데없는 공부 왜 하는 거야! 그냥 나가서 놀아' 그래요. 물론 공부를 하라는 부모님들도 계시지만 솔직히 굳이 왜 공부하냐는 부모가 더 많을 거예요. 왜냐하면 학교 가면 맨날 돈 내라고 하거든요. 저는 10살 이후부턴가… 11살 4월까지 학교 다니고 안 다녔어요. 5월부터. 그냥 뭐 시멘트도 나르고, 강에서 거머리도 잡고 그랬어요."(연구참여자 2)

"저는 북한에 있을 때가 더 좋았어요. 애들이랑 노는 시간이 더 많았거든요. 한국에 오니까 친구들이랑 놀기 어려워요. 저 역시 한국사회에 익숙해서 놀면 안 되죠. 공부해야죠?"(연구참여자 4)

그들은 공부가 우선시되지 않았던 북한사회를 그리워했다. 물론 북한에서는 공부 외에도 학교에서 교실 청소, 꽃 심기 등 여러 힘든 신체 노동이 있었지만 학습에 대한 부담은 적었다고 하였다.

계산하지 않던 고향 친구들

〈계산하지 않는 또래관계〉
"만약 친구가 향수가 필요하다. 그런데 돈이 없다? 그러면 저희는 무조건 돈을 모아서 사주거든요. 의리가 있어요. 여기(남한에서 태어난) 애들처럼 지난번 내가 무엇을 받았으니 이번에는 내가 뭔가 주는 식이 아니에요. 친구면 모든 것을 나눌 수 있어야죠."(연구참여자 4)

"여기에서 생일이라고 하면 돈을 같이 내서 먹잖아요. 고향에서는 제가 생일이면 친구 몇 명이서 밥 먹은 것들을 결제해 줍니다. 저는 결제를 못 하게 하는 거죠. 북한 친구들이랑은 절대로 그러지 않습니다. 하지만 남한 친구들이랑은 더치페이합니다. 북한 친구들은 더치페이하는 것을 좋아 안 합니다. 이걸 엄청, 우리 사이 딱딱한 것같이 느끼는 거죠."(연구참여자 5)

그들은 친구관계에서 '순수성'과 '의리' 두 가지를 특히 강조했다. 그러면서 어렸을 때 만났던 윗동네 친구들이 보고 싶다고 했다.

따가운 시선, 뒤늦은 출발 및 열등감

〈남한 출생 친구들의 불편한 시선〉
"…처음에는 너무 두려웠죠. 애들이 북한 사람 구경 온다고 하고…."(연구참여자 3)

"북한에서 온 애라는데… 와! 조금 아니꼽게 보는 애들도 있기는 한데 솔직히 사람이 만인의 사랑을 다 받고 살지는 않잖아요. 친구들이 '아, 쟤 북한에서 왔대' 하면서 되게 신기하게 보는 거? 그게 에피소드죠. '북한 어때?' 그때 너무 업신여기는 느낌? 그런 거 있잖아요. '뭐 티브이 보니까 북한 그렇던데. 맞아?'

북한이 여기서 생각하는 것처럼 폐쇄적이지 않아요. 왜냐면 돈이 있으면 살기 좋거든요. 북한도 돈이 있으면 세상에 없는 거 있을까요? 다 있어요. 돈이 있으면. 아예 없진 않아요. 돈이 없을 뿐이지. 잘사는 사람들은 안 오잖아요. 잘사니까 안 오는 거죠. 북한도 백화점 가보면 없는 게 없어요, 진짜."(연구참여자 2)

그들은 남한 출생 친구들의 편견과 고정관념을 지적하였다. 이 때문에 '북한 사람'이라는 사실을 말해야 할지 고민하는 일이 생긴다. 연구참여자 2를 제외하고는 북한 사람이라는 사실을 숨겨온 것으로 밝혀졌다. 특히 친구들이 가진 '북한은 폐쇄적이고 가난하다'는 식의 부정적인 인식은 그들이 자신의 고향을 당당하게 밝히지 못하는 주된 원인으로 나타났다.

〈남한 출생 친구들과의 사회 비교에서 오는 열등감〉
"(대중교통 타는 걸) 모르면 다 바보 같고… 친구는 되는데 나는 안 되면 자존심 떨어지죠. 그래도 다 참아내는 거예요. 살이 엄청 찌고 하니까 막 죽고 싶고 그러더라고요. (심리적으로)일어서겠지 했는데 속도가 너무 더딘 거예요. 실망도 했었어요."(연구참여자 1)

〈남한 친구들에 비해 늦은 출발선, 열등감과 불안감〉
"한국 애들은 어릴 때부터 자라서 한국 문화에 익숙하잖아요. 어릴 때부터 자기가 (직업적으로)뭘 할지 정하고 그것만 위해 노력하잖아요. 공부도 많이 하고요. 그런데 저는 어떻게 보면 중간에 뚝 떨어져 가지고 그때부터 준비해야 하는 거예요. 저는 너무 짧은 기간에 그 사람들처럼 살아가야 한다는 게 좀 힘들죠. 언제나 퇴보한다고 해야 할까요? 언제까지 그래야 할지 모르겠어요."(연구참여자 4)

〈스트레스로 인한 정신병리적 문제: 공황장애〉
"저는 안 바뀌는 거 같아요. …과호흡이 와 가지고 지금도 가끔 숨 쉬기 힘들
때가 있어요. 근데 그걸 그냥 귀찮지만 참고 견뎌내면 괜찮데요. 한 번에 터진
거죠. 지하철에서 쓰러지면 민망하잖아요. 근데 막 느낌이 오는 거예요. 병원
갔죠. 옆 사람들이 도와주셔 가지고요."(연구참여자 1)

아울러 그들은 남한 출생 친구들과 출발선이 다르다는 점, 학습
과 문화 모든 면에서 자신을 부족하다고 여기며 열등감을 경험할
때가 많았고, 공황장애(참 1)와 같은 심각한 정신병리적인 문제로
이어지기도 했다.

그래도, 몇몇 좋은 친구들

〈남한 출생 친구들의 '북한'에 대한 긍정적인 관심〉
"…신기하다 북한에서 왔구나' 이런 애들도 있고.
'아 진짜? 나 처음 봐. 북한 어때? 살기는 어때? 애들은 어때?'
이렇게 궁금해하는 애들도 있고."(연구참여자 2)

"저는 중학교 처음 갔을 때도 북한 사투리를 심하게 하고 있는 거로 생각했는
데 애들이 와서 '북한 사투리를 한번만 해 달라'는 거예요. 저는 그게 엄청 놀라
운 거예요. 그래서 '지금 하고 있지 않냐고' 하니깐 아니래요. 그래서 한번만 해
달래요. 그래서 저는 제가 사투리를 하고 있는 줄 알았는데 아닌 거예요…. 저
는 심하게 사투리 쓴다고 생각했는데 아닌 거예요." (연구참여자 3)

'북한은 살기가 어떤지', '북한 사투리는 어떻게 하는 것인지' 묻
는 친구들이 있다. 이러한 경험은 불편한 시선과는 다른 경험이다.

그들은 몇몇 친구들을 통해 위안을 삼고 그들과 상호관계 맺으며 긍정적으로 자신을 자각해 나갈 수 있었다.

'남한 사람'이 되고자 처절히 몸부림치나, 여전히 사라지지 않는 경계선

〈남한 출생 친구들과 다른 북한식 말투〉
"거기에서는 익숙한 환경, 모든 것이 익숙했죠. 그런데 지금은 그런 것들이 모두 다르니까 힘들죠. 특히 말투가 힘든 것 같아요."(연구참여자 5)

"한국에 와서 한국 말 따라 하는 거 많이 했거든요. 아~ 진짜 티가 안 나 가지고… 애들이랑은 솔직히 처음엔 말 좀 안 하고 싶고요.
그러니깐 거리감이 벌어질 때도 있죠."(연구참여자 2)

〈남한 매체의 캐릭터 알기〉
"…친구들과 대화하기 위해 캐릭터들을 이를 악물고 외웠죠…. 노력하는 것도 있지만, 저는 센스라고 생각하거든요. 진짜 몰랐던 것도 금방 눈치를 채 가지고 대화에 끼는 편이거든요. 저는 눈치 봐서 애들이 무슨 얘기를 하는구나! 하면서 금방금방 대화에 끼는 편이거든요!"(연구참여자 3)

그들은 북한식 말투를 사용하는 순간 열등한 인물이 된다. 따라서 그들은 가급적 빨리 남한식 말투를 익히고자 애썼고, 또래의 대화에 끼고자 캐릭터를 외우는 등 은밀한 노력이 병행되어야만 했다. 자신이 북한에서 온지 친구들은 모르기 때문에. 자기 보호를 위해 매우 중요한 일이었다.

〈솔직하지 못하고 전략적인 남한 출생 친구들〉
"한국 친구들은 솔직한 거 안 좋아하더라고요. 아양 떠는 거죠. 거짓말 치는 거 닭살이에요. 그런 애들 너무 많아요. 물론 저희 고향도 아양 떨고 이런 사람 있지만, 그래도 대체로 솔직하다고 해야 할까요? 솔직한 걸 선호해요. 싫으면 싫다고 말해 주는 걸 선호해요. 근데 여긴 강제로 리액션을 하라잖아요. 그게 사회성이라고 생각하는 거 같아요."(연구참여자 1)

"저는 둔한 성격이긴 해요. 그래도 저도 머리가 있으니까 (돈)쓰려고 노력을 하죠. 근데 어느 순간 친구들에게 넘어가 있을 때가 있어요. 속고 넘어가 있는 거예요. 머리 쓰는 거죠. 북한 친구들은 그러지 않습니다."(연구참여자 5)

그들은 누구보다 '계산적인 친구'를 혐오하는 듯했다. 돈을 계산하고 밥값을 내는 등의 일은 그들에게 '정이 떨어지는' 일이자 더욱 고향 친구들을 떠올리게 하는 일이었다.

네들이 북한 은하계를 아냐?!

〈고향에서만 볼 수 있는 아름다운 은하계〉
"난 내 목숨을 담보로 다 해 봤는데… 걔네가 뭘 해 봤겠어요…. 가스레인지 불도 못 켜는 거예요, 우리는 펜션에 놀러 가서 아궁이에 불 이렇게 펴 가지고 나무 패 가지고 하고 했는데 뭐가 무섭다고 못 하더라고요. 서울 하늘에도 별이 뜨긴 하죠.? 근데 북한은 그 달과 별! 반짝반짝 은하수 같은 게 다 보여요. 얘네는 그 별 고작 몇십 개 있는 거 보고 좋아하고 행복해하는 거예요."(연구참여자 3)

〈북한 사람으로서의 자존심, 성공에 대한 꿈〉
"내가 친구들하고 같이 놀면서도 나쁜 게 있어요. '얘들보다 성공해야지!'라고 생각해요. 네가 이걸 해? 그럼 나는 더 좋을 걸 할 거야라는 생각이 들어요. '네가 나중에 어딜 취업해?' 그럼 나는 나중에 너보다 더 좋은 회사를 취업할 거야. 이런 생각도 들어요. 친구가 있는데 인간적으로는 좋지만⋯ '네가 이렇게 살고 있지만, 나는 더 잘 살 거야'라는 생각이 들어요. '나는 미래를 생각해서 너보다 훨씬 잘될 거야'라는 생각도 들어요. 제가 성공한다는 생각도 높고 열등감도 엄청 높은 것 같아요."(연구참여자 3)

그들은 자신들만이 지닌 무엇을 찾아내고자 했다. '북한 사람'이라는 자존심을 지켜줄 만한 것이면 무엇이든 찾아냈다. '목숨 걸고 강 넘은 사람들이 무엇을 못 하겠냐?'고 말하며 강한 의지를 보이기도 했다. 또 한 참여자는 북한에서 봤던 은하계를 떠올렸다. 그녀는 자신이 봤던 아름다운 은하수를 남한 애들이 봤겠다고 질문하며 자신만이 지닌 문화적 자산이라고 했다. 또한 연구참여자는 친구들과 여행 가서 나무에 불도 못 지피는 남한 애들을 봤다고 했다. 자신은 어렸을 때부터 지겹도록 했던 일이라고 하면서. 남한에서 태어났다면 뭐든 자신이 더 잘했을 것이라고 말하며 꼭 성공한 모습을 보여주겠다고 했다.

이와 같이, 본 연구에서는 남한사회에서 경제적·문화적 소수자로 살아가고 있는 10-20대 북한이주여성들(2014-2019년)의 또래관계와 사회 정체성에 관해 질적 사례 연구방법론을 활용하여 탐색하였다. 그 결과는 다음과 같이 정리해 볼 수 있겠다. 첫 번째로 참여자들은 북한이 남한에 비해 학업 스트레스가 적고 친구와 보내는 시간이 충분하다고 지각하며, 고향에서의 친구관계는 의리 있고 순수하다고 하였다. 두 번째로 참여자들은 또래관계 유지에 방해가 된 요인으로 남한 출생 친구들의 북한 사람에 대한 편견과 고정관념을 꼽았다. 또한 자신들이 남한 출생 친구들에 비해 동등한 선에서 출발할 수 없다는 사실에 열등감을 느꼈고, 종종 불안, 공황장애 등 정신병리적인 문제로도 나타났다. 세 번째로 참여자들은 자신들이 친구관계에 합류하기 위해 북한식 말투 등 북한식 문화에서 벗어나 빠르게 남한사회에 동화되고자 하였다. 아울러 남한 출생 친구들은 겉과 속이 다른 이중적인 모습이 있고 전략적이라고 비판하며 심리적 경계를 짓고 자신들만의 리그를 형성하기도 했다. 마지막으로 참여자들은 자신들이 남한 출생 친구들보다 우위를 점할 수 있는 심리 문화적 자원들을 발굴해 나갔다. 이는 정착과정 초기에는 내집단과 외집단의 갈등을 경험하지만, 시간이 지나면서 자신이 속한 집단 정체성에 대한 자부심을 갖고, 더욱 우월해지기를 바라는 내집단 선호 현상과 연관된다. 아울러 참여자들은 몇몇 남한 출생 친구들을 통해 '북한'에 대한 긍정적인 관심과 질문을 받으며 긍정적으로 사회 정체감을 형성해 나갔다.

  마지막으로 이 연구의 한계점은 다음과 같다. 이 연구는 소수자들의 이야기로 일반화할 수 없다는 한계점이 있고, 참여자들의 연령대가 10-20대 여성인 점, 탈북 시기가 제한되어 있다는 점이 있다. 따라서 향후 탈북 청소년과 청년들의 또래관계와 사회 정체성의 관계는 양적 연구, 혼합연구에서 여러 개인 내외적 변수를 고려하여 탐구할 필요가 있다. 예컨대 양적 연구를 통해 사회적 편견 및 차별, 사회관계망, 자기 가치감과 존중감, 문화 적응 스트레스 등 타당화된 설문을 활용하여 변수들 간의 관계를 파악하고 탈북자들의 심리적 수준을 확인하여 보다 긍정적으로 사회 정체성을 형성해 나갈 수 있는 방안을 제시해야 할 것이다.

제2장 교육관련 활동 사례

1. 남북 청년들의 상호 문화이해를 위한 소모임 활동[5]

본 소모임은 20대 초반 탈북청년들을 대상으로 그들의 자아정체성과 회복탄력성 구축을 위한 독서 프로그램이다. 한국여성정치연구소의 지원을 받아 2022년 남북청년이 소모임을 가졌다. 자료 수집 기간은 2022년 12월 30일부터 2023년 1월 16일까지 총 5회 진행하였다. 인터뷰는 비대면 방식으로 Zoom 프로그램을 활용하여 진행하였다.

프로그램 일시 및 시간

회기	인터뷰 일시 및 시간
1	2022년 12월 27일 (2h)
2	2022년 12월 30일 (2h)
3	2023년 1월 6일 (2h)
4	2023년 1월 13일 (2h)
5	2023년 1월 16일 (2h)

	연령	성별	직업	전공	탈북 연도	입국하기까지 체류한 나라	비고
참여자 1	20대 초반	여	대학생	복지	2014	3개국	

---

5 한국여성정치연구소에서 지원을 받아 2022년 수행한 사업임을 밝힌다. 전주람과 곽상인
   (서울시립대학교)이 자문으로 참여하여 최유경 대표 주도하에 모임을 이끌었다.

	연령	성별	직업	전공	탈북 연도	입국하기까지 체류한 나라	비고
참여자 2	20대 초반	여	대학생	심리	2015	1개국	
참여자 3	20대 초반	여	고등학생	–	2019	2개국	
참여자 4	20대 후반	여	대학생	조리			1회기 후 종료

프로그램 효과성 검증을 위한 척도 활용

본 프로그램에서는 연구참여자들의 독서 프로그램 참여 전후 회복탄력성과 자아정체성의 수준을 파악하기 위해 사전/사후 검사를 실시하였다. 우선 참여자들의 회복탄력성의 수준을 파악하기 위해 방소현(2020)의 〈북한이탈주민의 문화성향, 외상후스트레스장애, 회복탄력성이 남한사회적응에 미치는 영향〉 연구를 참고하였다. 방소현(2020)의 연구에서 사용된 회복탄력성은 Connor와 Davidson(2003)이 개발한 Connor-Davidson Resilience Scale(CD-RISC)을 Baek 등(2010)이 번안한 한국판 K-CD-RISC 척도이며, 총 25개 문항의 5점 Likert 척도로 강인성, 인내력, 낙관성, 통제감, 영성의 5가지 하위요인으로 구성된다. 각 문항별로 0점(전혀 그렇지 않다)에서 4점(거의 언제나 그렇다)까지 최저 0점에서 최고 100점으로 점수가 높을수록 회복탄력성이 좋음을 의미한다. 도구개발 당시 신뢰도 Cronbach's α=.89, Baek 등(2010)의 연구에서는 Cronbach's α=.93이었다.

그리고 자아정체성 수준을 파악하기 위해서는 삼육대학교 학생 상담센터 홈페이지(https://www.syu.ac.kr/slcc/program/self-psychology-test/

self-identity)의 자아정체감 척도를 활용하였다. 이 척도는 총 30문항으로 구성된 자아정체감 검사로 5점 리커드 척도로 구성되었다. 검사 결과, 0-40점의 경우, 정체성이 혼란스럽고 무기력한 상태로 아직 직업이나 인생관에 대해서 심각하게 접근해 보지 않은 경우이다. 이들은 자기가 진실로 어떤 사람이었던가를 검토하여 자신에 대한 객관적 이해를 다지고, 적극적으로 관여해야 할 일에 적극적으로 관여하는 노력이 필요하다. 41-75점의 경우, 정체성이 취약한 상태이다. 즉 다른 사람이 제시해 주는 선택에 자주 흔들리게 되고, 하고 싶은 직업 등이 자주 바뀌게 된다. 정체성이 취약하면 무기력감이 생기고 우울감에 빠지기 쉬우며, 타인에 대한 적대감을 갖게 될 수도 있다. 정체성 확립을 위한 능동적인 탐색이 필요한 상태를 의미한다. 76-105점의 경우, 양호한 정체성을 갖고 있다고 볼 수 있다. 자기의 성격, 취향, 가치관, 능력, 관심, 인간관, 세계관, 미래관 등에 대해 비교적 명료한 이해를 하고 있으며, 이런 이해가 지속성과 통합성을 가지고 있다. 마지막으로 106-135점의 경우, 건강한 정체성을 가지고 있다고 해석한다. 이들은 자율적이고 독립적인 개인으로서 자기 자신에 대한 확신을 갖고 있으며, 여러 가지 위기와 어려움을 극복하거나 경험하고 난 후 개인의 인생관, 직업관, 미래관, 세계관이 확고하게 구축된 상태로 해석한다.

회기별 내용

이 프로그램은 2022년 12월 30일부터 2023년 1월 16일까지 총 5회 진행하였다. 인터뷰는 비대면 방식으로 Zoom 프로그램을 활용하여 진행하였다. 1단계에서는 연구 소개 및 프로그램 진행방법 안내, 프로그램의 목적 설명, 공식적인 동의 절차를 거쳤다. 그리고 사전검사로 회복탄력성과 자아정체감 검사를 실시하였다. 그런 후 자기소개를 간단히 하고 친밀한 관계를 도모하였다. 또한 글래서 박사의 욕구검사를 통해 자신이 무엇을 필요로 하는지 점검하였다. 과제로는 "나는 누구인가?"에 관해 에세이를 작성하도록 하였다. 2단계에서는 자신이 작성한 과제(나는 누구인가)에 관해 핵심적인 부분을 함께 나누고 피드백하였고, 김열규의『그대, 청춘』이라는 책을 통해 참여자들이 자신의 청춘을 거울삼아 비춰볼 수 있도록 하였다. 과제로는 "감사일기"를 날마다 작성해 오는 것이었다.

3단계에서는 존 맥스웰의『리더십 불변의 법칙』을 읽고 토론했다. 이 책은 존 맥스웰이 제시하는 리더십의 핵심 원리를 다룬 글이다. 책에 소개된 총 12개의 리더십은 〈한계의 법칙〉, 〈영향력의 법칙〉, 〈과정의 법칙〉, 〈항해의 법칙〉, 〈덧셈의 법칙〉, 〈신뢰의 법칙〉, 〈존경의 법칙〉, 〈직관의 법칙〉, 〈끌어당김의 법칙〉, 〈관계의 법칙〉, 〈이너서클의 법칙〉, 〈권한위임의 법칙〉, 〈모범의 법칙〉, 〈수용의 법칙〉, 〈승리의 법칙〉이다. 책을 읽는 동안, 난 맥스웰이 제시하는 리더의 역량을 얼마나 갖추고 있는지 거울삼아 되짚어보았다. 그런 후, 난 '내 인생의 우선순위'가 무엇일지에 관해 재검토하며 특히 '봉사'와 '희생'정신이 부족함을 깨달을 수 있었다. 그러면서도 미국인인 존 맥스웰이 제시하지 못한 한국 고유의 집단주의 문화에서 중요한 리더십의 특징이 있을 것이라 생각하였다. 한국사회는 미국과 다른 사회문화적 맥락을 지닌다. 한국사회에서 리더의 자질로 무엇보다 인간관계의 능력의 중요성을 말하고 싶다. 특히 상대방을 너그러이 이해하는 넓은 아량이 근본적인 리더십의 성품이라고 생각한다.

4단계에서는 북한이탈주민이자 작가인 경화의 『나의 살던 북한은』이라는 책을 같이 읽고 토론했다. 저자 경화는 북한에서 30여 년, 남한에서 20년을 살았던 여성이다. 북한에서 학교 졸업 후 노동자로 일했는데, 입남(入南) 후에도 계약직 청소노동자로 일하고 있다. 이런 노동자의 삶에서 벗어나지 못하는 경화의 이야기 속에는 북한의 여러 문화적 현상을 볼 수 있는 대목이 많다. 거대하고 복잡한 이야기가 아니라 북한 마을과 가정, 직장에서 펼쳐지는 문화적 현상에 대한 이야기를 하고 있어서 읽는 데 재미가 있다. 이와 더불어서 북한과 남한 사회의 문화를 대비시키고 있어서 그 차이를 이해하는 데에도 유의미한 책이라 하겠다.

5단계에서는 이기범의 『남과 북 아이들에겐 철조망이 없다』(보리, 2018)를 놓고 토론을 벌였다. 이 책은 이기범 교수의 마흔아홉 번에 걸친 방북기와 어린이어깨동무가 135번이나 북한에 방문하면서 쌓은 대북사업의 경험, 그리고 그 실천 과정에서 느끼고 고민했던 사유가 결합된 것이다. 대북 관계를 담당하는 실무자에게서 북한을 알고 싶어 하는 일반인에 이르기까지 고루 도움을 받을 수 있는 내용으로 채워져 있다. 분단의 벽을 넘고자 하는 사람들에게, 북한의 실상을 좀 더 깊이 알고 싶어 하는 이들에게, 그리고 아직도 북한에 대해 마음의 경계를 벗어나기 어려워하는 분들에게도 이 책의 일독을 권한다.

그리고 진천규의『평양의 시간은 서울의 시간과 함께 흐른다』도 자료를 제공했다. 프로그램 연구 기간이 짧았던 터라, 이 책을 놓고 토론을 벌이지는 않았으나 유의미한 부분을 발췌하여 자료를 제공했다. 진천규 기자는 2017년 10월 6일부터 2018년 6월 23일까지 북한을 방문하게 되는데, 그때의 흔적을 이 책에 사진과 글로 담았다. 북한의 넓은 지역 중에서도 평양 중심의 일상을 포착하는 작업을 하면서, 최대한 그들의 삶 속으로 들어가 풍경을 담고자 노력했다고 평가할 수 있다. 이 책의 표제에서 확인할 수 있는바, 서울의 시간과 평양의 시간은 2018년 5월 5일부로 통일되었다. 원래는 일본 제국주의자들에게 맞선다는 명분(2015년)으로, 일본에 맞춰진 표준시를 30분 당겨 빨리 시간이 지나가게끔 했는데, 2018년 4월 판문점 남북정상회담 당시 김정은이 "북과 남의 시간부터 먼저 통일하자"고 제안하면서 남북의 시간이 같아진 것이다. 이처럼 진천규는 남과 북이 하나가 되는 통일의 염원이 담겨 있는 메시지를 책의 표제로 하기 위해 '평양의 시간은 서울의 시간과 함께 흐른다'를 선택했다고 볼 수 있겠다.

회기	프로그램 주제	회기별 목표	프로그램 내용
1	욕구검사를 통한 자기 이해	자신이 지닌 욕구가 무엇인지에 관해 명확히 알아차린다.	- OT, 자기소개 - 욕구강도검사를 통한 자기 이해
2	『그대, 청춘』을 통한 자기 이해	『그대, 청춘』이라는 책에 비춰 자신의 청년 시기의 모습을 탐색한다.	- "나는 누구인가" 에세이 나눔 - "그대 청춘" 독서에 비친 자기 이해 - 느낀 점 나누기

회기	프로그램 주제	회기별 목표	프로그램 내용
3	『리더십 불변의 법칙』으로 본 리더십	『리더십 불변의 법칙』으로 리더란 무엇인가를 탐색한다.	– 감사일기 나눔 – 도서에 대해 느낀 점 나누기
4	『나의 살던 북한은』으로 본 자아정체성	『나의 살던 북한은』을 통해 북한에서 살았던 경험을 이야기하면서 자아정체성을 모색한다.	– 감사일기 나눔 – 도서에 대해 느낀 점 나누기
5	『남과 북 아이들에겐 철조망이 없다』로 본 회복탄력성	『남과 북 아이들에겐 철조망이 없다』를 보며 평양과 서울을 비교하면서 회복탄력성을 탐색한다.	– 감사일기 나눔 – 도서에 대해 느낀 점 나누기

1회기: 자기소개, 라포 형성

연구 소개 및 프로그램 진행방법 안내, 연구목적 설명 및 공식적인 동의절차를 거쳤다. 그리고 사전검사로 회복탄력성과 자아정체감 검사를 실시하였다. 그런 후 자기소개를 간단히 하고 친밀한 관계를 도모하였다. 또한 글래서 박사의 욕구검사를 통해 자신이 무엇을 필요로 하는지 점검하였다. 과제로는 "나는 누구인가?"에 관해 에세이를 작성하도록 하였다.

⟨욕구강도프로파일 참여자 예시 1⟩

	합계의 평균 점수	
	나	상대방
생존 욕구	33	3
사랑과 소속 욕구	42	1
힘과 성취 욕구	30	5
자유 욕구	39	2
즐거움 욕구	32	4

〈욕구강도프로파일 참여자 예시 2〉

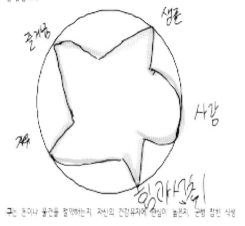

2회기: '나는 누구인가' 과제 나눔, 김열규의『그대, 청춘』

자신이 작성한 과제(나는 누구인가)에 관해 핵심적인 부분을 함께 나누고 피드백하였고, 김열규의『그대, 청춘』이라는 책을 통해 참여자들이 자신의 청춘을 거울삼아 비춰볼 수 있도록 하였다. 과제로는 "감사일기"를 날마다 작성해 오는 것이었다.

〈예시: 나는 누구인가?〉

나는 평소에 말을 많이 하지 않고 조용히 사색하는 사람이다. 나를 처음 마주하는 사람들도 한 번에 성격을 알 수 있는 사람이라고 생각한다. 첫인상은 잘 웃고 밝은 모습일 수도 있지만 점점 시간이 흐르면서 친해지면 밝은 사람으로 남을 수 있으나 친해지지 않을 경우에는 그냥 조용한 성격을 가진 선한 사람이라고 생각할 것이다. 나의 이러한 성격은 많은 사람들로 하여금 다가오기에 쉽게 느껴지고 금방 친해질 수 있다고 친구들은 말한다. 조용한 성격이 단점이라고 생각했었는데 지금은 장점이 된 것 같아 좋다.

나의 장점은 밝게 웃으면서 사람들에게 밝은 에너지를 주는 것이고 또한 다른 사람의 아픔이나 슬픔에 공감을 매우 잘 해 주는 것이다. 현대사회에 다른 사람의 아픔을 공감해 주고 보듬어줄 수 있다는 것은 큰 능력이고 좋은 것이다. 몇몇의 사람들은 공감 능력이 낮아 연인끼리 헤어진다거나 친구끼리 사이가 멀어지는 것을 봐온 적이 있어 나의 가장 큰 장점이다.

그렇다면 나의 단점은 무엇일까? 나의 단점은 지나치게 많은 생각으로 인해 행동을 바로 실행하지 못한다는 것이다. 내가 꼭 해야 하는 일이 있으면 바로 실행할 수 있는 능력이 매우 부족하다. 이러한 단점은 보완하고 장점은 더욱 크게 키워 나가는 것이 나의 목표이고 제일 중요한 것이라고 생각한다.

나는 미래에 내가 원하는 것을 하면서 꾸준히 살아가려고 한다. 미래에 내가 원하는 것은 안정적인 직업을 가지고 문화생활을 즐기면서 사람들과 더불어 살아가는 것이 원하는 것이다. 혼자서 살아가는 삶보다는 안정적이고 다른 사람들과 즐기면서 살아가는 것이 행복이라고 생각한다.

〈예시: 나는 누구인가〉

모든 사물이 변하는 가운데 한 사람을 규정하는 것은 매우 위험하다. 하지만 사람마다 고유의 개성이나 특징을 가지고 있다. 이러한 특징들인 자신의 장점, 단점, 흥미, 능력, 내가 보는 나, 다른 사람이 보는 나, 나의 꿈 등 여러 가지 나의 지금 모습 등을 바탕으로 나의 자아정체성을 탐색해 보고자 글을 쓰게 되었다. 에릭슨과 프로이트가 주장한 것에 의하면 청소년들이 자아정체성을 찾는 최고의 방법은 글쓰기라고 한다.

나의 장점 필역하기

나는 얼마 전만 해도 헤아릴 수 없는 나의 장점을 찾지 못하고 자신감 없이 살아왔다. 하지만 지금은 대학교 교육과 독서, 강의를 들으며 열심히 노력한 결과 예전과 다른 나로 새롭게 성장하게 되었다. 나의 장점을 살펴보면 이타적인 마음, 감정조절 능력, 효도, 예리한 판단력, 분석력, 성실성, 성찰 능력, 책임감, 정의감 등이 있다.

나의 단점 필역하기

나는 환경과 불치병(태어날 때 가지고 태어나는 습관이나 성격)으로 많은 아픔을 가지고 있었다. 지금은 환경이 변하고 나아가 꿈을 찾아 보람을 느낄 수 있는 생활을 하고 있어 과거를 잊고 새출발을 했다. 그래서 현재의 나는 더 나은 나로 성장시키기 위해 노력 중이다. 나의 단점들에는 열등감, 자기의식, 건망증, 완벽주의가 있다. 이러한 단점을 극복하기 위해 열등감을 느낄 때마다 내가 성취한 기억들을 되살리기도 하고 상대와 비교하는 마음을 내려놓고 상대가 그 능력을 쌓기 위해 꾸준히 노력한 것에 존경을 표하기도 한다.

나의 능력

나는 내가 아직 찾지 못한 수많은 능력을 가지고 있다. 내가 찾은 능력 중에는 나는 성실하고 꾸준하다. 이러한 능력을 소유하고 있어 이루려고 하는 목표가 정해지면 나의 능력을 최대한 발휘하여 이루어낸다. 이 능력은 나를 성장하게 만드는 원동력이다.

내가 보는 나

내가 자주 사용했던 부정적 사고나 행동 패턴을 바꾸기 위해 많은 에너지를 쓰고 있는 것 같다. 또한 즐기는 것을 잘 못 하는 유형인 것 같다.

다른 사람이 보는 나

친구들은 나를 소심해 보이는데 사실 알고 보면 성격이 쾌활하며 좋고 착한 성격을 가졌다고 한다. 어느 정도 인정하는 바이다.

내가 원하는 것

평온하고 자유롭게 사는 것이다. 나의 조그마한 소망이 있다면 어머니가 명철함을 가지고 행복하게 사는 모습, 우리 동생들이 자기들이 원하는 일을 하며 보람을 느끼는 모습이다.

나의 꿈

훌륭한 임상심리전문가로 성장하여 심리적 아픔을 가진 사람들에게 도움이 되고 싶다.

내가 존재하는 이유

내가 존재하는 이유는 더 나은 삶을 영위하고 인류를 위해 조금이나마 보탬을 주는 일을 하고 싶기 때문이다.

지금 나의 모습

지금 나의 모습은 많이 지쳐 있다. 비록 늦은 나이에 공부를 시작했지만 나의 선택을 믿고 열심히 노력해 가는 모습이 보기 좋다.

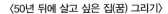

〈50년 뒤에 살고 싶은 집(꿈) 그리기〉

본 프로그램의 취지에 맞게 현재보다 더 나아져 있을 50년 후의 자기 모습 또는 살고 싶은 집, 또는 꿈을 그림으로 표현하라고 권했다. 참여자들은 각자의 방식으로 다양하게 미래상을 그림으로 표현했다.

3회기: 존 맥스웰의 『리더십 불변의 법칙』

존 맥스웰의 『리더십 불변의 법칙』을 읽고 토론했다. 이 책은 존 맥스웰이 제시하는 리더십의 핵심 원리를 다룬 글이다. 책에 소개된 총 12개의 리더십은 〈한계의 법칙〉, 〈영향력의 법칙〉, 〈과정의 법칙〉, 〈항해의 법칙〉, 〈덧셈의 법칙〉, 〈신뢰의 법칙〉, 〈존경의 법칙〉, 〈직관의 법칙〉, 〈끌어당김의 법칙〉, 〈관계의 법칙〉, 〈이너서클의 법칙〉, 〈권한위임의 법칙〉, 〈모범의 법칙〉, 〈수용의 법칙〉, 〈승리의 법칙〉이다. 이 책을 통해 '인생의 우선순위'가 무엇일지에 관해 재검토하였다.

4회기: 경화의 『나의 살던 북한은』

북한이탈주민이자 작가인 경화의 『나의 살던 북한은』이라는 책을 같이 읽고 토론했다. 저자 경화는 북한에서 30여 년, 남한에서 20년을 살았던 여성이다. 북한에서 학교 졸업 후 노동자로 일했는데, 입남(入南) 후에도 계약직 청소노동자로 일하고 있다. 이런 노동자의 삶에서 벗어나지 못하는 경화의 이야기 속에는 북한의 여러 문화적 현상을 볼 수 있는 대목이 많다. 거대하고 복잡한 이야기가 아니라 북한 마을과 가정, 직장에서 펼쳐지는 문화적 현상에 대한 이야기를 하고 있고, 북한과 남한 사회의 문화를 대비시키고 있어서 그 차이를 논의하는 데 의미 있다.

5회기: 이기범의 『남과 북 아이들에겐 철조망이 없다』

이 책은 이기범 교수의 마흔아홉 번에 걸친 방북기와 어린이어깨동무가 135번이나 북한에 방문하면서 쌓은 대북사업의 경험, 그리고 그 실천 과정에서 느끼고 고민했던 사유가 결합된 책이다. 대북 관계를 담당하는 실무자에게서 북한을 알고 싶어 하는 일반인에 이르기까지 고루 도움을 받을 수 있는 내용으로 채워져 있다.

프로그램을 마치고…

코로나 팬데믹 이후의 우리 삶을 잠시 돌아보자. 우리 주변에서 힘들다는 이야기만 다양한 버전으로 나오지, 행복하거나 기쁘거나 활기차다는 얘기는 쉽사리 나오지 않는다. 인간 삶의 많은 패턴을 바꿀 수밖에 없게 된 현실에서 우리는 어떻게 살아가야 할까. 게다가 북한에서 이주해 온 청년들은 어떻게 살아가야 할까. 비대면이 장기화되고 있으며 경기는 당최 회복될 기미가 보이지 않는다. 물가는 오르는데 취업의 문턱은 갈수록 더 높아지고 있다. 장사가 잘되던 가게도 문을 닫기 일쑤이며, 그러다 보니 빈부의 격차는 갈수록 심화되고 있다. 여기저기서 앓는 소리가 나오지만 이를 어떻게 회복할 것인지에 대해서는 그다지 논의가 충분하게 진행되고 있지는 않아 보인다.

상황이 이러하다 보니, 타자와 공감하는 능력은 떨어지고 우리 자신들은 깊은 우울의 세계로 침잠해 가는 느낌이다. 그렇다고 해서 두 손 두 발 놓고 삶을 포기하며 살 수는 없지 않겠는가. 우리는 어떻게든 자기 삶을 가치 있고 희망차게 회복시켜야 할 책임과 의무가 있는 것이다. '세상은 고통스러운 것으로 가득 차 있지만, 그것을 이기는 힘도 세상에 가득하다'고 말한 헬렌 켈러의 명언처럼 우리도 고난을 이겨내는 내적인 능력과 힘을 지녀야 할 때이다.

이러한 때에 독서 모임을 통해 탈북청년들은 남북한의 여러 문화를 습득하고 공감하면서 자기정체성을 새롭게 구축할 수 있었다. 젊은 청년들에게 한국의 문화자본은 공감대를 형성하는 데 매우 중요한 부분이 되었다. 따라서 정치적 혹은 이데올로기적인 접근을 통해서 남북한의 문화를 이해시키는 것이 아니라, 젊은 세대들이 공감할 만한 문화적 코드를 가져와 이해시켰다. 탈북청년의 시민의식과 리더십을 함양하여, 이들이 한국사회에서도 미래를 선도할 수 있는 잠재력을 향상시키는 데 도움을 줄 것이라 판단한다. 독서 모임에서는 워크시트 준비, 리딩 가이드라인을 멤버에게 제공하여 원활한 토론이 되도록 준비했다. 한국사회에서 글로벌 리더자로 성장하기 위한 자신만의 정체성을 확립하고 문화자본을 습득하는 것은 값진 일이다.

탈북해 온 청년들은 대부분이 20대 초중반의 청년들이라서 많은 에너지와 무한한 잠재성, 그리고 가능성을 지니고 있다. 그런데 COVID-19로 인해서 학생들이 자신의 열정을 죽이며 살고 있지는 않은가. 특히 마스크를 쓰고 있기에 타인의 표정과 감정을 읽어내고, 타인과 공감하는 능력을 잃어버린 것은 아닌지 우리는 고민해봐야 한다. 게다가 제4차 산업혁명의 여파로 인간의 일자리가 A.I.로 대체되고 있어서 취업에 더 어려움을 겪고 있다. 중요한 것은 다양한 문제가 자기 내면은 물론, 타인과 원만한 관계를 형성하지 못한 데서 온다는 데 있다. 인간관계는 자기의 내외적 상태를 조절하거나 자존감을 높이는 것, 관계의 안정감을 확보함으로써 고난과 역경을 이겨내도록 도와주는 기능을 한다. 이런 시점에서 자기를 돌아보고 상처로 얼룩진 내외적 부분을 회복탄력성(레질리언스)으로 극복할 필요가 있는 것이다.

여기서 말하는 회복탄력성은 인생의 역경과 도전에 맞설 때 마음의 원천에서 필요한 자원을 끌어올 수 있는 내적인 능력을 말하며, 내면의 힘과 자원, 지혜, 선함을 포괄하는 개념이다. 이 회복탄력성을 갖게 될 때 탈북청년들은 마음과 정신을 강하게 만들어서 역경을 뚫고 나아가는 힘을 얻고, 처절하고 절망스러운 환경을 개선하거나 혹은 그 안에서 버티며 살 수 있는 힘도 얻는다. 생물학적 · 환경적 요인과는 무관하게 회복탄력성은 모든 사람의 내면에 본성적인 자질로 존재한다. 경험에서 얻은 지혜를 존중하는 것이 회복탄력성을 키우는 데 유익하다.

이에 본 프로그램에서 연구자는 탈북청년들이 레질리언스를 습득할 수 있도록 도움을 주고자 했다. 이를 위한 방법으로 독서 프로그램을 적용했다. 책을 읽는다는 것은 궁극적으로 인간을 이해하는 행위라 하겠다. 최근에는 남한 학생들의 리터러시 능력이 떨어진다고 하여 교수자들 사이에서 골머리를 앓는다는 얘기가 종종 나온다. 그런데 북한에서 온 청년들은 시시각각 변화하는 남한과 남한의 문화를 이해하기 위해서 얼마나 고된 노력을 할까 생각했다. 이때에 자아정체성은 물론 회복탄력성을 얻기가 힘들 것이라 판단했다. 따라서 이들과 함께 마음을 바로잡을 수 있는 텍스트를 같이 읽고 공유한다는 것은 의미 있는 일이라 판단했다. 책을 읽는다는 것은 자신은 물론 타인과의 소통이 절실한 현시대를 살아가는 방법이자 타자를 이해하고 공감 능력을 키우는 방법이기도 하다.

책을 읽고 다양한 해석을 통해 자아 성찰을 하고 자기 계발의 여지를 마련하고 문제해결 능력을 키우는 것, 그리하여 감성과 공감 능력을 확장하는 것이야말로 융복합적인 인재가 키워내야 할 덕목이 아니겠는가. 이에 교수자는 자아정체성은 물론 회복탄력성과 관련이 있는 도서를 요약 및 배포하여, 텍스트를 어떻게 하면 다양하게 읽을 수 있는지를 설명하고 그 느낀 바를 공유했다. 그리고 북한에서의 경험과 남한에서의 경험을 비교 분석하는 작업도 병행했다. 특히 교수자 입장에서도 북한의 최근 현실과 실상을 탈북청년의 입으로 직접 들을 수 있어서 의미가 있었다.

학생들은 배포된 자료를 교수자와 같이 읽고 그 안에 담긴 자아정체성과 회복탄력성의 의미를 발견하는 데 재미를 붙였다. 책에 기술된 다양한 문제 지점을 찾고 자기 나름대로 의미를 부여하는 과정을 통해서 학생들은 생각의 스펙트럼을 확장했다. 그 안에서 궁극적으로 자신이 어떠한 삶을 살아왔으며, 어떠한 힘든 시기를 어떤 회복탄력성을 이겨냈는지를 탐색하는 것이 주된 목적이라 하겠다.

힘들었던 시절을 기억하고 기록하는 것은 중요하다. 특히 북한에서의 삶은 더더욱 그러할 것이다. 현재의 자신을 완성시킨 과거에 대한 성찰이 없다면 발전적인 현재와 미래의 도래는 불가능할 것이기 때문이다. 역경을 이겨내고서 얻은 삶의 교훈이 무엇인지를 살피는 것도 중요하다. 우리는 다양한 경험을 통해 성장하는 존재이다. 특히 현재의 성공과 성장을 이야기할 때는 주로 기뻤던 지난날보다 고통스러웠고 절망적이었던 과거를 떠올리는 경우가 많다. 그만큼 과거의 고난과 역경은 현재 삶을 완성시킨 거름과도 같다. 따라서 역경을 이겨내고서 얻은 삶의 교훈을 유산으로 삼는 자세가 필요하다. 마지막으로 자신의 심장이 어디를 향해 뛰는지를 점검하는 것도 중요하다. 과연 꿈이 없는 사람이 있을까. 구체적인 꿈이 없다고 하더라도 '하고 싶다', '되고 싶다', '닮고 싶다'는 있을 것이라 생각한다.

과거나 현재의 경험을 돌이켜보고서 현재 정립된 자신에게 새겨진 회복탄력성을 발견하는 것이야말로 밝은 미래상을 꿈꾸는 데 도움이 되지 않을까. 따라서 '자기'와의 대면은 매우 긴요한 일이다. 자기를 객관화해서 대면하는 것이 어색하고 부담되는 일이겠지만, 과거와 현재를 통해 미래(비전)를 설계할 수 있는 회복탄력성을 발견하는 것이야말로 중요한 일일 것이다. 곧 '자기'와 온전한 관계를 형성하고 숨겨져 있던 자기 내면과 소통함으로써 학생들은 스스로를 객관화할 수 있게 된다.

회복탄력성을 탐색하면서 마련된 '자신'을 새롭게 조직하고, 거기에 삶의 의미를 부여하여 자아 성장을 도모하면 되는 것이다. 회복탄력성과 관련한 자기 이야기를 만들어내는 것 자체가 자기 고

백적이자 치유적 성격을 지닌 것이기도 하다. 자기를 발견하고 탐구하여 정체성을 확립하고 세계와 원활한 소통을 하는 것은 매우 중요한 일이다.

현재 우리는 포스트 코로나 시대를 살아가고 있으며 비대면의 장기화로 관계 맺기에 어려움을 겪고 있다. 특히 자신의 내면(혹은 경험세계)과 소통하면서 자기 성찰을 하지 못하는 것은 심각한 문제라 할 수 있다. 자기 성찰을 해야만 자기 계발이나 성장이 가능할 것이기에 그러하다. 따라서 탈북청년들을 대상으로 하여 이들이 일상에서 겪는 무기력과 우울, 불안과 결핍 같은 심리적 기제를 어떻게 느끼고 있는지를 분석하는 데 초점을 두고자 했다. 이 프로그램에서는 COVID-19로 인해서 사회적으로 많은 영역이 통제되는 '닫힌 구조' 속에서 살아가고 있는 탈북인에게 자기 내적인 성찰을 할 수 있도록 인문학적 마인드가 내재된 텍스트를 제공하여 자기 성찰적이고 미래 지향적인 사유를 하도록 돕고자 했다. 그리고 북한의 실상을 살필 수 있는 책도 같이 제공했다. 자신이 경험한 과거의 절망적인 순간을 어떤 식으로 극복했는지를 탐색하는 것은 현재를 살아가는 원동력이기에 매우 중요한 일이다.

더불어 내적 탐색을 통해 현재 자신의 삶을 긍정적으로 전환할 수 있는 레질리언스를 모색하는 계기를 제공하고자 했다. 탈북청년들의 '세계'는 우리 미래사회의 발전과 연결되기에, 이들의 레질리언스를 탐색하는 것은 밝은 미래사회를 구축하는 또 하나의 방법이 될 것이다.

이상의 본 과제 목표를 수행할 때 예상되는 기대효과를 다시 세 가지 관점으로 정리해 보고자 한다.

첫 번째, 회복탄력성은 관계, 유연성, 끈기, 자기 조절, 긍정성, 자기돌봄을 통해 강해진다. 회복탄력성이 강해지면 아무리 큰 역경에 부딪혀도 압도되지 않고 감당해 낼 수 있다. 두 번째, 이를 위해서는 마음 챙김 훈련과 자기 공감 능력을 키워야 한다. 긍정성에 초점을 맞추고 다른 사람과 교류해야 한다. 이러한 마인드의 전환을 다양한 책에서 확인할 수가 있을 것이고, 이로써 탈북청년들 역시 레질리언스를 획득하게 될 것이다. 세 번째, 회복탄력성 계발에 중요한 도구들을 사용하려면 먼저 '마음 챙김' 훈련이 필요하다. 가장 단순한 형태의 '마음 챙김'은 현재의 순간에 몰입하는 것이다. 이때 회복탄력성과 관련한 이론과 문학 텍스트가 많은 도움을 줄 것이다. 타인이 만들어낸 허구적 서사와 내가 직접 경험한 실재를 비교하면 '마음 챙김'을 연마할 수 있을 것이다.

〈워크시트지 예시〉

김열규, 『그대, 청춘』, 비아북, 2010

(발췌: 곽상인)

청춘은 여명이자 희망이며 미래다. 청춘은 긍지이고 명예이며, 도전이고 고행이다. 청춘은 열정, 의욕, 투지의 왕국이다.

– 김열규, 『그대, 청춘』의 서문 중

1. 시간 – 최선을 다하지 않는 자, 유죄! 젊음의 시간은 폭포다. 그래서 청춘은 질풍노도를 벗한다.
    – 시간의 주인이 되는 것은 중요하다. 고대 로마의 철학자 세네카는 〈인생의 짧음에 관하여〉라는 글을 통해 시간의 부자가 되는 것의 중요성을 역설했다. 소중한 시간을 손가락 사이로 마구 흘려보내는 이들은 스스로 인생을 짧게 만드는 것이며, 하루하루를 마치 삶의 마지막 날인 것처럼 활용하는 사람들에게는 인생이 충분히 길다는 것이다.
    – 우리에게는 각자 나름의 시간이 있다. 우리는 시간을 통제하기도 하고 조절하기도 한다. 각자가 어느 정도는 시간의 주체가 되어야 한다.

2. 자아 – 조나단은 '나만의 나'를 찾는 비상을 꿈꾸었다. 자아는 새다. 오로지 자기 완성을 위해 비상하는!
    – 남들과 절대로 같을 수 없는 자아, '나만의 나'인 자아, 그것도 높디높은 자기다운 이상과 값지고 또 값진 자기다운 이념을 실천하는 주체로서의 자아, 그것을 마음먹은 대로 추구하는 것, 이런 자아며 자유는 우리들 청춘 모두의 것이어야 한다.

3. 야망 – 하늘과 태양과 달. 온 천지에 그대 이름을 써라! 야망은 불기둥이다. 그것은 청춘을 날아오르게 하는 연료다.

   – 야망이 빠지면 젊음은 벌거숭이가 된다. 야망, 그것 때문에 청춘은 익어간다.

4. 고독 – 전체가 하나이고, 하나가 전체다! 고독은 불붙지 못한 성냥이다. 그 차가움 속에서 청춘은 단단해진다.

   – 그대가 고독하다고 느낄 때, 삶의 길이 지독히도 외롭고 힘겹다고 생각될 때 그대를 우주보다 더 소중하게 생각하고 간절하게 지지하는 사람이 한 명은 있기 마련이다. 그러니 절대로 그 사람의 깊고 큰 사랑을 잊거나 외면하지 말라.

   – 순수한 고독, 이것은 내가 오직 나로서, 나만을 위해서, 나 혼자만을 지켜보는 순간에 이룩된다.

5. 도전 – 기회는 열려 있다. 불같이 달려들라! 도전은 가시밭이다. 그 너머에 청춘의 꽃밭이 펼쳐져 있는!

   – 청년이여, 기회를 놓치지 마라. 지금 여기서 할 수 없다면 어디서도 영원히 할 수 없다. 더 비옥한 땅, 더 적절한 시간이란 없다.

   – 남과 차별화된 자기만의 필살기가 있는지, 또한 자기 계발을 위해 매일 하는 것이 있는지 생각해 보자.

6. 고통 – 저 높은 곳을 향하여! 고통은 쓰디쓴 풀이다. 그것은 청춘의 보약이다.

   – 젊음은 고통의 계절이다. 때로 사랑하기에 고통에 저리고, 때로 희망을 내다보기에 고통에 시달린다. 젊다는 것, 그것은 고통이 어느 연령층보다도 많다는 것을 의미한다.

   – 칠전팔기(七顚八起)라는 말이 있다. 칠전이 없으면 팔기도 없다는 것, 엎어져 거꾸러짐이 없으면 재기가 없다는 것을 다짐하자. 좌절과 재기를 반복하는 청춘이 돼라.

7. 결핍 – 삶을 창조적으로 전환시키는 계기. 결핍은 박차(말을 탈 때 신는 구두의 뒤축에 달려 있는 물건)이다. 그것이 청춘을 질주하게 한다.

- 풍족함이나 궁핍함은 하나의 환경일 뿐이다. 그리고 인간은 환경을 개척하며 살아가는 존재다. 비록 가난하다 해도, 자존과 여유를 잃지 말라.
- 가난해서 오히려 더 크게 지켜낸 인간 긍지와 자존심, 게으르지 말자는 다짐, 남보다 백 배 천 배 더 열성껏 일하자는 결의, 반드시 남을 도우며 사는 의로운 사람이 되자는 각오. 이 4대 신념이 카네기의 인생 지침이다. 여기에 독서를 곁들여라. 네 가지 신념과 독서(도서관을 2,811개 설립)를 합한 집념이 카네기를 성공으로 이끌었다.

8. 방황 – 헤매라, 그러면 구하리라! 방황은 미로다. 그것은 창조로 통하는 길이다.
   - 방랑은 즐거움이고 삶의 보람이다. 그러기에 나그넷길은 방랑자에게 보람이고 희망이다.

9. 슬픔 – 모든 것은 순간적인 것, 지나가는 것이니! 슬픔은 빛나는 구슬이다. 그것은 청춘을 사색으로 이끈다.
   - 실패나 좌절을 두려워하지 말아야 한다. 소망과 희망과 의도가 바람직하다면 담담히 전진해야 한다.

10. 죽음 – 아름다운 마무리를 위해 오늘의 열정을 불태워라! 죽음은 주춧돌이다. 그 위에 청춘의 삶이 굳건히 선다.
    - 죽음의 긍정적인 면모를 알면 죽음은 마침내 삶을 위한 주춧돌 구실을 할 것이다.

11. 결단 – 그것이 내 삶의 모든 것을 바꾸었다! 결단은 달콤한 입맞춤이다. 열정과 집념이 그것을 지속시킨다.
    - 인생의 길은 길고도 멀다. 고령화 사회에 접어들면서 인생길은 더욱 길어졌다. 오늘날의 젊은이에게는 새로운 길을 개척하려는 도전 정신과 결단력이 필요하다. 도전과 실수를 반복해 본 사람만이 근본적인 실패에 빠지지 않는다.
    - "원하는 일이 뭔지 명확히 깨닫고 용기를 낸 후부터 일이 잘 풀렸어요. 남들에게 보기 좋은 게 아니라 제 마음이 진정 원하는 걸 찾았더니 쉽게 행복해지더군요."
      – '세계요가홍보대사' 김수진의 말(〈중앙일보〉, 2009.10.05.)

- 네 마음의 소리에 귀를 기울여라.

12. 낭만 – 묵은 땅을 버리고 메이플라워호의 돛을 올려라. 낭만은 태양이다. 그것은
삶의 신천지를 비춘다.
  - 공상, 모험, 방황, 열정, 감상이 낭만의 다섯 가지 요소다.
  - 이미 주어진 것, 이미 누리고 있는 것에 연연하지 말라. 젊은이는 화려한 공상의
  설계도를 그려야 한다.

13. 교양 – 지식을 넘어 더 넓고, 더 크고, 더 우람하게! 교양은 밭갈이다. 그 옥토에
서 인격이 자란다.
  - 교양을 갖추는 것은 곧 인간성을 간직하는 것이다. 젊은 철에는 교양이 한결 더
  절실하게 요구된다. 육신만이 발육하고 성장하는 것이 아니라, 정신과 정서, 영
  혼이 자라야 하기 때문이다.
  - 교양은 지식보다 더 넓고, 더 크고, 더 우람하다. 교양은 지식이면서도 정신의
  수련과 함양을 통해서 기르고 닦아질 인간성과 인품, 바로 그 자체를 가리킨다.

14. 사랑 – 그대의 이름을 부르기 위해 나는 다시 태어난다. 사랑은 모든 것 위에 그
대 이름을 쓰는 것이다. 우주와도 맞바꿀 수 없는 그 이름을!
  - 사랑에는 신의가 따르기 마련이다. 서로 간의 믿음을 지켜야 하는 것이 사랑이
  다. 상대방에게 믿음을 바치는 것으로 사랑은 굳건해질 것이다.

15. 웃음 – 웃어라, 온 세상이 함께 웃을 것이다. 웃음은 솟구치는 분수이다. 그것은
청춘의 화사함을 선물한다.

채플린은 말한다. "유머란 인간의 정상적인 행동에서 분간해 낼 수 있는 행동의 미
묘한 불일치 또는 어긋남이다. 인생은 가까이서 보면 비극이지만 멀리서 보면 희
극이다. 유머 덕분에 우리는 인생의 힘듦을 견뎌낼 수 있는 것이다."
어려운 처지를 당했거나 위기에 직면했을 때 웃음으로 넘길 줄 아는 여유야말로
유머의 웃음을 빚어낸다.

젊음은 유머에 익숙하고 또 그것을 실생활에서 활용할 줄 알아야 한다. 그러면 도량이 넓고 마음이 널따란 젊음을 가질 수 있게 될 것이다.

존 맥스웰, 『리더십 불변의 법칙』, 비즈니스북스, 2021

(발췌: 전주람)

리더가 신뢰를 쌓으려면 능력, 관계 그리고 성품을 보여줘야 한다.

- 존 맥스웰, 『리더십 불변의 법칙』, p.124

이 책은 존 맥스웰이 제시하는 리더십의 핵심 원리를 다룬 글이다. 책에 소개된 총 12개의 리더십은 〈한계의 법칙〉, 〈영향력의 법칙〉, 〈과정의 법칙〉, 〈항해의 법칙〉, 〈덧셈의 법칙〉, 〈신뢰의 법칙〉, 〈존경의 법칙〉, 〈직관의 법칙〉, 〈끌어당김의 법칙〉, 〈관계의 법칙〉, 〈이너서클의 법칙〉, 〈권한위임의 법칙〉, 〈모범의 법칙〉, 〈수용의 법칙〉, 〈승리의 법칙〉이다. 책을 읽는 동안, 난 맥스웰이 제시하는 리더의 역량을 얼마나 갖추고 있는지 거울삼아 되짚어보았다. 그런 후, 난 '내 인생의 우선순위'가 무엇일지에 관해 재검토하며 특히 '봉사'와 '희생'정신이 부족함을 깨달을 수 있었다. 그러면서도 미국인인 존 맥스웰이 제시하지 못한 한국 고유의 집단주의 문화에서 중요한 리더십의 특징이 있을 것이라 생각하였다. 한국사회는 미국과 다른 사회문화적 맥락을 지닌다. 한국사회에서 리더의 자질로 무엇보다 인간관계의 능력의 중요성을 말하고 싶다. 특히 상대방을 너그러이 이해하는 넓은 아량이 근본적인 리더십의 성품이라고 생각한다.

1. 북한에서 "좋은 리더"란 어떤 사람이라고 생각했었습니까? 그 부분에 관해 입남 후 변화된 부분이 있습니까? 혹은 동일한 부분은 무엇입니까?

   (김○○): 북: 좋은 리더보다 강한 리더. 추진력과 카리스마. 남: 부드러운 리더. 유대나 협력을 이끌 수 있는 사람. 팀을 이끌 수 있는 능력자. 아이디어나

창의적 생각이 풍부한 사람. 포용력이 강한 사람.

(이○○): 북: 리더라는 말이 없음. 반장이라는 말이 대표적으로 쓰임. 목소리가 큰 사람. 통솔력이 있는 사람. 남: 아이디어가 출중한 사람. 앞장서기를 좋아하는 사람. 한국과 북한의 리더에 인식의 동일성: 책임감이 강한 사람.

2. 주변에 "좋은 리더"라고 떠오르는 사람을 찾아봅시다. 그런 후, 그 사람이 지닌 특징이 어떠한지 이야기 나눠 봅시다. 북한사회에 거주할 당시 닮고 싶은 사람이 있었습니까? 또한 남한에서 당신의 롤모델이 되어 주는 사람이 있으십니까?

(이○○): 이모 → 좋은 리더의 롤모델. 책임감과 성실감.

(김○○): 학창 시절 때 친구 → 공부 능력 탁월, 책임감, 공평한 처사, 갈등을 중재하는 능력. 협력하는 리더.

(김○○): (여고)학교 친구 → 쾌활한 성격, 솔선수범하는 학습 태도.

(전주람): 리더에 대한 명확한 구분은 없으나, 리더가 아닌 사람은 명확히 구분할 수 있음. 이기적인 사람들은 리더와 거리가 멀다. 지식은 물론 상황을 판단하는 지적 능력이 중요. 광부의 매몰사건 때 베테랑 광부가 신입광부를 위로하고 격려하면서 삶에 대한 욕구와 열정을 키워낸 능력. 베테랑 광부의 회복탄력성.

(곽상인): 올바른 역사의식, 도덕적 판단력, 말하고 쓰는 능력을 갖춘 리더. 부드러운 카리스마.

3. 당신은 스스로 "좋은 리더자"라고 생각하십니까? 또는 미래에 "좋은 리더자"가 될 것이라고 생각하십니까? 그 이유는 무엇입니까?

(김○○): 공평, 책임을 쌓고 싶다.

(전주람): 자신을 가르치려고 하는 리더자는 자격이 없음. 특히 삶에 대해서.

(이○○): 소통이 원만한 사람. 상대를 깎아내리는 사람은 안 됨. 공감 능력이 뛰어난 사람. 상대방의 말에 귀를 기울이는 사람.

(김○○): 응원과 격려의 지도자. 시비를 판단하는 능력. 스스로 리더자로서의 자질을 갖추었다고 판단함.

4. 당신이 리더로서 갖추고 있는 강점은 무엇입니까? 세 가지를 찾아봅시다.

(이○○): 솔선수범하는 태도, 선한 용기와 공감 능력.

(김○○): (다른 사람의 의견)수용 능력, 책임감.

(김○○): 판단력, 성실, 공정성, 배움의 자세, 자기 계발의 욕구가 충만한 상태. 팀을 이끄는 힘.

5. 당신이 리더가 되기 위해 현재 노력하고 있는 부분이 있다면 무엇인지 함께 공유해 봅시다.

(김○○): 고집스러운 태도를 완화시키는 노력. 상대방의 입장을 여러 각도로 살피는 능력을 키우는 것.

(김○○): 배우는 자세, 자기 계발, 배움에 임하는 태도의 굳건함을 유지하는 것. 자기 관리 능력. 독서와 명상을 통해서 배움. 갈등이 유발된 상황에 처할 때, 나중에는 내 생각을 먼저 하자는 마음의 자세를 갖는 것. 친구와 식사 약속 시, 메뉴를 정하는 상황에서 상대방의 기호에 맞추는 경향이 있다. 그래서 종종 내가 손해를 본다는 생각이 든다. 속에서 일어나는 마음의 소리에 충실하지 못하는 경향이 있다. 자기최면을 걸어서 스스로가 괜찮고 훌륭한 사람임을 각인하는 것. 남의 기준보다 내 기준으로 살아야 내가 행복하다.

(이○○): 자신감을 기르자. 앞장서서 내 의견을 말할 수 있는 용기, 방향성을 정하고 나아갈 때 흔들리는 마음을 다잡을 필요가 있음. 상대방의 마음과 태도를 너무 배려해서 자신이 내적 갈등을 일으키거나 혼란스러운 상황에 놓일 때가 종종 있음.

6. 결국 리더는 인생의 항로를 정하고 뚜렷한 목표를 설정하는 것이 중요해 보입니다. 당신의 인생 목표는 무엇입니까?

(김○○): 임상심리전문가로 성장, 통일 후 북한 사람을 대상으로 하여 정신상담 분야에서 일하고 싶다. 누구든지 행복하게 살아갈 자격이 주어진 것이기에, 상처를 안고 살아가는 사람을 위로하고 싶다(돕고 싶다).

(김○○): 인간관계의 중요성, 연대의식을 갖는 것. 안정적인 직업.

(이○○): 자신감이 있는 사람으로 성장하는 것. 사람을 잃게 될까 봐 걱정스러운 마음이 큼. 부지런한 사람이 되고 싶다. 안일한 생각을 벗어버리고 싶다.

경화, 『나의 살던 북한은』, 미디어 일다, 2019

(발췌: 곽상인)

『나의 살던 북한은』의 저자 경화는 북한에서 30여 년, 남한에서 20년을 살았던 여성이다. 북한에서 학교 졸업 후 노동자로 일했는데, 입남(入南) 후에도 계약직 청소노동자로 일하고 있다. 이런 노동자의 삶에서 벗어나지 못하는 경화의 이야기 속에는 북한의 여러 문화적 현상을 볼 수 있는 대목이 많다. 거대하고 복잡한 이야기가 아니라 북한 마을과 가정, 직장에서 펼쳐지는 문화적 현상에 대한 이야기를 하고 있어서 읽는 데 재미가 있다. 이와 더불어서 북한과 남한 사회의 문화를 대비시키고 있어서 그 차이를 이해하는 데에도 유의미한 책이라 하겠다. 그렇다면 각 장의 내용을 대강 살펴보고 이야기를 나누는 시간을 갖도록 하자.

01. 북한의 영화와 연속극: 영화 좋아하지 않는 북한 사람이 있을까?

북한에서 나고 자란 사람이라면 누구나 영화나 텔레비전, 책을 좋아한다. 북한에는 '이동영사기'가 있어서 주민들을 대상으로 주로 밤에 영화를 보여준다. 영농철이 되면 영화를 자주 보여준다. 특히 북한 주민들은 액션영화나 사극, 전쟁영화를 좋아한다. 첩보영화가 제일 인기가 있고, 〈꽃 파는 처녀〉, 〈소년 장수〉도 인기가 많다. 그런데 한국 영화는 삼각관계와 사랑 타령이 주를 이루고 또 사랑 때문에 이별하는 장면들이 너무 많아서 질린다.

02. 북한과 남한의 대중음악: 한국 아이돌 가수들의 노래를 흥얼거리며

북한의 음악은 가극음악 공연 형태다. 김정일이 가극음악을 북한식으로 변형한 것

인데, 항일유격 투쟁 시기를 바탕으로 만든 작품이다. 〈피바다〉, 〈꽃 파는 처녀〉, 〈밀림아 이야기하라〉, 〈금강산 처녀〉가 대표적 서사시다. 영화로 만든 작품을 혁명가극으로 재해석하여 무대 위에서 배우의 연기와 음악으로 보여준다. 북한 젊은 이들이 좋아하는 음악은 영화 주제가가 많다. 북한에서는 해마다 〈4월의 봄 친선 예술축전〉이 열린다. 4월 10일경부터 시작하는데, 4월 15일에는 김일성, 김정일 부자가 직접 참석하기도 한다. 이때 음악은 주로 김일성 일가를 찬양하는 노래가 대부분이다.

03. 북한의 술 문화: 북에서 맛있기로 소문났던 밀주의 비결은

술은 북한 사람보다 한국 사람들이 더 많이 마시는 것 같다. 북한에서는 한국에서처럼 성인이 되어도 마트나 슈퍼에서 술을 마음대로 살 수가 없다. 간부들은 예외지만 말이다. 그래서 북한에서는 밀주(집에서 몰래 뽑아내는 술, 가양주)를 사서 관혼상제용으로 쓴다. 술안주로는 감자채볶음, 김치, 토끼 고기 정도다. 배가 고플 때는 술지게미를 우려서 사카린을 섞어 밥 대신 끼니를 때우거나 두부를 뽑은 콩지게미를 얻어다가 나물과 약간의 가루를 섞어서 빵을 만들어 끼니로 때우기도 한다. 그리고 한국사회의 술문화와 달리, 북한에서는 술을 마실 때 자기가 마시던 잔을 돌려가며 타인에게 술을 따라주지 않는다.

04. 지역 특산물과 요리: 재료 고유의 담백한 맛이 일품인 북한 음식

북한 특산물로는 대동강 숭어, 평양냉면, 백살구, 명태, 감자 녹말가루, 보쌈김치, 경단, 인삼술, 개성 약과, 팥죽을 들 수가 있다. 그런데 한국에 와서 놀랐던 것은 치킨과 소고기를 먹는다는 것이었다. 닭으로 튀김을 만들어 먹는다는 것이 놀랍고, 북한에서는 소가 병들어서 죽으면, 잡아서 동네에서 나눠 먹는 정도다. 또 북한에서는 소를 사람과 같이 취급하기 때문에, 소를 죽이면 사람을 죽인 것으로 간주하여 사형에 처하도록 되어 있다. 그리고 북한에서는 쌈을 싸 먹을 때 상추, 배추, 시금치 외에는 먹지 않는데, 한국에서는 깻잎을 먹어서 놀랍다. 그리고 북한에서는 양념 재료가 부족해서 음식을 담백하게 먹는 특징이 있는데, 한국에서는 양념 맛에 승부를 거는 듯하다.

05. 독서 이야기: 북한에서 '책 귀신'이라 불렸던 아이

나에게 책은 인간에게 없어서는 안 될 귀한 스승과도 같은 존재다. 누군가의 글은 사람의 마음을 움직이고, 슬픔과 감동, 희망과 기쁨, 때로는 스릴과 공포, 환희와 즐거움을 준다. 살면서 실천해야 할 용서와 배려심도 책을 통해 배운다. 책은 지식의 창고이자, 상상력, 창조의 원동력이 된다. 김일성 장군도 '잠자기 전까지 손에서 책을 놓지 말라'고 말한 바 있다. 그런데 북한의 작가들은 자유롭게 글을 쓸 수가 없으니, 진심이 빠지고 가식적인 틀 속에서 창작을 하게 된다. 그래도 북한에서는 〈이름 없는 영웅들〉, 〈명령027호〉 등 인기 있는 영화나 티브이 프로그램을 그림책처럼 수첩으로 만들어 보급한다. 또한 북한에서는 책을 귀하게 여기기 때문에, 대출한 책을 잃어버리면 벌금이 아주 세다.

06. 한국에서의 첫 은행 거래: 북한 사람들에겐 낯선 '돈의 의미'

북한에서는 은행원을 통해서 일을 처리하는데, 사람들이 많이 이용하지는 않는다. 돈이 없어서 이용할 일이 거의 없기 때문이다. 그런데 한국에 오니 정착생활금을 주고 임대아파트를 준다. 사유재산이 생긴 것에 놀랐고, 통장을 내가 스스로 관리한다는 것에도 놀랐다. 특히 한꺼번에 정착금을 많이 주기 때문에 탈북인들이 그 돈을 먹고 마시는 데 탕진하는 경우도 종종 있다. 그래서 탈북자 10명 중 8명은 정착에 실패한다.

07. 북한의 보육 이야기: 근무 중에도 아이를 돌볼 수 있는 탁아소

북한에서는 결혼해서 아이를 낳게 되면 마음 놓고 맡은 일에 몰두할 수 있도록 탁아소, 유치원을 이용할 수 있게 되어 있다. 여성들이 아이에 대한 걱정 없이 직장에 다닐 수 있도록 전국의 모든 중대형 공장, 기업소, 협동농장 작업반별로 탁아소가 설치되어 있다. 식량이 부족한 시절에도 탁아소는 중앙당의 배려로 식량 보급이 높았다. 한편, 북한은 공부할 곳이 마땅치 않고 전기가 부족해서 밤늦게까지 공부하기가 어렵다. 일상에서는 체제교육, 생활총화가 주민들을 힘들게 한다.

08. 어린 시절의 꿈: "나는 나는 될 터이다. 로동자가 될 터이다"

북한에서는 아무리 재능이 있어도 출신 성분이 좋지 않으면 좋은 직장, 좋은 대학, 좋은 학벌을 가질 수가 없다. 나라에서 정해 주는 직업을 갖고 살아야 하는 곳이 북한이다. 북한 사람들이 선망하는 직업은 군관, 직업군인, 안전원, 보위부, 외화벌이, 요리사, 배급소 점원, 미용사 정도다. 그리고 북한에서는 여성의 일과 남성의 일을 구분하지 않는다. 한국에 와서 좋은 점은 원하는 곳을 마음대로 갈 수가 있고 배우고 싶은 것도 마음대로 배울 수 있다는 점이다.

09. 북한의 학교 교육: '하나는 전체를, 전체는 하나를 위하여'

북한은 2013년부터 유치원 1년, 소학교 4년, 초급중 3년, 중급중 3년으로 총 11년 의무교육을 실시하고 있다. 과목도 많지가 않다. '국어', '산수', '도덕', '세계사', '지리', '김일성 대원수님 어린 시절', '음악', '도화공작', '체육' 등이 전부다. 여기서 제일 중요한 과목은 '김일성 대원수님 어린 시절'이다. 주로 김일성 일가가 나라를 구하기 위해 목숨을 바친 혁명 업적과, 그 업적을 같이 전하기 위한 내용이 중심을 이룬다. 그리고 북한에서는 학교 외에 학원이 없다. 북한은 학교에서 공부하는 것 말고도 과외활동이 많다. 또 영농 시기가 되면 중학교 3학년부터 고등학생, 대학생, 군인, 공장기업소, 연예인까지 나와 농사일을 해야 한다. 대학에 가려고 해도 연줄이 있어야 하고, 부모가 당원이어야 하며, 뒷배경이 좋아야 한다.

10. 남한과 북한의 의료: 살찌려고 녹용주사 vs 살 빼려고 성형수술

북한은 사회주의 국가이기 때문에, 누구나 무료로 병원에 가서 치료를 받거나 링거를 맞거나 입원할 수 있다. 그러나 시설이 열악한 경우가 많고, 주사를 맞으려고 해도 약이 없어서 돈으로 사야 하는 경우가 종종 있다.

11. 인품에 대하여: 북한에서 '좋은 사람'이란 누구일까

'북한에서 존경했던 사람은 누구인가'라는 질문을 받는데, 이때 자동적으로 '김일성 3부자'가 떠오른다. 주민들도 서로를 존경한다기보다 동지, 동무 정도로 호칭한다.

12. 새터민의 남한에서 직업 생활: 전쟁터 같은 남한사회에서 '홀로서기'를

나는 노동자다. 그런데 일 자체보다도 나를 참을 수 없게 만드는 것은 한국 사람들의 도덕성이다. 한국에서는 청소부 같은 직업을 가진 사람을 무시하거나 환대하지 않는다. 새터민에게는 선물과 돈보다 일자리를 마련해 주고 응원해 주는 것이 더 필요하다. 또한 한국은 경쟁사회다. 자립할 수 있도록 스스로 노력해야 한다.

13. 에필로그: '연변에서 왔냐, 북한에서 왔냐'고 묻는 한국 사람들에게

엄격한 규율 속에서 내 잘못은 물론 남의 잘못까지도 눈여겨보며 살아왔다. 그러다 한국에 오니, 여유와 활기가 넘친다는 느낌을 받았다. 북한에서는 늘 의심과 경계 속에서 살았는데 말이다. 한국에 와서 인상적이었던 것은 한국은 돈이 우선인 사회라는 점이다. 그래서 직장을 구할 때 '중국에서 왔다'고 하면 일자리를 구할 수 있지만, '북한에서 왔다'고 하면 받아주는 곳이 많지 않았다. 그리고 여전히 북한에 대한 뉴스가 보도되면 불편하다. 검증되지도 않은 추측성 보도가 많기 때문이다.

진천규, 『평양의 시간은 서울의 시간과 함께 흐른다』, 타커스, 2018

(발췌: 곽상인)

진천규 기자는 2017년 10월 6일부터 2018년 6월 23일까지 북한을 방문하게 되는데, 그때의 흔적을 이 책에 사진과 글로 담았다. 북한의 넓은 지역 중에서도 평양 중심의 일상을 포착하는 작업을 하면서, 최대한 그들의 삶 속으로 들어가 풍경을 담고자 노력했다고 평가할 수 있다. 이 책의 표제에서 확인할 수 있는바, 서울의 시간과 평양의 시간은 2018년 5월 5일부로 통일되었다. 원래는 일본 제국주의자들에게 맞선다는 명분(2015년)으로, 일본에 맞춰진 표준시를 30분 당겨 빨리 시간이 지나가게끔 했는데, 2018년 4월 판문점 남북정상회담 당시 김정은이 "북과 남의 시간부터 먼저 통일하자"고 제안하면서 남북의 시간이 같아진 것이다. 이처럼 진천규는 남과 북이 하나가 되는 통일의 염원이 담겨 있는 메시지를 책의 표제로 하기 위해 '평양의 시간은 서울의 시간과 함께 흐른다'를 선택했다고 볼 수 있겠다.

이 책에는 진천규 기자의 북한(평양)에 대한 평가보다도 풍경을 담은 사진이 풍부하게 실려 있다. 특히 가장 최근의 평양 풍경을 보여주고 있기에, 의미가 있는 책이라고 할 수 있다. 인물과 풍경 하나하나를 조심스럽게 담아내려는 노력이 돋보였다. 그런데 진천규는 북한 당국으로부터 사진을 찍을 때 3가지만 조심하라는 부탁을 들었다고 한다. 첫째, 김일성 주석과 김정일 국방위원장의 동상이나 사진을 촬영할 때 신체 일부가 잘리거나 방해물에 가려지는 일 없이 전체의 모습이 온전하게 나오도록 할 것, 둘째, 건설노동자를 찍지 말 것, 셋째, 남루한 모습의 등이 굽고 나이 든 노인을 찍지 말 것. 아무래도 발전된 평양의 모습만을 보여주고 싶었던 북한 안내자의 견해가 아닐까 싶다.

나는 이 책을 정리하면서 몇 가지 인상적인 부분이 있었다. 정리하자면 이렇다. 대동강은 평양의 상징이자 평양을 구분하는 중요한 기준점이 된다는 것, 그래서 이 대동강을 중심으로 개발이 되고 있는 평양의 풍경이 사진에 담겨 있어서 강렬했다. 또한 출퇴근하는 사람들과 대동강 변에서 일상을 즐기는 북한 주민의 표정이 서울 한강 변에서 마주했던 사람들과 같아 보여서 낯설지가 않았다. 특히 휴대전화를 손에 들고 택시를 타거나, 마트에서 장을 보는 행위는 생소하게 다가왔다. 학생들의 발랄함, 그리고 음식과 술 문화, 높이 솟아 있는 화강석의 대형조형물, 백화점 내부 풍경, 려명거리의 초고층 아파트, 김일성종합대학교원들의 삶이 보이는 아파트 내부, 젊은이들의 놀이문화와 일상(김책공업종합대학교), 정치구호와 선전 문구 등등이 인상적이었다.

진천규는 한국인으로서는 단독으로 방북하여 취재에 성공한 언론인이다. 그의 공적은 최근 발전한 평양의 모습을 최초로 사진으로 담아 공개했다는 점이 되겠다. 그러면서 진천규는 다시 찾은 평양의 풍경 속에서 '놀라움'을 읽어냈다고 말한다. 그럼에도 불구하고 아쉬운 점이 있다. 평양에 비해 북한의 다른 시골 마을은 어떠할지 궁금했다. 이런 부분에 대한 사진이 없었던 것은 이해가 되나, 최소 다른 지역을 언급하거나 비교하는 사설이 추가되었더라면 어땠을까 싶다. 다시 말해 너무 한쪽만을 부각시킨 듯한 느낌이 들어서 극과 극의 현장에서 일종의 비극이 펼쳐질 것만 같은 불안한 예감도 들었다. 또 한 가지 놀라웠던 것은 북한에도 교회가 있다는 점이었다. 봉수교회라 하는데, 이곳의 예배 방식이 한국과 같다고 하니 이 얼마나 놀라운가. 최근 들어 기독교 신앙에 대한 제재가 없어진 것인지, 아니면 예외적으로 허락한 것인지 매우 궁금했다. 그리고 이 책의 마지막에서는 〈남북 간 주요 합의문〉을 실었다.

〈감사일기 예시〉

탈북청년들에게 매일 감사하는 마음이 담긴 일기를 써보라고
권했다. 총 5회에 걸쳐서 감사한 마음을 전했다.

〈1일 차〉

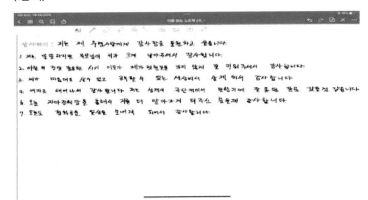

〈2일 차〉

〈3일 차〉

3월차: 일요일

1. 오늘도 예배를 드릴 수 있음에 감사합니다 〔친구들도 만났습니다〕

2. 여러 애기 모여서 밥을 맛있게 떡볶이 감사합니다

3. 제제전 좋은 친구들이 있음에 감사합니다

4. 오늘도 데이트를 할수 있음에 감사합니다

5. 퇴근 후 무사 귀가 한 것에 감사합니다

6. 허리를 다쳤는데 오늘은 덜 아픔에 감사합니다

7. 오늘 하루도 다치지 않고 건강한 하루를 보낼 수 있다는 것에 감사합니다

〈4일 차〉

4월차

1. 핸드폰 떨어뜨렸으나 핸드폰 필름 깨지고 〔액정은〕 안 깨진것에 감사합니다

2. 남친에게 케이스와 필름을 사줘서서 감사합니다

3. 남자 친구가 집에서 요리를 해주셔서 감사합니다

4. 남자친구를 역까지 데려다 주었으나 남자친구 지하철 끊기지 않은 시간에 도착할 수 있음에 감사합니다

5. 오늘 하루도 건강한 하루를 보낼 수 있음에 감사합니다

〈5일 차〉

5일차:
남자친구와 롯데월드에 가서 평일이라 줄은 오래 서겨 않으여 감사합니다.

4일 변비 있었는데 해소 할수 있게 감사 합니다.

지갑을 잃어 버렸는데 찾아주신분께 감사합니다.

버스 놓칠 뻔 했는데 기사님이 세워 주셔서 감사합니다.

버스를 제 시간에 탈 수 있어서 지각을 하지 않게 해주신 기사님께 또한번 감사합니다.

〈6일 차〉

6일차: 오늘은 저에게 감사함을 표현하기.

오늘의 날까지 저는 저를 사랑하고 행복을 추구하기 위해

여태껏 노력한 저 자신에게 감사합니다.

지금의 행복을 느낄 수 있고 살수 있는 이유는

긍정적인 마인드로 살고 있는 제 자신에게 감사합니다.

〈7일 차〉

7일차: 오늘은 주변인께 감사하기.
└보냈시간
오늘은 저에게 맛있는 음식을 사람에게 감사하다고 말하고 싶습니다.
오늘은 1박 2일을 보았는데 거기서 외국인에게 가족을 만나게 하는 프로그램을 보여
웃었다 진짜 눈물게 웃게 했던 프로그램에게 감사합니다
마지막으로 오늘 감사표시 하는 마지막이 올수 있는 저에게 감사합니다.
오늘도 무난하고 행복한 하루가 될수 있었던 저에게 감사합니다.

2. 탈북아동 및 청소년 대상 찾아가는 대학생 멘토링: 서비스러닝

이 장에서는 서울시립대학교에서 진행하고 있는 서비스러닝 사업에 관해 남북통합이 대학 교과목 수업에서 어떻게 실천될 수 있는지에 관해 사례를 통해 살펴보고자 한다.

서비스러닝(Service-Learning)이란 '봉사활동(Service)'과 '학습(Learning)'이 결합된 형태의 교수학습법이다. 대학생들이 수업에서 배운 전문지식을 활용해 지역사회를 위한 봉사활동을 진행하는 프로그램을 뜻한다. 서울시립대는 2015년부터 서비스러닝 교육사업을 교수학습개발센터 주최로 운영해 왔다.

탈북가정 방문 서비스러닝 사업은 전주람이 맡은 〈심리학의 이해〉 과목에서 교수학습개발센터 김윤수 담당자가 북부하나센터 기관을 발굴 및 연계하여 2022년 2학기를 시작으로 현재까지 운영해 오고 있다. 이후 탈북가정 방문 서비스러닝 사업은 2023년 1학기 〈심리검사를 활용한 심리치료〉로 확대되어 심리검사의 적용을 시도하게 되었다.

1) 탈북가정 방문 시도:
대학생 멘토링, 서비스러닝(service-learning)

2021년 2학기 서울시립대학교 교수학습개발센터는 전주람이 맡아 진행하는 〈심리학의 이해〉 과목에서 서비스러닝을 처음으로 시도하였다. 구체적으로 이 사업은 서울시립대학교 교수학습개발센터가 서울북부하나센터와 연계하여 대학생들이 직접 탈북가정을 방문하여 학습지도 및 멘토링 하는 방식으로 진행하는 사업이다. 실제 지역사회 탈북아동과 청소년들의 적응을 돕는 데 관심 있는 다양한 멘토 연계가 필요한 상황이다.

그리고 2023년 1학기 〈심리검사를 활용한 심리치료〉 과목에서 서비스러닝의 주제를 심리검사에 초점을 두어 확대하였다. 구체적으로 아래와 같은 활동 목표를 지닌다.

〈심리학의 이해〉
- 남한 출생 청년은 탈북가정을 방문하여 자녀(아동 및 청소년)에게 필요한 학습 지도(예: 수학, 영어 등) 혹은 놀이활동(운동과 같은 동적 활동, 종이접기 등 정적인 활동)을 실시한다.
- 한국사회에서 소수자로 살아가는 북한이주민에 관한 편견과 고정관념을 완화하고 지성인으로서 통일 미래를 준비하여 평등한 사고와 시각을 갖춘다.

〈심리검사를 활용한 심리치료〉
- 봉사자들은 탈북자 가정을 방문하여 그림검사 및 심리검사 척도를 매체로 활용하여 아동 및 청소년 자녀들의 자기 이해, 자아정체성 정립에 초점을 두어 심리적 역량을 강화하여 미래를 개척해 나갈 수 있도록 돕는다. 간접적으로, 봉사자들은 한국사회에서 소수자로 살아가는 북한이주민에 관한 편견과 고정관념을 완화하고 지성인으로서 탈북자에 대한 평등한 인식과 시각을 갖출 수 있겠다.

(사례1)

• 유튜브 활용: 장애, 콤플렉스와 수술 장면

봉사자가 맡은 학생은 장애가 있고 까다로운 모습을 보였다. 첫 면담에서 아이는 방에서 태블릿을 보고 나오지도 않았고, 20분가량 어머니는 아이를 훈육하였다. 봉사자는 아이는 키가 매우 작고 콤플렉스가 있는 것이라 생각되었는데, 아이가 유일하게 즐겨 보는 영상은 수술과 관련한 유튜브였다. 이를 활용하여, 봉사자는 아이가 관심 있어 하는 주제에 관해 질문하고 답하는 형식으로 라포 형성하고자 시도하였고 점차 편안한 관계를 유지할 수 있었다. 학생의 어머니는 아이가 친구가 없다고 보다 원만하게 친구를 사귈 수 있는 방법을 배울 수있다면 좋겠다고 하셨다.

• 일상 대화: 서로의 관심사 나눔

봉사자는 첫 면담 때보다 말수가 많아진 아이의 모습에 다행스럽게 생각하였고, 목표치를 낮게 정했다. 서로 무엇에 관심이 있는지에 관한 이슈를 중심으로 일상생활에 관해 자유롭게 이야기 나누는 방식으로 활동을 진행하였다.

⇒ 봉사자는 학생 첫 방문 시 당혹스러웠던 상황을 자세히 설명하며 조언을 구하였다. 이에 관해 교수자는 무언가 활동의 내용을 정하기보다는 아이의 이야기에 경청하거나 관심사에 귀 기울일 것을 요청하였다. 아울러 탈북자이자 장애를 가진 이중고의 어려움을 지닌 학생인 부분에서 조금 더 멘토의 어려움이 있을 수 있다는 사실을 자각하도록 하였다. 따라서 일차적으로 그가 지닌 열등감 등 무거운 주제로 다가가기보다는 조금 가볍고 일상생활과 관련된 이슈로 유연한 분위기를 만들어 나가도록 조언하였다. 봉사자는 어려운 과정이었지만 차분하게 아이의 관심사를 유도하고 부드러운 분위기로 아이의 관심사를 탐색하는 데 성공적이었다.

〈봉사자의 정체성 고민: 무엇을 해야 하나?〉

대학생 이주호는 탈북자이자 지체장애인인 어려운 사례를 맡아 진행하였다. 그는 수업 시간이 끝난 후 꽤 거리가 먼 탈북자 가정에 방문하며 학생과 어떠한 목적으로 의미를 찾아가야 할지 고민하였다.

〈신체활동: 탈북자인 학생과 함께 자전거 타기〉

대학생 성원석은 학생과의 라포 형성이 잘 되어 친구가 없는 그에게 좋은 멘토이자 친구가 되어 주었다. 함께 자전거를 타고 이야기 나누는 시간 자체는 학생뿐만 아니라 생계로 바쁜 그의 어머니에게도 잠깐의 휴식을 선사하였다.

무엇보다 봉사자들은 자신의 기대치를 내려놓고 학습자 중심의 기대와 욕구에 부합하는 목표 수립, 신체적 활동, 경청과 유튜브 영상채널 활용 등 매우 유연하고 적절한 대응전략을 보였다. 봉사자들은 학생이 기대하는 바가 무엇인지 귀 기울이고, 신체적 활동을 통해 스트레스를 해소하며 즐거운 시간을 보냈다. 아울러 교과목에서 배운 소통기법을 활용하여 아이의 관심사가 무엇인지 귀 기울이며 미디어를 매체로 삼아 활용한 점은 그들과 눈높이를 맞추어 접근하였다.

　이 서비스를 받은 탈북아동과 청소년들은 서울시립대학교 학생을 멘토 삼아 보다 나은 자아개념을 확보하여 일상에서 긍정적인 힘을 얻어갈 수 있었다고 보고한 바 있다. 또한 1-2주에 한 번 학생과 시간을 보내주는 것은 경계적으로 고단한 탈북 어머니들에게 잠시 휴식을 주는 일이기도 했다는 점에서 의미가 있었다.

(사례 1)

• 투사검사 적용 및 검사결과 해석(HTP)

봉사자는 가정방문을 꺼려 센터와 연계된 카페에서 멘토링하였다. 영어학습이 부진하다고 생각한 학생은 영어 문제집을 들고 왔고 진로 고민 등 자신의 고민에 관해서도 털어놓았다. 간단한 영어 테스트를 해봤지만 궁극적으로 무엇을 해야 할지 둘은 합의점을 찾아 나가는 과정을 거쳤다. 그 결과, 봉사자는 학습지도보다는 심리적 멘토링에 초점을 두었다. 예컨대 수업 시간에 학습한 HTP(집-나무-사람 검사) 심리검사를 활용하여 자신의 마음 상태를 탐구해 보는 작업을 시도하였고, 이 작업에서 학생은 검사 결과와 해석을 들으며 흥미를 더할 수 있었다.

• MBTI 이야기 활용을 통한 라포 형성

봉사자는 학생과 라포 형성을 위해 MBTI 이야기를 활용하여 학생의 성격이 어떠한지, 자신의 성격은 어떠한 특징이 있는지 서로 이야기를 나누며 친밀감을 돈독히 하였다.

⇒ 교수자는 봉사자가 전문상담사가 아닌 상황에서 수업 시간에 배운 몇몇 심리검사들을 어떠한 방향으로 접목시킬 수 있을지에 고민하는 부분에 관해 가이드를 하였다. 구체적으로 검사의 해석을 전문상담사의 위치에서 할 수 없으므로 그 한계점을 언급하며 자신의 마음을 탐색하는 정도의 수준에서 진행하도록 하였다. 아울러 색연필, 도화지 등 펜을 활용한 적기 외 색깔을 활용하거나 이미지를 활용하는 기법을 통하여 학생이 보다 다이내믹하고 쉽게 자신의 마음 상태를 알아갈 수 있도록 몇몇 기법을 알려주었다. 예컨대 도화지에 자신의 마음에 무엇이 있는지 자유롭게 그려보도록 하며, 이 과정에서 둘이 함께 작업하고 상호 교류하는 방식으로 접근하도록 하였다. 이러한 코치는 김희주가 조금 쉽게 학생에게 다가가고 마음 문을 열 수 있는 도구가 된 것으로 이해된다.

• 수학에 대한 공포와 불안감 완화

봉사자는 탈북자 아동 가정을 방문하는 것에 관해 다소 부담감이 있었다. 하지만 센터 담당자를 통해 학생 가정현황 및 특징에 관해 자세히 들으며 어떻게 접근해야 할지 확정해 나갔다. 이 과정에서 '탈북자'에 대한 막연한 편견과 불안감은 다소 줄어들었고, 구체적으로 학생과 어떠한 일에 초점을 두어야 할지 목표를 정해 나갈 수 있었다. 그 결과, 과목 중에서도 특히 수학에 불안과 거부감이 컸던 아이에게 학습지도보다는 과목 자체에 대한 불안도를 낮추어주는 것을 목표로 만남을 이어갔다.

• 게임기법 활용

봉사자는 아이와의 라포 형성을 위해 '할머니 게임'을 통해 서로 보다 친밀한 관계를 형성하고자 노력하였다.

• (간접적으로) 모의 역할 보완

학생의 어머니는 봉사자가 아이와 보내는 시간에 관해 매우 감사해하셨다. 한국사회에서 자신의 모 역할을 보완해 준다고 생각하셨고, 대학생 멘토가 자신의 자녀와 함께 질 높은 시간을 보낸다는 자체에 관해 의미를 부여한 걸로 이해된다.

⇒ 교수자는 배우리가 지닌 '탈북 아동'에 대한 편견(예: 아이가 성격이 강하지 않을까, 날카롭지 않을까 생각했었음)을 함께 고민하고 막연한 불안감을 낮추기 위해 몇몇 이슈에 관해 함께 이야기 나누었다. 가정방문 시, 어머니가 과일을 챙겨 주시는 등 따뜻하게 맞이해 주시는 경험과 매우 밝고 쾌활한 아이의 모습을 보며 자신이 지녔던 편견과 고정관념을 해소해 나갈 수 있었다. 아이 역시, 수학에 대한 공포심으로부터 다소 벗어날 수 있었던 것으로 이해된다.

〈미술을 좋아하는 학생과 함께 작업하는 모습〉

대학생 김희주는 자신의 재능을 살려 그림에 관한 이야기들을 함께 풀어 나갔다. 대학 정보와 미술과 관련된 여러 소소한 이야기들은 학생에게 매우 큰 유익이 되었다.

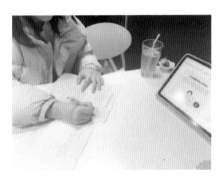

〈욕구검사, 의사결정유형 등 심리검사〉

또한 김희주는 수업에서 배운 여러 심리검사를 접목시켜 〈욕구검사〉, 〈의사결정유형〉 등 소소한 검사를 통해 자신의 마음 탐구에 도움이 되도록 하였다.

2) 교수자의 멘토 훈련

서비스러닝은 학기제로 운영되며, 총 2회 기본적인 교육을 통해 탈북자 가정방문에 어려움이 없도록 하였다. 2회 모두 약 1시간-1시간 30분 정도 집단으로 교수자가 진행하였다.

〈1차 교육〉

1. 탈북 아동과 청소년, 어떻게 만나야 할까요?
   • 탈북자에 대한 자신의 시선 검토,
   • '북한'을 고향으로 둔 사람을 평등하게 바라보는가, 혹은 그렇지 않은가?
   • 라포 형성의 고유한 방식 검토
     - 아이가 말을 하지 않을 때, 어떻게 해야 할까요?
     - 아이가 과도하게 경계할 때, 어떻게 해야 할까요?
     - 아이가 과도하게 자신의 트라우마와 슬픈 이야기를 개방할 때
   • 구조화시키기
     - 유연하고 부드러운 분위기, 어떻게 가능할까요?
     - 자신이 누구인지에 관해 설명
     - 왜 만나는지에 관해 설명을 어떻게 해 주어야 할까요?

2. 탈북자 가정에 방문할 때, 무엇을 주의해야 할까요?
   - 공식적인 관계 유지
   - 사비 사용에 관해 논의할 것
   - 학습과 정서 멘토링 관련하여 기대치를 학생의 수준에 맞추기

3. 기타 예상되는 어려운 점은 무엇일까요?
   - 학생이 약속을 지키지 않을 경우, 어떻게 해야 할까요?
   - 자녀와 학부모의 요구가 과도할 경우, 어떻게 해야 할까요?

4. 우리는 봉사를 통해 무엇을 배울 수 있을까요?
   - 다문화/북한이주민 관련 문화감수성 검토
   - 멘토역량 강화
   - 상담역량 점검 등을 통한 진로역량 향상 및 검토

〈2차 교육〉

1. 탈북 아동과 청소년을 처음 만나본 경험이 어떠합니까?
   느낀 점을 자유롭게 기술해 주세요.

2. 탈북자 가정에 방문해 보신 결과, 조금 다른 문화가 관찰되는 부분이 있습니까?

3. '탈북자'와 '자신'은 서로 간 동일한 집단이라고 인식되는지, 혹은 경계 지어지는지에 관해 생각해 봅시다.

4. 서비스러닝 참여하는 학우들과 자유롭게 의견을 교류하거나 공유하기 원하는 느낀 점을 자유롭게 적어주시기 바랍니다.

3) 서비스러닝 효과 및 경험

2023년 2학기 서비스러닝을 마친 후, 봉사자인 대학생들은 다음과 같이 이야기 나누었다. 서비스러닝 경험을 통해 대학생들은 기존 자신이 지녔던 탈북민에 대한 편견과 고정관념을 일부 교정할 수 있었다. 예컨대 한번도 탈북민을 만나보지 않은 한 청년은 아이가 성격이 세고 날카로울 것이라 예상했지만 말투도 거의 차이가 없을 정도로 탈북민이라는 사실을 알기 어려웠다고 했다.

탈북민에 대한 편견 완화

처음에는 아이가 세지 않을까, 날카롭지 않을까 생각했었어요. 근데 말투에서 아무런 차이가 없었고 오히려 친절했어요. 중학교 1학년이에요. 처음에는 수학 알려주려고 했는데 아이가 집중력이 안 좋아서 아이가 원하는 거 위주로 했어요…. 아이 자체도 밝고 질문도 많은 편이었어요.

멘토역량 강화: 새로운 접근 방식의 시도

1주 차 때는 거의 말을 세 마디밖에 못 했고, 2주 차는 좀 나았는데. 접근 방식을 달리했어요. 아이가 공부 자체에 엄청난 거부감을 가지고 있었고요. 처음에 유튜브 영상 하나 틀고 아이가 질문하면 답변해 주고 그랬거든요. 그러니까 말을 좀 하더라고요. 애가 좋아하는 애니메이션 같이 봤어요. 뽀로로, 빼꼼 이런 걸 좋아하더라고요. 영상 보면서 아이가 여기는 어딘지 여러 가지 물어보더라고요…. 아무래도 1주 차 때는 애가 공부하기 싫다는 말만 반복할 정도로 거부감을 가지고 있었는데요. 2주 차 때는 애가 방에 원래 들어가려고 했는데, 그때 붙잡기보다는 같이 방에 들어갔어요. 공부하는 거 아니라고 같이 유튜브 보자고 그랬어요. 자기가 좋아하는 걸 보여주니 말이 많아지는 법이잖아요. 여기서 누가 젤 좋아? 어디야? 계속 말을 붙였죠.

복지사님께 여쭤보니까 아이가 처음에 낯을 많이 가리는데 시간 지나면 말을 한다고 했어요. 애가 키가 엄청 작아요. 거의 120-130센티 정도. 키가 작고 장애가 있고 콤플렉스가 있고… 특수학교 시설에서도 친구가 없다고 했어요. 어머니는 사람 사귀는 법을 알려줬으면 좋겠다고 했어요.

자신의 진로 개발, 고유한 강점과 자원 발굴

제가 원래 좀 활발하고 애기들이랑 노는 걸 좋아해요. 근데 아이 자체도 밝고 질문도 많은 편이에요. 아이가 질문하면 구체적으로 답변해 주고 공감대가 형성되고 그래요. 그래서 라포 형성이 잘 된 거 같아요.

탈북 가족들과의 긍정적인 교류적 경험

사실 처음 신청했을 때 사회봉사에서 봉사 시간이 필요해서 신청했던 건데요. 막상 아이를 가르치다 보니까 부모님께서 너무 잘해 주시고 감사했어요. 처음 갔을 때 애기 봐주셔서 감사하다고 맛있는 거도 주시고 그랬어요. 어머니는 수업하고 있으면 중간에 오시는데요. 먹을 거 간식 챙겨주세요. 과일이나 만두 같은 거 싸 주시기도 했어요. 한국식 만두예요. 그러니까 저도 더 잘해 주고 싶고 그래요.

서울시립대학교 〈심리검사를 활용한 심리치료〉의 과목에서 처음 시도되는 서비스러닝은 탈북아동과 청소년들이 안정적으로 정체성을 확보해 나가는 데 도움을 주는 유익한 봉사활동이다.

탈북자를 만나본 적이 없는 대학생 입장에서 탈북자 가정방문이 다소 부담스러울 수 있음에도 불구하고 봉사자들은 참여하는 용기를 보여주었다. 학생들은 수업에서 배운 심리검사를 활용하여 MBTI의 특성을 이야기하며 서로 라포 형성을 하거나, 소소한 게임을 활용하여 라포 형성에 주력하였다. 또한 HTP검사를 활용하여 지붕의 크기, 집의 분위기 등 구조적인 그림의 특성을 파악하고, 선의 강도와 손과 발의 움직임 여부 등을 통해 학생이 스스로 자신의 마음 상태를 파악해 나갈 수 있도록 조력자가 되어 주었다. 아울러 간접적으로 자녀 양육과 일로 지친 학부모에게는 자신의 역할을 보조해 주는 역할도 해 준 것으로 파악된다.

향후 지역사회의 보다 많은 탈북아동과 청소년들이 대학생을 멘토 삼아 자신의 심리적 상태를 안정화시켜 나가며, 자신이 지닌 자원과 강점 등 역량을 확장해 나갈 수 있는 기회가 확대되기를 기대한다.

봉사자 교육 내용: 봉사활동 시 쉽게 사용할 수 있는 기법 또는 라포 형성 방법

★ 강점과 자원 〉문제점 ★ 가치관 탐색 ★ 위로와 사회적 지지
여러분 자신만의 강점 개발 및 적용!

1. (몸의 움직임을 통한) 척도 질문
   0-10 (예: 표정이 어둡다면, 오늘 기분이 좋은 걸 10~안 좋은 걸 0이라
   할 때 몇 점 정도일까?)

2. 종이에 색연필로 자유롭게 마음 표현하기
   (예: 마음이라고 생각하고 마음 안에 담긴 걸 자유롭게 그려볼까?)

3. 대처능력 강화, 자기 오픈을 통해 자신의 자원을 찾도록 유도
   (예: 선생님은 요즘 중간고사여서 스트레스가 많더라고, 그때는 ~ 어떻
   게 하니까 좀 낫더라.)

4. 비유법 활용
   (예: 엄마와 ○○를 동물이나 식물로 표현해 볼까? 아, 그렇구나. 이유는
   무엇일까?)

5. (뉴스, 신문 등의 이슈 활용하여) 이야기 들어가기 or 참된 교류하기 / 가
   치관 찾기

6. (아동/청소년)의 진정한 필요 찾기, 목표 합의하기
   (예: 2번 정도 만나면서 우리 그럼 선생님 만나는 때 ~ 이러이러한 걸 해
   볼까?)

7. 서로 장점을 적어봅시다. (내가 보는 나 - 타인이 보는 나)

8. (마음 탐구에 관심이 있다면) HTP, KFD 그려보자. 선생님도 배우는 중
   인데 그림은 참고로 교수님께 물어봐 줄 수도 있긴 해. 평가하는 건 아니
   니 그림으로 조금 마음을 깊이 살펴볼까.

9. (아이의 관심도에 맞는) 집에 있는 자원을 활용
   (예: 폐품 활용 만들기, 콜라주, 놀이터 활용 등)

멘토로서의 어떠한 역할을 하고 있는지 점검하면서…
   (예: 보람, 뿌듯함 등 정서적 감정, 아이와의 교류를 통한 즐거움, 학업
   증진의 기쁨, 봉사 시간, 티칭의 기술, 자기 자신의 자원 발견 등)

안녕하세요. 저는 시립대학교 경제학부에 재학 중이며, 직전 학기에 심리학의 이해를 수강한 김유진이라고 합니다. 제가 오늘 이 자리에 서게 된 이유는, 작년에 심리학의 이해 수업을 통하여 서비스러닝 활동에 참여한 것에 대해 여러분에게 그 계기와 활동 과정, 후기를 안내해 드리기 위해서입니다.

저도 여러분과 마찬가지로 작년 2학기 심리학의 오티 시간에 이 자리에 앉아 있었고, 교수님을 통하여 서비스러닝에 대해 안내를 받았습니다. 탈북청소년을 대상으로 학습적인 멘토링을 하는 활동으로, 노원구에 위치한 하나센터와 연계하여 진행됩니다. 졸업 요건에 봉사 시간 30시간이 있는 건 다들 아시죠? 이 서비스러닝을 통해 봉사 시간을 제공받을 수 있습니다. 저는 현재까지 아마 20시간 조금 넘게 받은 걸로 압니다. 다만, 제가 서비스러닝에 참여한 계기에 봉사 시간 충족의 목적이 차지하는 비중은 크지 않습니다. 저는 수학과를 복수전공 하고 있으며 수학교육으로 교육대학원 진학을 목표하고 있습니다. 그리고 고등학생들을 대상으로 사교육에 임한 기간이 4년 정도 됩니다. 교육에 몸을 담고 있고, 교육자를 목표로 하는 사람인 만큼, 제 책임감과 교육에 대한 진정성을 체크해 보고 싶었고, 그럴 수 있는 좋은 기회라고 생각했습니다. 그리고 개인적으로 교육에 대한 최소한의 기회는 모든 자라나는 학생들에게 공평하게 주어져야 한다고 생각하기에, 조금은 열악한 교육 환경을 가지고 있을 수도 있는 탈북청소년에게 조금이나마 도움이 되고 싶었습니다.

제 멘티는 이제 중학교 3학년에 올라가고, 입남한 지 2년 조금 넘은 남자아이입니다. 개인 신상을 위해 정확한 위치는 알려드리기 힘드나, 인가받지 않은 대안학교인 모 국제학교에 재학 중입니다. 이 친구는 부모님께서 해외 대학 진학을 목적으로 하여 미국 교육과정으로 수업을 해 주는 대안학교에 진학하였지만, 하나센터 복지사님 말씀에 의하면 실제로 많은 탈북청소년들은 일반 학교를 다니다가 왕따, 학교폭력 등의 이유로 대안학교로 전학 간다고 합니다.

멘토링을 시작하기 전, 꽤 많이 걱정도 되고, 고민도 많았습니다. 학생들을 대상으로 과외를 한 경험은 수도 없이 많지만, 이 친구는 조금은 특별한, 탈북청소년이니까요. 아무래도 문화 차이가 존재할 수도 있고, 제가 사소한 말실수로 이 친구에게 상처를 주지는 않을까 많이 걱정되었습니다. 그러나 제 걱정과는 달리 제 멘티는 금방 저에게 적응을 해 주었고, 아직 꽤나 남아 있는 북한 어투를 제외하고는 다른 청소년들과 크게 다른 점을 느끼지 못했습니다. 저는 구글 미트를 이용하여 이 친구와 비대면으로 수학 수업을 하고 있는데, 아직까지 크게 불편함이나 힘듦은 없었습니다. 잘 따라와 주는 멘티 덕에 주 1회의 만남으로 수월하게 수업 진행을 하고 있습니다.

서비스 러닝 신청 후, 시립대 내 담당자님과 하나센터를 방문하게 되는데 이때, 희망하는 과목과 멘티의 연령대를 요청하실 수 있습니다. 저는 실제로 중고등 수학 담당을 요청 드렸고, 딱 맞게 배정이 되었습니다. 저는 조금 특이한 케이스이고, 멘토링은 거의 대면으로 이루어집니다. 아무래도 학습뿐만 아니라, 라포 형성과 교감도 중요하기에 학부모님과 학생들이 대면을 많이 원하더라고요. 그래서 노원구, 중랑구 근처 거주하시는 학우님들이 활동에 있어 수월하실 겁니다. 이 점은 감안하셔서 신청해 주시면 되겠습니다. 멘토링 장소는 하나센터에서 센터 근처 카페에 선결제를 해 놓으셔서 그쪽에서 수업을 하셔도 되고, 학생 댁에 가정방문으로 이루어질 수도 있습니다. 멘토링 과정에서 필요한 교재 등은 하나센터에 청구하면 지원받으실 수 있습니다. 작년과 동일하다면, 멘토링은 8-9회 정도로 진행될 겁니다. 보통 주 1-2회일 거고, 회당 시간은 학생 또는 학부모님과 의논 후 결정하시면 되어서, 받으실 수 있는 봉사 시간의 스펙트럼은 넓습니다. 저 같은 경우, 센터 및 학교와 약속한 횟수가 작년 12월에 전부 끝이 났지만, 아이와 계속 멘토링을 진행하고 싶어 무기한 연장한 상태입니다. 사실 저도 서비스 러닝을 시작할 때만 해도 제가 이렇게 연장을 할지는 몰랐습니다. 금전적인 이득도 없고, 사실 특별한 스펙도 아닙니다. 그럼에도, 제가 이 봉사활동을 계속하는 이유는, 아이가 저에게 마음을 점차 열고, 이제는 웃는 모습까지 보여주는 과정을 놓치고 싶지 않고, 아이한테 잦은 멘토의 교체로 인한 혼란과 학습의 부재를 겪게 하고 싶지 않아서입니다.

이 서비스러닝을 통해 저는 참 많은 것을 배웠습니다. 멘티 학생도 저에게 수업을 들으며 많은 것을 배웠겠지만, 저도 그만큼 멘티에게 많이 배워가고 성장할 수 있는 계기가 되었던 것 같습니다. 봉사활동이라는 것은 그렇게 쉬운 일이 아니라고 생각합니다. 금전적인 대가성이 없는 일이기에 어쩌면 정말 쉽게 그 책임감을 잃어버릴 수도 있고, 가볍게 생각할 수 있는 경향도 없지 않아 있습니다. 이번 서비스 활동을 통해서도 조금은 느꼈고, 그런 자세를 갖지 않고자 다분히 노력했습니다.

아무래도 교육봉사라서, 사람을 직접적으로 대하는 일이다 보니, 큰 책임감을 가지고 임하려 노력했습니다. 특히나, 아직 자라나고, 이것저것 학습하는 시기에 있는 청소년을 상대하는 만큼, 흐트러지지 않고자, 멘티에게 모범이 되고자 신경을 썼던 것 같습니다. 이러한 마음가짐과 행동들이 저를 한층 더 발전시키지 않았나 싶습니다. 나보다 어린 상대를 존중하는 법, 그의 눈높이에 맞추고자 노력하는 법을 배울 수 있었습니다. 멘토링 하는 수업 내용은 대체로 어렵지 않기도 하고, 초등이나 중등 저학년을 택하실 수도 있어서 학우님들 누구나 어렵지 않게 임하실 수 있을 거니 과외나 학원 조교 등의 경험이 없다고 걱정하시지 않으셔도 됩니다. 그리고 하나센터에 꽤 많은 탈북청소년들이 멘토링을 받고자 하는 걸로 알고 있으니 많은 학우님들께서 참여의 손길을 내밀어 주셨으면 좋겠습니다. 다만, 탈북청소년에 대한 호기심과 신기함이 아닌, 정말 하나의 인격체로 존중하고 진심을 다해 강한 책임감으로 멘토링에 임해 주시길 정중히 부탁드리고 싶습니다.

저는 개인적으로 정말 보람찼고, 제 진로에 대해 확신도 가질 수 있게 된 소중한 경험이었습니다. 그래서 이 기회를 제공해 주신 시립대학교, 전주람 교수님, 그리고 담당자님께 정말 감사하게 생각하고, 많은 학우분들이 참여하셔서 이 경험을 같이 누리셨으면 좋겠습니다. 감사합니다.

빠르게 변하는 사회에서 전통적인 학교 교육의 한계점을 자각하고 다양한 실제 문제해결력과 다른 문화와 관점을 지닌 사람들과 협력할 수 있는 리더십(조용개, 김혜경, 2019)은 매우 중요하다. 서비스러닝은 1990년대 이후 미국에서 대학을 중심으로 활성화되어 왔고, 실제 현장과 접목하여 학습의 질을 높이고자 하였다. 서비스러닝은 Dewey의 경험학습 철학에서 유래된 체험교육이자 우리 사회에 필요한 지역사회의 사람들과 연계되는 소중한 교육적 활동이다. 아직도 부족한 탈북자 가정방문에 관한 서비스러닝 사업이 보다 확장되고 남북사회 통합을 이루는 데 실천적 체험교육으로 자리 잡기를 기대한다.

끝으로 2023년 서울시립대학교 서비스러닝에 참여하여 탈북학생을 만난 배우리 학생의 이야기를 소개하고자 한다. 그녀는 〈심리검사를 활용한 심리치료〉 과목을 통해 서비스러닝에 참여하였으며 탈북 아동을 만나 심리학적 지식을 접목시켜 봉사해왔다. 이후 그녀는 〈KBS 통일열차〉에 참여하여 자신의 봉사경험[6]을 아래와 같이 소개한 바 있다. 여기서는 그 내용을 대화체로 소개하며 원고를 마치고자 한다.

> 사회자: 통일열차 서울통신 열심히 살고 있는 탈북인 분들, 그리고 남북관계 발전을 위해서 애쓰고 있는 분들을 만나봅니다.
>
> 정수진: 리포터 나오셨어요. 안녕하세요?
>
> 사회자: 오늘은 어떤 분이 주인공인가요?
>
> 정수진: 새해의 첫 주인 만큼 오늘은 새로운 시작과 설렘을 느끼고 있는 대학생을 소개해 드리려고 합니다. 서울시립대학교 행정학과 1학년인 배우리 씨인데요. 탈북 중고생들에게 학습 멘토링을 하는 활동. 일명 서비스 러닝을 지난해부터 하고 있고 올해도 할 계획을 세우고 있습니다.
>
> 사회자: 이름 참 잘 지으셨다, 배우리. 대학생이 이제 탈북 중고생을 위한 멘토가 되어준다. 참 의미가 있고요. 이 활동을 이제 어떻게 해서 시작을 했을까요?

---

6   이 녹취록은 KBS통일열차 정수진 리포터와 담당 PD의 허락 하에 수록하며, 허유건 연구 보조원이 녹취록을 풀어 수록함을 밝힙니다. KBS통일열차 관계자들과 녹취기록을 맡아준 허유건에게 감사한 마음을 전합니다.

정수진: 네 수업 시간에 전주람 교수님의 제안으로 시작을 한 건데요. 솔직히 말하면 원래는 봉사 시간을 채우기 위해서 했던 활동입니다. 그런데 활동을 하다 보니까 탈북 학생들이 크게 다르지 않고 오히려 긍정적인 느낌을 받게 되면서 꾸준히 하게 된 거예요. 특히 이 멘토링은 꼭 학습적인 부분만 하는 게 아니라 같이 게임을 하거나 진로에 대한 이야기를 하거나 여러모로 교감하는 멘토링이어서 배우리 씨가 즐겁게 참여했다고 합니다.

사회자: 네 이런 멘토링은 어떤 식으로 하는 거예요?

정수진: 그러니까 멘토 1명당 1명의 멘티 그러니까 1 대 1로 짝꿍이 돼서 매주 한 번 정도 만나는 활동을 했는데요. 우리 씨의 멘티가 중학교 2학년 남학생이었습니다. 질풍노도의 시기에 있는 중학생이고 심지어 우리 씨와는 성별이 다른 남학생이었는데요. 어떤 식으로 멘토링을 했는지 그 내용 들어 보시죠.

배우리: 맨 처음에 만났을 때는 라포 형성을 제일 먼저 했고요. 이야기를 많이 나누고 그 친구가 뭘 좋아하고 그 어머님이랑 멘티 친구랑 원하는 그런 활동이 다를 수 있거든요. 그래서 의견 조율을 좀 먼저 하고 친해진 다음에 그 이후에 활동을 본격적으로 했습니다.

배우리: 어머니께서는 학생이 수학 부분에서 조금 약하다고 하셔서 수학적인 학습 멘토링을 하기를 원했고 그 멘티 친구는 저랑 다양한 이야기를 하고 학교에 대해서 이야기하거나 진로에 대해서 이야기하길 원했어요.

배우리: 그래서 한 번 멘토링을 할 때 1시간이나 2시간 정도 할 수 있어요. 1시간에서 1시간 반 정도는 학습 멘토링을 하거나 한 30분 아니면 좀 길게 하면 1시간 정도는 친구랑 원하는 이야기를 하거나 학업에 대해서 고민을 들어주거나 그런 식으로 진행했습니다. 근데 조금 제가 걸렸던 거는 그 친구가 탈북 청소년이었다는 거였어요. 그래서 어떻게 준비를 해야 되지 많이 고민을 하다가 크게 다르지 않겠지 하고 그냥 다른 학생들한테 대하는 것처럼 요즘 어린이들 사이에서 인기 있는 놀이 같은 거를 준비해 갔거든요. 예를 들면은 요즘에도 초등학생 중학생들

사이에서 약간 세세세 같은 건데 변형한 버전으로 하더라고요. 그래서 그거를 좀 알아 간다 거나 아니면 입을 약간 오므려서 할머니처럼 말하는 게 있거든요. 치아가 보이면 안 되는 게임이에요. (웃음) 카페에 가가지고 둘이서 그런 게임을 하면서 놀았어요.

정수진: 네 그러니까 처음에는 서로 친해지고 신뢰를 쌓는 라포 형성을 하고 멘티가 뭘 좋아하는지 그리고 멘티의 부모는 또 어떤 욕구가 있는지 이렇게 다방면으로 파악을 한 후에 이야기를 이어나갑니다. 아무래도 학습 멘토링이어서 가장 큰 부분을 차지하는 건 이 학습적인 부분을 가르치고 알려주는 거였는데요. 우리 씨의 멘티한테는 수학을 알려줬고 이후에 대학교에 대한 궁금증, 진로에 대한 고민 여러 가지 이야기를 나누기도 했습니다.

사회자: 배우리 씨 얘기를 들어보니까 멘티와 멘토, 서로 친해지기 위해서 이게 사실 가장 중요한 거잖아요. 노력을 많이 하셨네요.

정수진: 네 그러니까 특히 중학생의 마음을 열어야 했기 때문에 그 눈높이에 맞춰서 맞춤형 접근을 했는데요. 요즘에 어떤 게임이 유행하는지도 알아보고 그 게임을 같이 하기도 하고 그렇게 하다 보니까 많이 친해져서 지금은 만나는 날이 아니어도 자주 연락을 하고 지낼 정도의 친분이 쌓였습니다. 한 번은 멘티가 학교에서 음식을 만들었는데 그 음식을 부모님께 안 드리고 우리 씨에게 준 거예요. 이런 친밀한 사회가 되기까지 우리 씨가 노력을 많이 했습니다.

사회자: 그 어렵다는 중2, 질풍노도의 시기 중에서 제일 위험하다는.. 그런 시기에 그 기댈 수 있는 누군가가 생긴다는 게 참 힘이 되겠네요

정수진: 또 주로 가르친 과목이 수학이었잖아요. 그런데 가르치는 입장에서는 배우는 대상이 잘 따라와주고 성적이 좋아질 때 참 뿌듯함을 느끼게 되는데 그 내용도 들어보시죠.

배우리: 제가 생각하기에도 약간 사춘기니까 예민하지 않을까라는 생각으로 초반에 너무 빨리 다가가면 아이가 견제를 할까 봐 고민을 하고 들어

가긴 했는데 그 이후에도 딱히 막 이렇게 저한테 사춘기처럼 대하지 않고 저랑 말 되게 잘 해주고 어려움은 없었어요. 일단은 다른 친구에 비해서 수학이 조금 낮았어요. 그래서 문제를 많이 풀기보다는 개념 설명을 위주로 했고 개념을 바로 활용하는 게 아니라 개념 문제를 좀 다양한 책에서 가져와가지고 계속 개념 문제만 많이 풀었던 것 같아요. 예를 들면은 그 책을 딱 피면은 설명하는 게 있고 설명 밑에 간단한 문제가 하나씩 있어요. 기본 문제가 한두 개씩 있는데 그게 책마다 문제가 조금씩 다르거든요. 근데 제가 다른 과외를 했어가지고 책이 좀 있어가지고 그 책에 있는 기본 문제들만 이렇게 모아서 그 친구한테 풀려고 같이 했습니다. 성취가 얼마나 올랐는지는 잘 모르겠는데...그래도 계속 문제를 초반에는 정말 기본적인 것도 이해를 못했거든요. 근데 그 이후에 나오는 문제들이 조금 더 어려운 문제들인데 앉아 있는 시간이랑 집중력이 늘어서 그런 건지 모르겠는데 그 이후에 더 이해를 잘하더라고요.

정수진: 네 요즘 중학생들은 시험을 안 본다고 해요. 그래서 성적이 나아졌는지 객관적으로 파악하기 힘들지만 문제를 풀고 수업에 집중하는 모습에서 많이 좋아졌다는 걸 알게 됐습니다. 사실 처음에는 한 문제만 풀고 하기 싫어했는데 정해진 공부를 다 하지 않으면 뒤에 게임이나 이야기를 못한다는 걸 알고 나서는 끝까지 집중하는 모습을 보였다고 해요.

사회자: 배우리 씨가 어느 정도 좀 카리스마가 있었군요. 듣고 따라오고

정수진: 그렇죠 어떤 노하우가 또 있었던 거죠. 그러니까 그동안 과외했던 경험도 있었고 또 노하우를 바탕으로 이 교재들마다 그 기본 문제들을 따로 모아서 풀게 했더니 멘티만의 교재를 만들고 점점 나아졌던 겁니다. 그런데 기본적인 목표는 학습 멘토링이지만 멘토와 멘티 모두가 중요하게 생각을 했던 건 앞으로의 진로와 꿈 여러 가지 이야기였을 것 같아요. 그래서 우리 씨도 탈북 학생이 이 사회에서 살아갈 친구이기 때문에 선배로서 또 조언을 하고 도움이 되는 이야기를 많이 해줬습니다.

사회자: 그 대학생 누나가 나를 이렇게 정성으로 가르쳐주고 또 공부 이외에도 많은 부분들을 이렇게 함께 하는데 얼마나 멋져 보이고 좋을까요?

정수진: 그렇죠 그래서 주로 많이 했던 이야기가 대학생활과 진로에 대한 거였는데요. 우리 씨도 지난해 대학생활을 처음 한 거여서 모르는 내용은 친구들이나 선배들에게 물어봐서 알려줬다고 합니다. 예를 들면 멘티가 그 체육 동아리를 궁금해했는데 우리 씨는 그 분야를 잘 몰라서 동기나 선배들에게 물어본 거죠. 그리고 멘티의 꿈을 또 옆에서 지지해주고 응원해줬다고 합니다.

사회자: 이렇게 멘티를 위해서 열심히 노력한 것은 이런 서비스 러닝 학습 멘토링의 의미에 본인이 이제 크게 공감했던 거죠.

정수진: 네 그렇죠 그러니까 학습 멘토링이긴 하지만 그 학습적인 부분만 알려주는 과외하고는 다르다는 게 이 서비스 러닝의 의미 매력이라고 합니다. 그러니까 우리 씨가 지난 학기에 이런 매력을 느꼈기 때문에 2학년이 되는 올해에도 이 멘토링을 꾸준히 할 계획인데요. 멘티도 원하고 멘토도 원하고 있고 참 쿵짝이 잘 맞는 그런 멘토 멘티가 아닌가 싶습니다.

배우리: 과외 같은 거는 제가 학습적인 것만 알려줘서 굉장히 일처럼 느껴지는 그런 게 강했거든요. 근데 이번에 제가 한 서비스 러닝이라는 활동은 학습적인 거 이외에도 그 친구랑 라포도 많이 형성하고 놀이도 하면서 그 친구의 긍정적인 게 저한테도 막 옮는 느낌을 받아가지고 일이나 봉사처럼 느껴지지 않고 그 친구랑 이야기를 하거나 멘토링을 하면은 저까지 같이 기분이 좋아지고 그 친구가 되게 이해하는 게 빨라요. 그래서 가르칠 때마다 약간 보람이 있거든요. 그래서 그 부분에 있어서 제가 계속해서 멘토링을 하고 싶다고 느끼는 것 같아요. 아마도 제가 2학년이 되면은 1학년보다는 조금 더 바쁘고 할 게 많아질 거라고 생각이 들어요. 그런데도 제가 계속해서 이 활동을 하고 싶은 이유가 뚜렷하게 있고 그 친구도 만약에 저랑 같이 하고 싶다는 걸 원하면 저도 제 시간을 쪼개서라도 아니면은 직접 만나는 게 아니라 비대면 활동으로

라도 그 친구랑 계속해서 멘토링을 하고 싶습니다.

정수진: 올해는 아마 지난해보다는 수업도 많아지고 대외 활동도 해야 하고 많이 바빠질 겁니다. 하지만 이 멘토링을 하면서 탈북 학생들에게 도움이 되고 싶다는 마음이 훨씬 더 커졌고요. 또 멘티에게 긍정적이고 밝은 에너지를 얻게 되면서 기분도 좋아지고 또 활동에 보람도 느껴서 올해도 꼭 할 거예요. 시간이 안 되면 비대면으로 할 거라고 하는 부분에서 우리 씨의 열정과 의지가 느껴졌습니다.

사회자: 배우리 씨가 그러면 이제 2학년이 곧 되는 거죠.

정수진: 네 그렇죠.

사회자: 이렇게 행정학과 행정학도로서 나중에 어떤 인물이 될지 궁금해지네요.

정수진: 전공은 행정학인데요. 원래의 꿈은 법학과 법 분야에서 일을 하는 거였습니다. 과연 어떤 꿈을 갖고 있는지 직접 들어보시죠.

배우리: 전 사실 원래는 행정보다는 법에 조금 더 관심이 많았어요. 그래 가지고 원래는 법학과를 가고 싶어 싶었는데 우리나라에 법학과가 많이 없잖아요. 근데 서울시립대학교는 2학년 때부터 법 규범 제도학이라고 법을 복수 전공할 수 있거든요. 그래서 법이랑 일단 최대한 가까운 행정학과에 들어오고 2학년 때부터 복수 전공을 하려고 들어왔어요. 꼭 로스쿨이 아니더라도 저는 법원 쪽에서 일하는 행정직 그런 거에도 관심이 있어서 저는 어렸을 때부터 약간 사회적 약자들을 도와주는 거에 관심이 많았거든요. 그거 아니면은 또 소년법에 대해서도 좀 알아보면서 어떻게 해야지 이런 문제들을 좀 없앨 수 있고 또 사회적 약자들을 도와줄 수 있는지에 대해서 좀 더 알아보고 나중에 그분들을 도와주는 게 제 목표입니다.

정수진: 네 사회적 약자에 관심이 있고 도움을 주고 싶은 마음이 있었기 때문에 대학생이 돼서 바로 이 학습 멘토링에 참여한 게 아닌가 싶은데요. 앞으로도 공부 열심히 하고 또 탈북 학생들에게 많은 관심 가지면서

멋진 멘토가 돼주면 좋겠습니다.

사회자: 정말 똑 떨어지는 분이네요. 배우리 씨 앞으로 10년 후 20년 후가 더욱 기대가 되네요. 지금까지 정수진 리포터와 함께했습니다. 고맙습니다.

‖ 참고문헌

박다정. 2016. 「여성 북한 이탈 주민의 탈북 경험에 관한 사례연구: 회복탄력성을 중심으로」. 성균관대학교 석사학위논문.

박미려 · 양은주. 2017. 「부모방임, 또래애착이 자아정체감과 진로정체감을 매개로 고등학생의 삶의 만족감에 미치는 영향」. 『청소년학연구』, 24(1), 263-284.

박윤숙. 2009. 「북한이탈 청소년의 일탈행동과 해결방안」. 『아시아교정포럼』, 3(2), 1-23.

박지영. 2001. 「사회사업적 관점에서 본 탈북청소년의 대인관계능력 향상을 위한 집단 프로그램 분석」. 서울여자대학교 석사학위논문.

오익수. 2004. 「초등학생 생활양식의 특성-생활양식과 학교적응유연성의 관계」. 『상담학연구』, 5(1), 217-226.

이향규. 2006. 「새터민 청소년 학교 적응 실태와 과제」. 『교육비평』, 21, 193-207.

이화연. 2022. 「체계적 문헌고찰을 통한 북한이탈주민 정체성 연구 동향 분석」. 『다문화콘텐츠연구』, 40, 71-107.

전주람 · 최경. 2022. 「10-20대 북한이주민들의 친구관계 경험에 관한 FGI 연구」. 『문화와 융합』, 44(1), 569-588.

조용개 · 김혜경. 2019. 「대학에서의 서비스러닝 운영 모델 개발 및 활성화 방안」. 『예술인문사회융합멀티미디어논문지』, 9(11), 363-372.

Berndt, T. J.(1982). The features and effects of friendship in earl adolescence. *Child Development*, 53, 1447-1460.

Downe-Wamboldt, Barbara.(1992). Content analysis: method, applications, and issues. *Health care for women international*, 13(3), 313-321.

Marcia, James E.(1966). Development and Validation of Ego-Identity Status. *Journal of Personality and Social Psychology*, 3(5), 551-558.

Padgett, Deborah K.(2008). Qualitative methods in social work research. (2nd ed.). *Thousand Oaks*, CA: Sage Publications.

Rubin, K. H., Root, A. K., & Bowker, J.(2010). Parents, peers, and social withdrawal & hildhood: A relationship perspective. *New Directions for Child and Adolescent Development*, 127, 79-94.

Savin-Williams, R. C., & Berndt, T. J.(1990). Friendship and peer relations. In S. Feldman and G. Elliot(Eds.), *At the threshold: The developing adolescent*. Cambridge, Mass: Harvard niversity Press.

○ 저자소개

전주람(Jun Joo ram) ramidream01@uos.ac.kr

1979년 서울에서 태어났으며, 성균관대학교 가족학(가족관계 및 교육, 가족문화)
으로 박사학위를 최종 취득하였다. 서울시립대학교 교육대학원 교수학습 · 상담
심리 연구교수로 2017년 7월부터 2019년 6월까지 재직했으며, 현재는 서울시립
대학교 교직부 소속으로 〈부모교육과 가족관계〉, 〈심리검사를 활용한 심리치료〉,
〈심리학의 이해〉를 가르치고 있다. 아울러 서울가정법원 상담위원으로 2014년부
터 최근까지 활동 중이며, 2022년부터는 통일부 통일교육위원으로 활동하고 있
다. 지속적인 연구 관심사로는 가족관계, 부부회복, 문화갈등, 남북사회문화 등이
있다. 주요 논문으로는 「50-60대 북한이주남성들의 일경험에 관한 질적사례연구:
일의 심리학 이론을 중심으로」(공저), 「20대 이혼을 결심한 신혼기 부부에 관한
가족치료 사례연구」(단독), 「북한이주민들의 남한사회에서 직장 유지경험에 대한
질적사례연구」(공저), 「북한이주민과 근무하는 남한사람들의 직장생활 경험에 관
한 혼합연구」(공저) 등이 있으며, 저서로는 『절박한 삶』(공저, 2021년 서울대학교
다양성위원회 선정도서), 『20대에 생각해보지 않으면 후회할 것들』(공저), 『21세
기 부모교육』(공저, 2023년 세종도서 학술부문 선정도서) 등이 있다. 2016년 KBS
〈생로병사의 비밀: 뇌의 기적〉 600회 특집에 부부상담사로, 2021년 KBS 〈통일열
차〉 일요초대석에 출연하였다.

곽상인(Gwak Sang In) gwaksi@uos.ac.kr

1976년 전남 진도에서 출생했으며, 서울시립대학교에서 문학박사를 최종 취득하
였다. 현재 서울시립대학교 자유융합대학 교양교육부 교수로 재직 중이다. 학생
들에게 주로 (인)문학을 비롯, 다양한 형식의 글쓰기를 강의하고 있다. 2002년 제
2회 〈사이버문학상〉에 단편소설 「타래」로 입선했으며, 「상처에서 벗어나거나 혹
은 공존하거나(1-2)」(『시와 산문』, 2017년 겨울)로 평론 데뷔를 하였다. 주로 현
대소설에 나타난 인물들의 심리 분석을 연구해 왔으며, 최근에는 소설과 영화, 문

화 현상 및 북한이주민과 관련해 연구를 진행하고 있다. 「현대소설에 나타난 문신 (tattoo)의 유형과 그 의미」, 「채만식 수필에 나타난 근대 공간 속 타자들의 질병」, 「영화 〈국제시장〉에 나타난 시간과 기호의 서사」, 「황석영의 〈바리데기〉에 나타난 환상 서사」 외 다수의 논문을 발표한 바 있으며, 저서로는 『이병주』(공저, 2017), 『절박한 삶』(공저, 2021년 서울대학교 다양성위원회 선정도서), 『20대에 생각 해보지 않으면 후회할 것들』(공저, 2022), 『소통 · 창의 · 공감의 글쓰기』(공저, 2022) 등이 있다.

북한이주민과
정체성 내러티브

초판인쇄 2024년 3월 4일
초판발행 2024년 3월 4일

지은이   전주람 · 곽상인
펴낸이   채종준
펴낸곳   한국학술정보(주)
주 소   경기도 파주시 회동길 230(문발동)
전 화   031-908-3181(대표)
팩 스   031-908-3189
홈페이지 http://ebook.kstudy.com
E-mail 출판사업부 publish@kstudy.com
등 록   제일산-115호(2000. 6. 19)

ISBN   979-11-7217-160-5 94330